북유럽 신화

북유럽 신화

닐 게이먼 지음
박선령 옮김

NORSE
MYTHOLOGY

나무의철학

작가의 말

오랜 세월 전해 내려온 이야기 중 특별히 좋아하는 사건을 꼽는다는 건 한 가지 음식만 고르는 것만큼이나 어려운 일이다. 하지만 내게 특별히 좋아하는 이야기를 하나만 꼽으라고 한다면, 북유럽 신화를 고를 것이다.

내가 아스가르드와 그곳에 사는 이들을 처음 접한 건 꽤 어릴 때의 일이다. 어림잡아 7살 정도로 추측한다. 미국 만화가 잭 커비Jack Kirby가 그린 힘센 토르의 모험담이었는데, 전체적인 줄거리는 커비와 스탠 리Stan Lee가 구상하고, 대화는 스탠 리의 동생 래리 리버Larry Lieber가 쓴 것이었다. 커비가 묘사한 토르는 강하고 잘생겼으며, 그가 사는 아스가르드는 우뚝 솟은 공상 과학 도시로 인상적인 건물과 위험한 조직이 많았다. 오딘은 현명하고 고결했고, 뿔 달린 헬멧을 쓴 로키는 냉소적이고 나쁜 짓을 많이 하는 자였다. 나는 커비가 그린 망치를 휘두르는 금발의 토르를 좋아했기 때문에 그에 대해 더 자세히 알고 싶어졌다.

그래서 로저 랜슬린 그린Roger Lancelyn Green이 집필한 《북유럽 신화*Myths of the Norsemen*》를 빌려다 읽고 또 읽으면서 기쁨과 당혹감을 동시에 느꼈다. 이 책에 나오는 아스가르드는 커비가 창조한 미래 도시가 아니라 얼어붙은 황무지에 세워진 바이킹의 궁전과 그밖의 건물들로 이루어져 있었다. 최고신 오딘은 온화하고 현명하고 화를 잘 내는 이가 아니라 똑똑하고 속을 알 수 없는 위험한 존재로 보였다. 토르는 만화책에 나오는 캐릭터와 마찬가지로 힘이 세고 망치의 위력도 강력했지만, 그는…… 음, 솔직히 말해 신들 중에서 가장 빛나는 존재는 아니었다. 로키는 분명 선을 위해 싸우는 세력은 아니지만 그렇다고 해서 마냥 사악하기만 한 것도 아니었다. 그는 매우 복잡다단한 존재였다.

또 북유럽 신화의 신들에게는 라그나로크, 신들의 황혼, 모든 것의 종말이라는 그들만의 최후의 심판일이 있다는 것도 알게 되었다. 신들이 서리 거인들과 전쟁을 벌이고, 결국 그들 모두 죽게 되는 것이다.

'라그나로크는 아직 일어나지 않은 건가? 앞으로 벌어질 일인가?'

그 답은 당시에도 몰랐고 지금도 확신이 가지 않는다.

세계와 이야기에 끝이 있는 것은 사실이고, 그것이 끝났다가 다시 태어나기 때문에 신들과 서리 거인들은 비운의 영웅 혹은 비운의 악당이 된다. 이 라그나로크 덕에 북유럽 신화는 계속 내 뇌리에 남아 이상할 정도로 생생하게 느껴지는 반면, 기록으로 잘 정리되어 있는 다른 종교나 신화들은 낡고 오래된 과거의 일부처럼 느껴졌다.

북유럽 신화는 길고 긴 겨울밤과 끝없이 계속되는 여름날이 존

작가의 말

재하는 추운 지역의 신화, 자신의 신을 존경하고 두려워하기는 하지만 완전히 신뢰하지도 않고 마냥 좋아하지도 않는 사람들의 신화다. 우리가 아는 바로는, 아스가르드의 신들은 독일에서 유래되어 스칸디나비아로 전파된 뒤 바이킹들이 지배한 세계 각지(오크니, 스코틀랜드, 아일랜드, 잉글랜드 북부)로 퍼져 나갔고, 침략자들은 이들 지역에 토르나 오딘의 이름을 따서 명명한 장소들을 남겼다. 신들은 요일 이름에까지 자신들의 흔적을 남겼다. 손이 하나뿐인 티르Tyr, 오딘Odin, 토르Thor, 신들의 여왕인 프리그Frigg의 이름을 따서 'Tuesday', 'Wednesday', 'Thursday', 'Friday'라는 요일의 명칭이 생겨난 것이다.

바니르 신족과 에시르 신족 사이에서 벌어진 전쟁과 휴전에 관한 이야기에서는 그보다 더 오래된 신화와 종교의 흔적을 찾아볼 수 있다. 바니르 신족은 자연을 관장하는 형제 관계의 신들로, 별로 호전적이지는 않지만 위험하기로 따지면 에시르 신족과 별반 다르지 않다.

옛날에 바니르 신족을 숭배한 부족과 에시르 신족을 숭배한 부족이 각각 존재했는데, 에시르 숭배자들이 바니르 숭배자들의 땅에 침입했다가 결국 타협하고 서로를 받아들이게 되었다는 가설은 매우 가능성이 높거나 적어도 연구해볼 만한 가설이다. 남매지간인 프레이야와 프레이는 바니르 신족이지만 에시르 신족과 함께 아스가르드에서 산다. 역사와 종교와 신화가 통합되면서, 우리는 오랫동안 잊혔던 범죄의 세부 사실을 재구성하는 탐정처럼 호기심을 품고 계속 상상하고 추리하게 된다.

현재까지 전해지지 않아서 우리가 모르는 북유럽 신화는 매우 많다. 우리가 알고 있는 건 민간설화나 개작된 이야기, 시, 산문 등의 형태로 전해진 신화의 일부뿐이다. 그 이야기들이 기록된 건 기독교가 북유럽 신들에 대한 숭배를 대신하게 된 뒤의 일이다. 그런 상황에서도 일부 이야기나마 보존된 건, 그걸 후대에 남기지 않을 경우 몇몇 완곡 대칭법(특정한 신화에 등장하는 사건들을 언급한 시의 활용)이 무의미해질까 봐 걱정한 사람들이 있었기 때문이다. 예를 들어, '프레이야의 눈물'은 '금'을 시적으로 표현한 것이다. 어떤 이야기에는 북유럽의 신들이 인간이나 왕이나 고대의 영웅으로 묘사되어 있기 때문에 기독교 세계에도 전해질 수 있었다. 따라서 그와는 다른 내용을 말하거나 암시한 이야기, 시는 우리에게 전해지지 않았다고 봐야 한다.

이는 그리스와 로마의 신과 반신에 관한 이야기들 가운데 현재까지 남아 있는 게 테세우스와 헤라클레스의 모험에 관한 이야기뿐인 것과도 같은 상황이다.

우리는 정말 많은 것들을 잃었다.

북유럽 신화에는 여신도 많이 등장한다. 우리는 그들의 이름과 몇 가지 자질과 능력에 대해 알고 있지만, 전해지지 않은 이야기와 신화, 의식도 매우 많다. 신들의 의사인 에이르Eir, 결혼의 여신이자 사람들에게 위안을 주는 로픈Lofn, 사랑의 여신 쇼픈Sjofn의 이야기를 독자들에게 다시 들려줄 수 있다면 좋겠다. 지혜의 여신 보르Bor는 말할 것도 없고 말이다. 그들의 이야기를 상상해볼 수는 있지만, 직접 들려줄 수는 없다. 그들의 이야기는 이미 사라지거나 묻히거나 잊혔기 때문이다.

나는 이런 이야기를 최대한 정확하고 흥미롭게 재구성하려고 최선을 다했다.

때로는 이야기의 세부적인 부분들이 서로 상충되기도 하겠지만, 각 세계와 시대 고유의 의미가 제대로 표현되었기를 바란다. 북유럽 신화를 다시 정리하면서, 아주 오랜 옛날 이 이야기가 처음 사람들의 입에 오르내리던 그 장소에 내가 있다고 상상해봤다. 긴 겨울밤에 은은한 북극광을 바라보면서, 혹은 한여름의 지지 않는 태양 때문에 잠들지 못하고 오밤중에 야외에 앉아서, 토르가 어떤 일을 했고 무지개다리는 어떠했으며 그들은 어떤 식으로 살아갔고 엉터리 시는 어디에서 유래된 것인지 알고 싶어 하는 이들에게 이야기를 들려주고 있다고 상상해보았다.

글을 다 쓴 다음에 죽 연결해서 읽어보니, 마치 우주가 시작된 얼음과 불에서 세상이 끝난 불과 얼음까지 이어지는 여행처럼 느껴져서 경이로웠다. 그 과정에서 로키나 토르, 오딘 등 친하게 지내고 싶은 이들과 좀 더 자세히 알고 싶은 이들을 만나게 된다(내가 좋아하는 캐릭터는 로키의 아내인 거인 앙그르보다, 괴물 같은 아이들을 낳고 발드르가 살해당한 뒤에 유령의 모습으로 그 자리에 있었던 그녀다).

내가 좋아하는 북유럽 신화를 쓴 이들이나 로저 랜슬린 그린, 케빈 크로슬리홀랜드Kevin Crossley-Holland 같은 작가들로 돌아가 그들의 이야기를 다시 읽어보지는 못했다. 대신 스노리 스툴루손Snorri Sturluson이 쓴 《산문 에다Prose Edda》의 다양한 번역본과 9백여 년 전에 고대 언어로 작성된 《운문 에다Poetic Edda》에 실린 시들을 읽으면서 개작하고 싶은 이야기를 고르고 그걸 어떤 식으로 들려주고 싶은지 생각한 뒤 산문과 시에 등장하는 여러 가지 버전의 신화들을 혼합했다(일례로 이 책에서 토르가 히미르를 방문한 이야기는《운문 에다》의 내용에서 시작해 스노리의 책에 나오는 토르의 낚시 모험에 관한 세부적인 사항들을 추가한 것이다).

루돌프 지메크Rudolf Simek가 쓰고 앤젤라 홀Angela Hall이 번역한 《북유럽 신화 사전A Dictionary of Northern Mythology》은 하도 여러 번 뒤적여서 다 낡았지만 여전히 쓸모가 많아 계속 찾아보면서 놀랄 만한 정보를 많이 얻었다.

이 책에서 발견되는 모든 실수와 성급한 결론, 이상한 의견은 전적으로 내 탓이니 다른 이들에게 비난이 돌아가지 않기를 바란다. 내가 이 멋진 이야기들을 정직하게 개작했기를 바라지만, 사실 그 안에는 재미와 창작도 섞여 있다. 그게 바로 신화의 즐거움이다. 신화를 직접 얘기하는 과정에서 큰 재미를 느낄 수 있으니, 독자 여러분도 이 책을 읽고 직접 경험해보라고 충심으로 권하고 싶다. 이 책을 읽은 뒤 그 내용을 자기 것으로 소화하여, 춥고 어두운 겨울밤이나 해가 지지 않는 여름밤에 친구들에게 토르가 망치를 도둑맞았을 때 벌어진 일이나 오딘이 신들을 위해 시의 꿀술을 손에 넣은 방법을 얘기해주면 어떨까…….

2016년 5월
닐 게이먼

차 례

주인공들

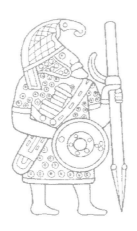

북유럽 신화에는 유명한 신과 여신이 많고, 이 책을 통해 그 가운데 상당수를 만나게 될 것이다. 하지만 우리가 아는 대부분의 이야기는 오딘Odin과 그의 아들 토르Thor라는 두 명의 신, 그리고 오딘의 의형제이자 거인의 아들인 로키에 관한 것인데, 로키도 에시르Aesir 신족과 함께 아스가르드Asgard에서 살았다.

오딘Odin

모든 신 가운데 지위가 가장 높고 나이도 제일 많다. 세상의 많은 비밀을 알고 있으며 지혜를 얻기 위해 자신의 한쪽 눈을 포기했다. 그뿐만 아니라 룬rune 문자에 대한 지식과 힘을 얻으려고 자신을 희생하기까지 했다.

　오딘은 이 세상의 중심인 이그드라실Yggdrasil이라는 나무(세계수)에 9일 동안 거꾸로 매달려 있었다. 날카로운 창끝이 그의 옆구리를 꿰뚫어 심한 상처를 냈고, 강한 바람이 나무에 매달린 그의 몸을 움켜쥐고 뒤흔들었다. 오딘은 9일 내내 아무것도 먹지도 마시지도 못했다. 그리고 홀로 심한 고통에 시달리면서 서서히 생명의 빛이 꺼져갔다.

극심한 추위와 고통 속에서 막 숨을 거두려는 찰나, 마침내 오딘의 희생이 결실을 맺었다. 고통으로 의식이 혼탁해진 그가 아래를 내려다본 순간 룬의 비밀이 드러난 것이다. 오딘이 룬 문자를 깨우치고 그것이 가진 힘을 이해하게 되는 순간, 그를 묶고 있던 밧줄이 끊어졌고 오딘은 비명을 지르며 나무에서 떨어졌다.

마법을 깨우친 오딘은 비로소 세상을 지배할 수 있게 된다.

오딘은 여러 개의 이름으로 불린다. 만물의 아버지인 '최고신'이자 '살육의 신'이며, '교수대의 신'이기도 하다. 또 '화물과 죄수의 신'이기도 하다. '그림니르Grimnir'나 '제삼인자Third'라고 불리기도 했다. 나라마다 그를 부르는 이름이 달랐다(수많은 언어권에서 다양한 형태로 숭배를 받았지만, 그들이 숭배하는 건 언제나 오딘이었다).

그는 사람들과 똑같은 시선으로 세상을 바라보기 위해 변장을 하고 각지를 여행했다. 사람들 사이를 돌아다닐 때는 망토를 걸치고 모자를 쓴 키 큰 남자 같은 행색을 했다.

오딘은 '후긴Huginn'과 무닌'Muninn'이라는 까마귀 두 마리를 키웠는데, 이 새들의 이름은 각각 '생각'과 '기억'을 뜻한다. 까마귀들은 전 세계를 날아다니면서 새로운 정보를 수집해 세상의 모든 지식을 오딘에게 전하는데, 주로 그의 어깨에 앉아서 귀에 정보를 속삭이곤 한다.

그는 '흘리드스캴프Hlidskjalf'라는 높은 옥좌에 앉아서 세계 곳곳에서 벌어지는 일들을 모두 관찰한다. 그에게 감출 수 있는 건 아무것도 없다.

오딘은 세상에 전쟁을 불러왔다. 전쟁은 대개 호전적인 적에게 창을 던지고, 전투와 전투에서 사망한 자들을 모두 오딘에게 바치겠다는 맹세로 시작된다. 전투에서 살아남는 건 오딘의 은총이고, 죽는다면 그건 오딘에게 버림받았기 때문이다.

전쟁터에서 용감하게 싸우다가 죽으면, 고귀한 죽음을 맞은 이들의 영혼을 데려가는 아름다운 여전사 발키리Valkyrie가 그들을 발할라Valhalla 궁전으로 이끈다. 발할라에서는 오딘이 죽은 자들을 기다리고 있고, 그들은 오딘을 지도자로 삼아 그곳에서 마시고, 싸우고, 축제와 전투를 벌인다.

토르 *Thor*

오딘의 아들인 토르는 천둥의 신이다. 그의 아버지 오딘은 교활한 반면 토르는 솔직하고 온화한 성정을 지녔다. 거대한 체구에 붉은 수염을 길렀으며 모든 신들 가운데 가장 힘이 세다. 메긴교르드Megingjord라는 허리띠를 가지고 있는데, 이걸 매면 힘이 평소의 두 배가 된다.

토르가 사용하는 무기는 묠니르Mjollnir라는 놀라운 망치다. 이 망치는 난쟁이들이 토르를 위해 만들어준 것인데, 이와 관련된 이야기도 곧 살펴볼 예정이다. 트롤이나 서리 거인, 산의 거인 등은 자기네 형제와 친구를 수도 없이 죽인 묠니르를 보기만 해도 벌벌 떨었다. 토르는 이 망치 자루를 잡는 데 도움이 되는 강철 장갑을 끼기도 한다.

토르의 어머니는 대지의 여신인 요르드Jord다. 토르는 모디(Modi, 분노한 자)와 마그니(Magni, 강한 자)라는 아들 둘과 트루드(Thrud, 힘센 자)라는 딸 하나를 뒀다. 토르의 아내는 금발 여신인 시프Sif이며, 그녀는 토르와 결혼하기 전 울르Ullr라는 아들을 두었기 때문에, 토르가 울르의 의붓아버지가 된다. 울르는 활과 화살로 사냥을 하는 신이며 스키를 타고 다닌다.

토르는 아스가르드와 미드가르드Midgard의 수호자이기도 하다.

그의 모험에 관한 이야기가 매우 많은데, 이 책에서도 그중 몇 가지를 소개할 것이다.

로키Loki

로키는 외모가 매우 출중하다. 말재주가 좋고 설득력이 있어서 호감이 가기도 하지만, 한편으로는 아스가르드에 사는 이들 가운데 가장 교활하고 음험하고 약삭빠르다. 그의 내면에 엄청난 분노와 질투심, 욕정 같은 어두운 구석이 많다는 건 참으로 안타까운 일이다.

로키는 라우페이Laufey의 아들이다. 라우페이는 '바늘'을 뜻하는 '날Nal'이라는 이름으로도 알려져 있는데 이는 그녀의 늘씬하고 아름답고 예리한 용모 때문이다. 로키의 아버지는 거인 파르바우티Farbauti다. 이 이름은 '위험한 타격을 입히는 자'라는 뜻인데, 파르바우티는 그 이름만큼이나 위험한 존재였다.

로키는 하늘을 나는 신발을 신고 허공을 걸어 다녔고 모습을 자유자재로 바꿀 수 있었기 때문에 다른 사람이나 동물로 변신하기도 했지만, 그의 진짜 무기는 자기 머리였다. 로키는 다른 어떤 신이나 거인보다 교활하고 영리하고 꾀가 많았다. 심지어 오딘도 로키만큼 교활하지는 않았다.

로키는 오딘의 의형제다. 다른 신들은 로키가 언제, 어떻게 아스가르드에 오게 되었는지 모른다. 그는 토르의 친구이면서 동시에 그를 배신한 자이기도 하다. 신들은 그의 행동을 눈감아줬는데, 이는 아마도 로키의 책략과 계획 때문에 곤란한 상황에 빠진 적도 많지만 그만큼 도움을 받은 적도 많기 때문일 것이다.

로키 덕에 세상이 전보다 흥미로워졌지만 그만큼 위험해진 것도 사실이다. 그는 괴물들의 아버지이고 재앙의 창시자이며 음흉한 신이다.

로키는 술을 아주 많이 마셨는데, 술에 취해 있을 때는 말이나 생각, 행동을 억제하지 못했다. 로키와 그의 자식들은 모든 것의 종말인 라그나로크에서 싸우게 되지만, 아스가르드의 신들 편에 서는 게 아니라 그들과 대적할 것이다.

세상이 시작되기 전,
그리고 그 이후

BEFORE THE BEGINNING,
AND AFTER

I

세상이 시작되기 전에는 아무것도 없었다. 땅도, 하늘도, 별도, 달도 없고 존재하는 것이라고는 형체도 모양도 없는 안개 세상과 언제나 활활 불타오르는 불의 세상뿐이었다.

북쪽에는 니플헤임Niflheim이라는 암흑의 땅이 있다. 이곳에서는 독액이 흘러넘치는 열한 개의 강이 안개를 뚫고 흘렀는데, 이 강들은 모두 니플헤임의 중심부에 있는 흐베르겔미르Hvergelmir라는 부글거리며 소용돌이치는 하나의 샘에서 발원한 것이다. 니플헤임은 얼어붙을 듯이 춥고, 모든 것을 가리는 탁한 안개가 무겁게 드리워져 있다. 하늘도 안개에 가려 보이지 않고 땅에는 냉기 어린 안개가 자욱하다.

남쪽에는 무스펠Muspell이 있다. 무스펠은 불이다. 그곳에서는 모든 것들이 빛을 발하며 타오른다. 니플헤임은 어두운 잿빛인 반면 무스펠은 환하게 밝고, 안개의 땅은 꽁꽁 얼어붙어 있지만 이곳에는 녹은 용암이 흐른다. 이곳은 대장장이가 피운 불길이 뜨겁게 타오르는 열기로 인해 모든 게 줄줄 녹아 흐르기 때문에 단단한 지면도 없고 하늘도 없다. 불꽃과 뿜어져 나오는 열기, 흐물흐물 녹은 바위 그리고 타오르는 불씨뿐이다.

무스펠의 불길 가장자리, 안개가 불타서 빛으로 화하고 땅이 끝나는 그곳에는 신들보다 먼저 존재한 수르트Surtr가 서 있다. 수르트는 지금도 그곳에 서 있다. 불타는 칼을 쥐고 있는 그에게는 부글부글 거품이 이는 용암과 꽁꽁 얼어붙은 안개가 똑같은 것으로 보인다.

수르트는 세상의 종말인 라그나로크가 도래해야만 비로소 그 자리에서 떠난다. 그는 불타는 칼을 휘두르며 무스펠을 떠나 온 세상을 불태울 것이고 신들은 차례차례 그 앞에 쓰러질 것이다.

II

무스펠과 니플헤임 사이에는 형체도 없고 아무것도 없는 텅 빈 공간이 있었다. 안개의 땅에서 발원된 강들은 '입을 쩍 벌린 심연'을 의미하는 긴눙가가프Ginnungagap라는 공허 속으로 흘러 들어간다. 측정할 수 없을 만큼 오랜 시간이 흐른 뒤, 이 독액이 흐르는 강이 불과 안개 사이에서 서서히 굳어 거대한 빙하를 이루게 되었다. 공허의 북쪽에 있는 얼음 땅은 차디찬 안개와 얼음 알갱이들로 뒤덮였지만, 남쪽에서는 빙하가 불의 땅에 다다르면서 무스펠의 잉걸불과 불꽃이 얼음과 만나고 화염의 땅에서 불어오는 따뜻한 바람이 얼음 위쪽의 공기를 부드럽게 녹여 마치 봄날처럼 온화한 날씨를 만들어냈다.

얼음과 불이 만나는 지점에서 얼음이 녹기 시작했고 그 물에서 생명이 탄생했는데, 모습은 인간과 비슷했지만 이 세상보다 더 크고 과거에 존재했거나 앞으로 존재하게 될 그 어떤 거인보다 거대했다. 또 남자도 여자도 아니지만 동시에 둘 다이기도 했다. 이자가 바로 모든 거인들의 조상인데, 스스로를 '이미르Ymir'라고 칭했다.

이미르는 얼음이 녹으면서 만들어진 유일한 생명체가 아니었다. 우리가 상상할 수 있는 것보다 훨씬 거대한 뿔 없는 암소도 한 마리 생겨났다. 암소가 주린 배를 채우고 마른 목을 축이려고 소금기가 밴 얼음덩어리를 핥자 네 개의 젖통에서 젖줄기가 강물처럼 흘러나왔다. 이미르는 이 젖을 먹고 살았다.

거인은 우유를 마시면서 계속 자랐다.

그리고 암소에게 '아우둠라Audhumla'라는 이름을 붙여줬다.

암소는 분홍색 혀로 얼음 덩어리를 핥아 사람을 만들어냈다. 첫째 날에는 얼음 덩어리에서 머리카락만 비죽 솟아나왔지만, 둘째 날이 되자 머리 전체가, 셋째 날에는 완전한 인간의 형상이 드러났다.

이자가 바로 신들의 조상인 부리Buri다.

이미르는 잠을 자는 동안 생명을 탄생시켰다. 이미르의 왼편 겨드랑이 아래에서 남자 거인과 여자 거인이 태어났고, 다리에서는 머리가 여섯 개 달린 거인이 태어났다. 여기에서 이미르의 자식들, 즉 모든 거인이 유래했다.

부리는 이 거인들 중에서 아내를 얻었고, 둘 사이에서 태어난 아들에게 '보르Bor'라는 이름을 지어주었다. 보르는 거인의 딸인 베스틀라Bestla와 결혼해 세 아들을 낳았다.

보르의 세 아들인 오딘, 빌리Vili, 베Ve는 자라서 어른이 되었다. 그들은 자라는 동안 멀리서 타오르는 무스펠의 불길과 니플헤임의 어둠을 보았지만 그곳에 갔다가는 죽음을 맞게 되리라는 걸 알고 있었다. 이 형제들은 얼음과 안개 사이에 생겨난 거대한 심연인 긴 눙가가프에 영원히 갇혀 있는 신세였다. 결국 어디에도 존재하지 않는다고도 할 수 있는 상황인 것이다.

그곳에는 바다도, 모래도, 풀도, 바위도, 흙도, 나무도, 하늘도, 별도 없었다. 당시에는 세상도, 천계나 하계도 존재하지 않았다. 심연이 있는 곳 또한 아무 데도 아니었다. 생명과 존재로 가득 채워지길 기다리는 빈 공간만 있을 뿐이었다.

모든 걸 새롭게 만들어야 하는 때였다. 베와 빌리와 오딘은 서로를 바라보면서 긴눙가가프라는 공허 속에서 자기들이 뭘 해야 하는지에 대해 얘기했다. 그들은 우주와 생명과 미래에 대해 얘기했다.

오딘과 빌리와 베는 거인 이미르를 죽였다. 반드시 해야만 하는 일이었다. 그것 외에는 세상을 창조할 방법이 없었다. 이것이 모든 일의 시작이었다. 죽음이 모든 생명을 가능케 한 것이다.

그들은 엄청나게 큰 거인을 칼로 찔렀다. 이미르의 시체에서는 상상도 할 수 없을 정도로 많은 양의 피가 솟구쳤다. 바다처럼 짜고 대양처럼 잿빛을 띤 피의 분수가 너무나도 갑자기, 너무나도 강력하고 깊게 솟구쳐서 홍수를 일으킨 탓에 거인들이 모두 휩쓸려가 빠져 죽었다(이미르의 손자인 베르겔미르Bergelmir라는 거인과 그의 아내만 나무 상자에 기어올라 살아남았다. 오늘날 우리가 알고 두려워하는 거인들은 모두 이 부부의 후손들이다).

오딘과 그의 형제들은 이미르의 살로 흙을 만들었다. 그리고 이미르의 뼈를 쌓아올려 산과 절벽을 만들었다.

우리가 보는 바위와 조약돌, 모래와 자갈은 모두 오딘과 빌리와 베가 이미르와 싸우던 도중에 부수고 으스러뜨린 이미르의 치아와 뼛조각들이다.

세상을 둘러싼 바다는 이미르의 피와 땀이다.

하늘을 올려다보면 이미르의 두개골 내부가 보일 것이다. 밤에 보이는 별과 행성, 모든 혜성과 유성은 무스펠에서 타오르는 불길에서 날아온 불꽃이다. 낮에 보이는 구름은 한때 이미르의 두개골 속에 있던 뇌수다. 어쩌면 지금도 어떤 생각에 골몰해 있을지 모른다.

III

세상은 평평한 원반 모양이고, 바다가 그 주위를 둘러싸고 있다. 거인들은 가장 깊은 바다 바로 옆인 세상의 가장자리에서 산다.

오딘과 빌리와 베는 거인들이 가까이 오지 못하게 하려고 이미르의 속눈썹으로 벽을 만들어 세상의 중심부 둘레에 벽을 세웠다. 그들은 벽 안쪽의 세상을 '미드가르드'라고 불렀다.

미드가르드는 텅 비어 있었다. 아름다운 땅이었지만 목초지를 걷거나 맑은 물에서 물고기를 잡는 사람도 없고, 바위투성이 산을 탐험하거나 구름을 올려다보는 이도 없었다.

오딘과 빌리와 베는 이곳에 거주하는 사람이 생기기 전까지는 진

세상이 시작되기 전, 그리고 그 이후

정한 세상이 될 수 없다는 걸 알았다. 그들은 사방을 돌아다니면서 사람을 찾았지만 어디에도 사람의 흔적은 보이지 않았다. 그러다 마침내 바다 끄트머리에 있는 바위 위에서 바닷물에 쓸려온 통나무 두 개를 발견했다. 조류에 밀려 떠다니다가 해안으로 밀려온 것이었다.

첫 번째 통나무는 물푸레나무였다. 물푸레나무는 튼튼하고 아름다우며 땅속 깊이 뿌리를 뻗는다. 그 목재는 자르기 쉽고 쪼개지거나 금이 가지 않아, 도구의 손잡이나 창 자루를 만들기에 아주 좋은 소재다. 그들이 해변에서 발견한 두 번째 통나무는 느릅나무였는데, 첫 번째 통나무와 서로 닿을 듯이 아주 가까이 놓여 있었다. 느릅나무는 겉모습이 우아하지만 그 목재는 매우 단단해서 가장 견고한 널빤지와 기둥을 만들 수 있다. 그래서 느릅나무를 이용해 멋진 저택이나 궁전을 짓곤 한다.

신들은 통나무 두 개를 집어 들고는 사람 키 높이 정도가 되게 모래 위에 똑바로 세웠다. 오딘은 통나무를 잡고 하나씩 차례대로 생명을 불어넣었다. 그들은 이제 더 이상 해변에 떠밀려 온 죽은 통나무가 아니라 살아 있는 생명체가 되었다.

빌리는 그들에게 의지와 지성, 추진력을 선물했다. 이제 그들은 움직일 수 있고, 뭔가를 원할 수도 있다.

베는 통나무를 깎아서 그들에게 인간의 형상을 주었다. 들을 수 있는 귀를 만들고 볼 수 있는 눈과 말할 수 있는 입도 만들어줬다.

해변에 서 있던 두 개의 통나무가 두 명의 벌거벗은 사람이 되었다. 베는 그중 한 명에게는 남성 성기를, 다른 한 명에게는 여성 성기를 만들어줬다.

세 형제는 여자와 남자를 위한 옷을 만들어서 그들이 몸을 가리고 세상의 끝에 있는 이 해변에 흩뿌려지는 차가운 물보라 때문에 체온이 내려가지 않게 해줬다.

그리고 마지막으로 두 사람에게 이름을 지어줬다. 남자는 '물푸레나무'를 뜻하는 '아스크Ask'라고 부르고 여자는 '느릅나무'라는 뜻의 '엠블라Embla'라고 불렀다.

아스크와 엠블라는 우리 모두의 아버지이고 어머니다. 모든 인간은 자신의 부모와 그들의 부모 그리고 그 이전 세대의 부모들에게 생명을 빚지고 있다. 그렇게 계속 거슬러 올라가다 보면, 우리 모두의 조상이 아스크와 엠블라임을 알 수 있다.

엠블라와 아스크는 신들이 이미르의 속눈썹으로 만든 벽 뒤에 있는 안전한 장소인 미드가르드에 머물렀다. 그들은 미드가르드에 집을 짓고, 거인과 괴물과 황무지에 도사리고 있는 다른 모든 위험으로부터 자신들을 보호했다. 그들은 미드가르드에서 안심하고 자녀들을 키울 수 있었다.

오딘이 만물의 아버지라고 불리는 건 이런 이유 때문이다. 신들의 아버지이고 또 우리의 머나먼 조상들에게 생명의 숨을 불어넣었던 것이다. 우리가 신이든 아니면 인간이든, 오딘은 우리 모두의 아버지다.

이그드라실과 아홉 개의 세상

YGGDRASIL AND
THE NINE WORLDS

이그드라실은 엄청난 힘을 가진 물푸레나무로서, 모든 나무들 가운데 가장 완벽하고 아름다우며 크기도 가장 크다. 이 나무는 아홉 개의 세상 사이에서 자라면서 그 세상들을 서로 연결시킨다. 위쪽에 있는 가지들은 하늘을 뚫고 그 위까지 뻗쳐 있다.

워낙 큰 나무다 보니 이 물푸레나무의 뿌리는 세 개의 세상에 걸쳐 있고, 세 개의 샘에서 물을 공급받는다.

가장 깊이까지 뻗은 첫 번째 뿌리는 지하 세계로 파고 들어가 다른 장소들보다 먼저 존재했던 니플헤임에 도달한다. 암흑세계의 중심에는 끊임없이 소용돌이치고 부글부글 끓어오르면서 주전자처럼 우렁찬 소리를 내는 흐베르겔미르라는 샘이 있다. 이 샘에는 니드호그Nidhogg라는 용이 사는데, 항상 이그드라실의 뿌리를 아래부터 갉아먹는다.

두 번째 뿌리는 서리 거인들의 영토로 뻗어가서 미미르Mimir 소유의 샘에 도달한다.

세계수의 가장 높은 가지에는 아는 게 많은 독수리 한 마리가 앉아 있고, 독수리의 두 눈 사이에는 매가 걸터앉아 있다.

그 아래 가지에는 라타토스크Ratatosk라는 다람쥐가 산다. 이 다람쥐는 시체를 먹는 무서운 니드호그에게 들은 소문과 메시지를 독수리에게 전하고, 다시 독수리의 말을 니드호그에게 전달한다. 그 과정에서 양쪽 모두에게 거짓말을 하고 그들이 화내는 모습을 보며 즐거워한다. 수사슴 네 마리가 세계수의 거대한 나뭇가지를 뜯어먹으면서 나뭇잎과 나무껍질을 게걸스럽게 집어삼키고, 나무 아래쪽에는 셀 수 없이 많은 뱀들이 꿈틀거리며 뿌리에 덤벼든다.

세계수에는 기어 올라갈 수 있다. 오딘이 스스로 희생양이 되어 매달렸던 것도 이 나무였다. 세계수를 교수대로 삼고 자신은 교수형에 처해진 신이 된 것이다.

신들은 세계수에 올라가지 않는다. 그들은 비프로스트Bifrost라는 무지개다리를 이용해 여러 세계를 여행한다. 무지개를 타고 여행할 수 있는 건 신들뿐이다. 서리 거인이나 트롤이 아스가르드에 가기 위해 무지개다리에 기어오르려고 했다가는 당장 발이 불타버릴 것이다.

아홉 개의 세상 이름과 각각의 특징은 다음과 같다.

아스가르드: 에시르 신들의 거처. 오딘이 자기 집으로 삼은 곳이다.
알프헤임Alfheim: 빛의 요정들이 사는 곳. 빛의 요정들은 태양이나 별처럼 아름답다.
니다벨리르Nidavellir: '스바르탈페임Svartalfheim'이라고 부르기도 한다. 난쟁이들(어둠의 요정들이라고 알려져 있기도 한)이 산 아래에 살면서 놀라운 작품들을 만들어놓았다.

미드가르드: 남자와 여자가 사는 세상, 우리 인간들이 거처로 삼은 곳이다.

요툰헤임Jotunheim: 서리 거인과 산의 거인들이 돌아다니거나 살면서 자기네 궁전을 지은 곳.

바나헤임Vanaheim: 바니르Vanir 신족이 사는 곳. 에시르 신족과 바니르 신족은 모두 평화 조약으로 맺어진 신들이며, 바니르 신족들 중에는 에시르 신족들과 함께 아스가르드에 사는 이들도 많다.

니플헤임: 어두운 안개로 뒤덮인 세상.

무스펠: 수르트가 지키고 있는 화염의 세상.

그리고 지배자의 이름을 따서 명명한 땅이 있으니 바로 헬Hel인데, 전쟁에서 용감하게 전사하지 않은 자들은 죽은 뒤 모두 이곳으로 간다.

세계수의 마지막 뿌리는 신들의 터전이자 에시르 신족들이 자기네 거처로 삼은 아스가르드에 있는 샘으로 뻗어나간다. 신들은 날마다 이곳에서 회의를 열며, 세상의 종말이 도래했을 때 그들이 최후의 전투 라그나로크에 참전하기 전에 모이게 될 곳도 여기다. 이곳을 '우르드Urd의 샘'이라고 부른다.

그곳에는 노른Norn이라는 세 자매가 사는데, 다들 지혜로운 처녀다. 그들은 샘을 관리하고 또 이그드라실의 뿌리가 항상 진흙에 덮여 있도록 잘 돌봤다. 이 샘은 운명의 여신 우르드의 것인데, 그녀는 우리의 과거다. 그리고 현재를 관장하는 베르단디Verdandi('……이 되다'라는 뜻)와 '목표로 삼은 것'이라는 의미를 가진 스쿨드Skuld가 있는데 스쿨드의 영역은 미래다.

노른은 우리 인생에서 어떤 일이 벌어질지 결정한다. 이들 세 명 외에 다른 노른들도 있다. 거인 노른과 요정 노른, 난쟁이 노른, 바니르 신족 노른, 착한 노른과 나쁜 노른 등이 있으며 그들의 결정에 따라 우리의 운명이 좌우된다. 어떤 노른은 사람들에게 안락한 삶을 선사하는 반면, 힘겨운 삶이나 짧은 인생, 뒤틀리고 굴곡진 인생을 안겨주는 노른들도 있다.

그들은 우르드의 샘에서 인간의 운명을 정한다.

미미르의 머리와 오딘의 눈

MIMIR'S HEAD AND ODIN'S EYE

미미르의 샘은 거인들이 사는 요툰헤임에 있다. 이 샘은 땅속 깊은 곳에서 콸콸 솟아올라 세계수인 이그드라실에게 양분을 공급한다. 현자이자 기억의 수호자인 미미르는 아는 게 많았다. 그의 샘은 곧 지혜였다. 세상이 생겨난 지 얼마 안 됐던 시절에 그는 매일 아침 걀라르호른Gjallerhorn이라는 뿔로 만든 잔으로 샘물을 퍼서 마셨다.

아주 오래전 세상이 젊었던 시절, 오딘은 긴 망토와 모자를 걸치고 방랑자로 변장해 거인들의 땅을 여행했다. 지혜를 얻기 위해 목숨을 걸고 미미르에게 접근한 것이다.

"미미르 삼촌, 당신의 샘에서 솟아난 물을 딱 한 모금만 마시게 해주십시오. 제 유일한 부탁입니다."

미미르는 고개를 가로저었다. 미미르 자신 외에는 그 누구도 샘물을 마실 수 없었다. 그는 아무 말도 하지 않았다. 원래 침묵을 지키는 이들은 실수를 잘하지 않는 법이다.

"전 당신 조카입니다. 제 어머니 베스틀라가 바로 당신 누이이지 않습니까."

"그것만으로는 안 된다." 미미르가 말했다.

"한 모금만요. 당신 샘의 물을 딱 한 모금만 마시면 전 지혜로워질 수 있습니다. 어떤 대가를 원하시는지 말씀해보십시오."

"내가 원하는 대가는 네 눈이다." 미미르가 말했다. "네 눈을 연못에 넣어라."

오딘은 농담이냐고 되묻지 않았다. 미미르의 샘에 도달하기 위해 거인의 나라를 지나오는 여행은 길고 위험했다. 이곳에 도착하기 위해 기꺼이 목숨을 걸었던 것이다. 그는 자기가 구하는 지혜를 얻기 위해서라면 그 이상이라도 할 각오가 되어 있었다.

오딘의 얼굴에 단호한 결의가 떠올랐다.

"칼을 주십시오."

잠시 뒤, 그는 자기 눈을 조심스럽게 연못 안에 넣었다. 연못에 잠긴 눈은 맑은 물속에서 그를 빤히 응시했다. 오딘은 걀라르호른에 미미르 샘의 물을 가득 채워 자기 입으로 가져갔다. 물은 차가웠다. 그는 한 방울도 남기지 않고 모두 마셨다. 그러자 지금까지 몰랐던 지혜가 샘솟기 시작했다. 그는 이제 하나뿐인 눈으로, 눈이 두 개 있을 때보다 더 멀리까지, 더 선명하게 볼 수 있었다.

그때부터 오딘에게는 '눈 먼 신'이라는 뜻의 '블린드Blindr', '애꾸눈'이라는 뜻의 '호아르Hoarr', '불타는 눈을 가진 자'라는 뜻의 '발레이그Baleyg' 같은 다양한 이름이 붙게 되었다.

오딘의 눈은 지금도 미미르의 샘에 담겨 세계수에게 물을 공급하는 샘물 속에 보존되면서 아무것도 보지 못하는 동시에 모든 것을 보고 있다.

시간이 흘러 에시르 신족과 바니르 신족 사이의 전쟁이 끝나고 자기들끼리 전사와 수장들을 교환할 때, 오딘은 바니르 신족의 새로운 수장이 될 에시르 신 헤니르Hoenir의 고문 자격으로 미미르를 바니르 신족에게 보냈다.

헤니르는 키가 크고 잘생겨서 왕과 같은 풍모를 하고 있었다. 미미르가 곁에서 조언을 해줄 때 그는 왕처럼 말하면서 언제나 현명한 결정을 내렸다. 하지만 미미르가 곁을 떠난 뒤로는 어떤 결정도 내리지 못했다. 바니르 신족은 곧 이런 모습에 진절머리가 나서 복수를 감행했는데, 복수의 대상은 헤니르가 아닌 미미르였다. 그들은 미미르의 머리를 베어 오딘에게 보냈다.

오딘은 분노하지 않았다. 그는 미미르의 머리가 썩지 않도록 약초들을 문질러 바른 뒤, 미미르의 지식이 사라지지 않기를 염원하며 마법의 주문을 외웠다. 곧 미미르가 눈을 뜨고 오딘에게 말을 하기 시작했다. 미미르의 조언은 그가 살아 있을 때 늘 그랬던 것처럼 여전히 훌륭했다.

오딘은 미미르의 머리를 세계수 아래에 있는 샘으로 다시 가져가서, 미래와 과거의 지식이 출렁이는 물속, 자신의 눈 옆에 그의 머리를 놓았다.

오딘은 걀라르호른을 신들의 파수꾼인 헤임달Heimdall에게 줬다. 그가 걀라르호른을 부는 날, 세상의 모든 신들은 어디에 있건, 아무리 깊이 잠들었건 상관없이 깨어나게 될 것이다.

헤임달이 걀라르호른을 부는 건 세상의 모든 것이 종말을 맞는 라그나로크 때 단 한 번뿐이다.

신들의 보물

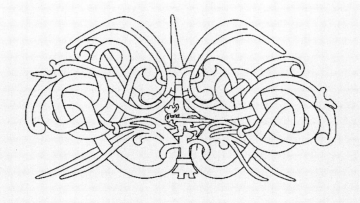

THE TREASURES OF
THE GODS

I

토르는 에시르 신족 출신인 아름다운 시프와 결혼했다. 그는 시프의 모든 것을 사랑했다. 그녀의 푸른 눈과 흰 피부, 붉은 입술과 미소, 여름이 끝나갈 무렵의 보리밭처럼 찬란한 황금색으로 빛나는 길디 긴 머리카락을 사랑했다.

토르는 잠에서 깨어 아직 자고 있는 시프를 바라봤다. 그는 자기 수염을 긁적거리다가 커다란 손으로 아내를 가볍게 두드리면서 "당신, 대체 이게 어떻게 된 일이오?"라고 물었다.

시프가 눈을 뜨자 여름날의 하늘 같은 눈동자 색이 드러났다. "무슨 말이에요?" 시프는 머리를 흔들며 영문을 모르겠다는 표정을 지었다. 그러다 머리 쪽으로 올린 손가락이 분홍빛 맨 두피에 닿자 머뭇거리는 손길로 머리를 더듬었다. 그녀가 충격받은 얼굴로 토르를 쳐다봤다.

시프의 입에서 나온 말은 "내 머리카락!"이 다였다.

토르는 고개를 끄덕이며 말했다. "사라졌어. 그가 당신을 대머리로 만들어놨군."

"그러니, 누구 말이야?" 시프가 물었다.

토르는 대답 없이 자신의 엄청난 힘을 두 배로 강하게 만들어주는 허리띠 메긴교르드를 맸다. 그러고는 겨우 입을 뗐다. "로키 말이야. 로키가 한 짓이라고."

"그걸 어떻게 알아?" 시프는 머리를 계속 만지면 머리카락이 다시 돌아오기라도 할 것처럼 정신 나간 듯한 손놀림으로 민머리를 매만지면서 물었다.

"왜냐하면, 뭔가 일이 잘못될 때마다 우리가 제일 먼저 하는 생각은 이게 다 로키 짓이라는 거잖아. 그러면 시간이 엄청 절약된다고."

로키의 집으로 달려간 토르는 잠긴 문을 산산조각 내고 들어갔다. 그리고 로키를 잡아채 허공으로 높이 들어 올리면서 물었다. "왜 그랬어?"

"왜라니, 뭐 말이야?" 로키는 완벽한 결백을 그림으로 그린 듯한 표정을 지어 보였다.

"시프의 머리카락, 내 아내의 아름다운 금발. 대체 왜 자른 거냐고!"

로키의 얼굴에는 교활함, 찔리는 표정, 잔인함, 당혹감 등 수많은 표정이 차례로 스쳐 지나갔다. 토르는 로키의 몸을 세게 흔들었다.

로키는 아래를 내려다보면서 최선을 다해 주눅 든 표정을 지어 보였다. "그냥 재미 삼아 한 거야. 술에 잔뜩 취해 있었거든."

잔뜩 치솟아 있던 토르의 눈썹이 아래로 처졌다. "시프는 자기 머리카락을 정말 자랑스럽게 여긴다고. 사람들이 보면 시프가 무슨 벌을 받느라 삭발을 당한 줄 알 거야. 절대로 해서는 안 되는 어떤 일을, 말도 안 되는 상대와 저질렀나 보다고 여길 거라고.”

“그래, 그렇겠지.” 로키가 말했다. “아마 다들 그렇게 생각할 거야. 그리고 안타깝게도 뿌리까지 완전히 뽑아버렸기 때문에 앞으로 남은 평생 동안 완전히 대머리로 살아야 할 거야…….”

“뭐? 설마.” 토르는 이제 자기 머리보다 훨씬 높이까지 쳐들고 있는 로키를 천둥 같은 얼굴로 올려다봤다.

“아마 그렇게 될 거야. 하지만 세상엔 모자와 스카프라는 게 있으니까…….”

“평생 대머리로 살 수는 없어!” 토르가 버럭 소리를 질렀다. “왜 냐하면 로키, 네가 지금 당장 시프의 머리카락을 되돌려놓지 않는 다면 네 몸의 뼈를 전부 다 부러뜨려버릴 테니까 말이야. 하나도 남 김없이 전부 다. 그리고 머리카락이 제대로 자라지 않으면 다시 돌 아와서 네놈의 뼈를 한 번 더 부러뜨려줄 거야. 그리고 다시 또 부러 뜨리고. 그렇게 매일 반복하다 보면 곧 아주 익숙해지겠지.” 토르는 아까보다 약간 쾌활해진 목소리로 말을 이었다.

“안 돼!” 로키가 말했다. “머리카락을 다시 되돌려놓는 건 불가 능해. 그런 식으로 해결될 일이 아니라고.”

“오늘은……” 토르가 골똘히 생각에 잠겨서 말했다. “네 뼈를 다 부러뜨리는 데 아마 한 시간쯤 걸리겠지. 하지만 연습을 충분히 하 고 나면 15분 안에도 가능해질 거야. 어떻게 될지 두고 보면 재미있 겠네.” 그가 로키의 첫 번째 뼈를 부러뜨리기 시작했다.

“난쟁이들!” 로키는 외마디 비명을 내지르듯이 말했다.

신들의 보물

"뭐라고?"

"난쟁이들! 그들은 뭐든지 만들 수 있잖아. 그러니까 시프를 위한 금발도 만들 수 있을 거야. 두피에 매끄럽게 달라붙어서 진짜 머리카락처럼 자연스럽게 자라는 완벽한 금발을. 그들은 할 수 있어. 할 수 있을 거라고 내가 맹세할게."

"그러면 가서 난쟁이들과 얘기해봐." 토르가 말했다. 그는 머리 위로 높이 들어 올렸던 로키를 바닥으로 떨어뜨렸다.

로키는 비틀거리며 일어나더니 토르가 다른 뼈를 더 부러뜨리기 전에 재빨리 자리를 떴다.

그리고 하늘을 걸을 수 있는 신발을 신고 난쟁이들의 작업장이 있는 스바르탈페임으로 향했다. 난쟁이들 중에서 가장 손재주가 뛰어난 이들은 이발디Ivaldi의 아들인 세 명의 난쟁이들이었다.

로키는 땅속 깊은 곳에 있는 그들의 대장간을 찾아갔다. "안녕하신가, 이발디의 아들들. 내가 주변에 물어보니까 브로크Brokk와 그의 형제 에이트리Eitri가 지금까지 존재한 가장 훌륭한 난쟁이 장인들이라고 하더군."

"아닙니다." 이발디의 아들들 가운데 한 명이 말했다. "그건 우리죠. 최고의 장인은 바로 우리란 말입니다."

"브로크와 에이트리도 틀림없이 자네들만큼 훌륭한 보물을 만들 수 있을 텐데."

"거짓말!" 이발디의 아들 중 가장 키가 큰 자가 말했다. "손가락이 무뎌빠진 그 무능한 놈들은 말편자도 하나 제대로 못 만들걸요."

키는 가장 작지만 가장 지혜로운 이발디의 아들은 그냥 어깨만

으쓱하고 말았다. "그자들이 뭘 만들든 우리가 더 잘 만들 수 있습니다."

"그들이 자네들한테 도전장을 던졌다고 들었어." 로키가 말했다. "각자 세 가지 보물을 만드는 거지. 누가 최고의 보물을 만들었는지는 에시르의 신들이 직접 판단할 거야. 아, 그런데 자네들이 만드는 보물 중 하나는 머리카락이어야 해. 계속해서 자라는 완벽한 금색 머리카락."

"그 정도야 얼마든지 할 수 있죠." 이발디의 아들 중 한 명이 말했다. 로키도 그들을 제대로 구별하기가 힘들었다.

로키는 산을 가로질러서 브로크라는 난쟁이가 자기 동생 에이트리와 함께 쓰는 작업장으로 갔다. "이발디의 아들들이 아스가르드의 신들을 위한 선물로 세 가지 보물을 만들고 있다고 하더군." 로키는 그들에게 말했다. "신들이 그 보물을 심사할 거야. 이발디의 아들들은 나한테 당신과 당신 동생 에이트리는 자기네만큼 훌륭한 물건을 만들 수 없을 거라는 말을 전해달라고 했어. 그러면서 자네 형제들을 '서툰 손가락을 가진 무능한 놈들'이라고 부르더군."

브로크는 바보가 아니었다. "이거 아주 수상한 냄새가 나는데요, 로키. 혹시 전부 다 당신이 꾸민 일 아닙니까? 에이트리와 나 그리고 이발디네 자식들 사이에 문제를 일으키는 건 당신이 좋아할 만한 일이지 않습니까."

로키는 최대한 정직한 표정을 지으려고 애썼는데, 정말 놀라울 정도로 정직해 보였다. "나하고는 아무 상관없는 일이네." 그는 천진난만한 어투로 주장했다. "그냥 자네들이 알아야 한다고 생각했을 뿐이야.”

“이 일에 개인적인 이해관계가 전혀 없다고요?” 브로크가 물었다.

“전혀.”

브로크는 고개를 끄덕이며 로키를 올려다봤다. 브로크의 형제인 에이트리도 뛰어난 장인이었지만, 브로크가 둘 중에서 더 똑똑하고 단호한 편이었다. “그럼 이발디의 아들들과 실력대결을 펼치고 신들에게 심사를 받아보도록 하죠. 에이트리가 이발디네 사람들보다 더 뛰어나고 정교한 물건을 만들 수 있다고 확신하니까요. 하지만 이걸 당신과도 상관있는 일로 만들어보는 게 어떨까요, 로키?”

“자네가 원하는 게 뭔데?” 로키가 물었다.

“당신 머리요. 우리가 이 경쟁에서 이기면 당신 머리를 가질 겁니다. 당신 머릿속에서는 수많은 일들이 벌어지고 있으니까 에이트리가 그걸 가지고 아주 멋진 장치를 만들어낼 수 있을 겁니다. 생각하는 기계 같은 거 말이죠. 아니면 잉크통이나.”

로키는 미소를 잃지 않았지만 속으로는 상대방을 쏘아보고 있었다. 오늘 일진이 왜 이럴까. 어쨌든 에이트리와 브로크가 대결에서 지도록 하면 되는 일이었다. 그래도 신들은 난쟁이들이 만든 여섯 개의 훌륭한 보물을 얻게 될 것이고 시프는 금발을 차지하게 될 것이다. 그는 그렇게 할 수 있다. 그는 로키니까.

“좋아.” 로키는 대답했다. “내 머리를 원한단 말이지. 문제없어.”

산 너머에서는 이발디의 아들들이 이미 보물을 만들고 있을 테니, 로키는 그들에 대해서는 걱정하지 않았다. 하지만 어떻게 해서든 브로크와 에이트리가 대결에서 이기지 못하도록 만들어야만 했다.

브로크와 에이트리는 대장간으로 들어갔다. 그곳은 무척 어두웠고 불빛이라고는 타고 있는 숯이 뿜어내는 오렌지색 빛뿐이었다. 에이트리는 선반에서 돼지가죽을 꺼내 화로에 집어넣었다. "바로 이런 일에 쓰려고 보관해뒀던 돼지가죽이야." 에이트리가 말했다.

브로크는 아무 말 없이 고개만 끄덕였다.

"좋아." 에이트리가 브로크에게 말했다. "브로크, 넌 풀무를 맡아. 계속해서 풀무질만 하면 돼. 화로가 아주 뜨거워야 하거든. 계속해서 열기를 유지하지 못하면 효과가 없어. 그러니까 계속 푸숙푸숙 공기를 불어넣어줘."

브로크는 풀무질을 시작했다. 산소가 풍부한 공기를 용광로 중심부에 계속 공급해서 모든 걸 뜨겁게 달궜다. 이런 일은 전에도 많이 해봤다. 에이트리는 모든 게 자기 마음에 드는지 확인하면서 흡족할 때까지 지켜봤다.

에이트리는 대장간 밖에서 보물을 제작하기 위해 자리를 떴다. 그가 나가려고 문을 열자 커다란 검은색 곤충 한 마리가 대장간 안으로 날아 들어왔다. 말파리도 아니고 사슴파리도 아니었다. 그런 곤충들보다 크기가 더 큰 그 곤충은 안으로 들어와 악의적인 느낌을 풍기면서 대장간 안을 빙빙 맴돌았다.

브로크는 대장간 밖에서 울리는 에이트리의 망치 소리와 줄질하는 소리, 구부리고 형태를 잡으면서 탕탕 때리는 소리 등을 들을 수 있었다.

커다란 검은색 파리(지금까지 본 중 가장 크고 가장 검은 파리였다)는 브로크의 손등 위에 내려앉았다.

브로크의 양손은 풀무를 쥐고 있었다. 그는 풀무질을 멈추고 파리를 때려잡지 않았다. 파리가 브로크의 손등을 세게 물었지만 그는 멈추지 않고 계속 풀무질을 했다.

그때 문이 열리더니 에이트리가 들어와서 용광로에서 완성된 작품을 조심스러운 손길로 꺼냈다. 그건 금으로 된 번쩍이는 털이 달린 거대한 수퇘지처럼 보였다.

"수고했어." 에이트리가 말했다. "온도가 아주 조금만 높거나 낮았더라도 전부 시간 낭비가 됐을 거야."

"형도 수고했어." 브로크가 말했다.

천장 구석에 붙어 있던 검은 파리는 분노와 짜증으로 속이 부글부글 끓었다.

에이트리는 금 한 덩어리를 가져와서 용광로에 집어넣었다. "좋아. 이번에 만들 물건은 신들에게 아주 깊은 인상을 줄 거야. 내가 외치면 풀무질을 시작하는데, 무슨 일이 있어도 풀무질하는 속도를 늦추거나 높이거나 멈춰서는 안 돼. 그러면 아주 귀찮은 일이 생길 거야."

"알았어." 브로크가 대답했다.

에이트리는 방에서 나가 작업을 시작했다. 브로크는 에이트리가 외치는 소리가 들릴 때까지 기다렸다가, 소리가 나자 풀무질을 시작했다.

검은색 파리는 깊은 생각에 잠겨 방 안을 맴돌다가 브로크의 목에 내려앉았다. 파리는 덥고 답답한 대장간 공기 때문에 땀이 흘러 생긴 개울을 피하기 위해 우아하게 옆으로 발을 옮겼다. 그리고 있는 힘껏 브로크의 목을 물었다. 진홍색 피가 흘러 브로크의 목에 밴 땀과 섞였지만 여전히 브로크는 풀무질을 멈추지 않았다.

에이트리가 돌아왔다. 그는 용광로에서 하얗게 달아오른 팔찌를 꺼냈다. 그리고 뜨거운 열기를 식히기 위해 돌로 만든 냉각 수조에 그것을 집어넣었다. 팔찌가 물에 떨어지자마자 구름 같은 증기가 솟아올랐다. 냉각되기 시작하면서 팔찌는 오렌지색과 빨간색으로 빠르게 변하다가 완전히 식자 금색이 되었다.

"이건 드라우프니르Draupnir라는 거야." 에이트리가 말했다.

"그건 '떨어뜨리는 자'라는 뜻이잖아? 팔찌 이름 치고는 이상한 데." 브로크가 말했다.

"그렇지 않아." 에이트리는 이렇게 반박하면서 팔찌의 아주 특별한 기능에 대해서 설명했다.

"아주 오래전부터 꼭 만들고 싶다고 생각했던 게 하나 있어. 내 걸작 중의 걸작이지. 하지만 이건 다른 두 가지보다 만들기가 더 까다로워. 그러니까 네가 해야 할 일은⋯⋯"

"풀무질, 쉬지 않는 풀무질이지?"

"바로 그거야. 아까보다 더 열심히 해야 돼. 절대로 속도를 바꾸면 안 돼. 그랬다가는 일을 완전히 망치게 될 테니까." 에이트리는 검은 파리가 지금까지 본 주괴 중에서 가장 큰 선철 주괴를 집어 용광로에 집어넣었다.

그는 방에서 나가더니 이윽고 브로크에게 풀무질을 시작하라고 큰 소리로 외쳤다.

브로크는 풀무질을 시작했고, 에이트리가 재료를 늘이고 형태를 잡고 용접하고 붙이는 동안 그의 망치질 소리도 시작됐다.

파리로 변신한 로키는 일을 조심스럽게 진행시킬 시간이 없다고 판단했다. 에이트리의 걸작은 신들에게 깊은 인상을 줄 만한 대단한 작품일 테고, 만약 신들이 이에 깊은 감명을 받는다면 자기는 머리를 잃게 되는 것이다. 로키는 브로크의 양쪽 눈 사이에 내려앉아서 그의 눈꺼풀을 물기 시작했다. 브로크는 눈이 찌르는 듯 아팠지만 그래도 풀무질을 계속했다. 로키는 절망적인 기분으로 더 깊이, 더 세게 물었다. 브로크의 눈꺼풀에서 흐르는 피가 얼굴을 타고 아래로 흐르면서 눈에까지 들어가 앞이 전혀 보이지 않게 되었다.

브로크는 파리를 쫓으려고 눈을 찡그리고 고개를 흔들었다. 머리를 좌우로 흔들기도 하고, 입을 비뚜름하게 해서 파리가 앉아 있는 얼굴 위쪽으로 숨을 불려고도 해봤지만 아무 소용 없었다. 파리는 계속 물어댔고 브로크의 눈에는 자기 피 외에 아무것도 보이지 않았다. 심한 통증이 그의 머리를 가득 채웠다.

브로크는 속으로 가만히 수를 세다가 풀무를 아래로 누르는 순간을 틈타 한손을 풀무에서 떼고 파리를 후려치려고 팔을 휘둘렀다. 어찌나 빠르고 강한 일격이었던지 로키는 가까스로 목숨을 구할 수 있었다. 브로크는 다시 풀무를 잡고 계속 펌프질을 했다.

"이제 됐어!" 에이트리가 소리쳤다.

검은 파리는 불안정하게 방 안을 날아다녔다. 에이트리가 문을 열고 들어오는 틈을 타 파리는 재빨리 방에서 빠져나갔다.

에이트리는 실망한 눈빛으로 동생을 바라봤다. 브로크의 얼굴은 피와 땀으로 범벅이 되어 있었다. "대체 뭘 하고 있었던 거냐." 에이트리가 투덜댔다. "모든 걸 망칠 뻔했어. 마지막에 온도가 마구 치솟는 바람에 내가 기대했던 인상적인 작품과는 거리가 먼 게 나오고 말았어. 이제는 결과가 어떻게 될지 그냥 지켜보는 수밖에 없겠군."

그때 다시 원래 모습으로 돌아온 로키가 열린 문으로 어슬렁거리며 들어왔다. "자, 대결할 준비는 다 됐나?" 그가 물었다.

"브로크가 아스가르드에 가서 신들에게 내 선물을 바치고 당신 머리를 잘라 올 겁니다." 에이트리가 대꾸했다. "나는 대장간에서 물건들을 만드는 걸 가장 좋아하니까 여기 남아 있겠습니다."

브로크는 잔뜩 부어오른 눈꺼풀 사이로 로키를 바라봤다. "당신 머리를 자를 순간이 기대되는군요. 당신과 아주 밀접하게 관련된 문제가 되겠죠."

II

아스가르드에서는 세 명이 신이 옥좌에 앉아 있었다. 최고신인 애꾸눈 오딘, 붉은 수염을 기른 천둥의 신 토르, 그리고 잘생긴 여름 수확의 신 프레이Frey였다. 그들이 심판 역할을 하는 것이다.

로키는 거의 똑같이 생긴 이발디의 아들 세 명과 함께 신들 앞에 섰다.

검은 수염을 기른 음울한 표정의 브로크는 혼자 한쪽에 서 있었다. 그가 가져온 물건은 시트 아래에 감춰둔 상태였다.

"자, 우리가 심사할 물건이 뭔가?" 오딘이 물었다.

"보물입니다." 로키가 대답했다. "이발디의 아들들이 위대한 오딘 당신과 토르, 프레이에게 드릴 선물을 만들었습니다. 에이트리와 브로크도 마찬가지고요. 여섯 가지 물건 가운데 가장 멋진 보물이 뭔지 판단하는 일이 당신들께 달려 있습니다. 먼저 이발디의 아들들이 만든 선물을 제가 직접 보여드리겠습니다."

그는 오딘에게 궁니르Gungnir라는 창을 보여줬다. 복잡한 룬 문자가 새겨진 아름다운 창이었다.

"이건 뭐든지 꿰뚫을 수 있는 창입니다. 그리고 던지기만 하면 반드시 그 목표물을 정확하게 맞히죠." 로키가 설명했다. 오딘은 눈이 하나밖에 없기 때문에 때때로 겨냥이 완벽하지 않은 경우가 있었다. "그리고 또 하나 중요한 사실은, 이 창을 두고 한 맹세는 절대로 깰 수가 없다는 겁니다."

오딘은 창을 들고 무게를 가늠해봤다. 그리고는 "아주 멋지군"이라고만 말했다.

"그리고 이건," 로키가 자랑스러운 목소리로 말했다. "물 흐르듯 유려하게 찰랑이는 금발입니다. 진짜 순금으로 만든 거죠. 이걸 필요로 하는 사람의 머리에 저절로 달라붙어서 계속 자라게 되는데, 어느 모로 보나 진짜 머리카락과 똑같을 겁니다. 이 수십만 가닥의 금실을 보세요."

"내가 시험해보지." 토르가 말했다. "시프, 이리 와봐."

시프가 자리에서 일어나 앞으로 나왔는데, 머리에 스카프를 둘러 쓴 상태였다. 그녀가 머리에 두른 스카프를 벗자, 신들은 머리카락한 올 없이 분홍색으로 반짝이는 시프의 민머리를 보고 헉하고 숨을 삼켰다. 시프는 난쟁이들이 만든 금색 가발을 조심스럽게 머리에 쓰고는 고개를 흔들었다. 신들은 가발 아랫부분이 시프의 두피에 저절로 달라붙는 모습을 보았다. 이제 그들 앞에 서 있는 시프는 전보다 더 눈부시게 아름다운 모습이었다.

"대단하군." 토르가 말했다. "정말 잘했어!"

시프는 친구들에게 새로운 머리카락을 보여주려고 금발을 흩날리며 궁정 홀을 나가 햇빛 속으로 사라졌다.

이발디의 아들들이 만든 놀라운 마지막 선물은 크기가 작고 마치 천처럼 접혀 있었다. 로키는 이 천을 프레이 앞에 놓았다.

"이게 뭔가? 실크 스카프처럼 생겼는데." 프레이는 별로 대수롭지 않다는 듯 말했다.

"그렇지." 로키가 대답했다. "하지만 펼쳐보면 그게 사실은 스키드블라드니르Skidbladnir라는 배라는 걸 알게 될 거야. 어디를 가든 항상 순풍을 불러오는 배지. 그리고 자네가 상상할 수 있는 배들 가운데 가장 크지만, 지금 보이듯이 천처럼 접을 수 있기 때문에 주머니에 넣고 다닐 수도 있다고."

프레이가 이 설명에 감명을 받았기 때문에 로키는 안심했다. 세 가지 모두 아주 훌륭한 선물이었다.

이제 브로크의 차례였다. 그는 눈꺼풀이 빨갛게 부어 있고 목 뒤에는 벌레에 물린 커다란 자국이 보였다. 로키는 브로크가 지나치게 자만심에 찬 모습이라고 생각했다. 이발디의 아들들이 만든 놀라운 물건을 고려하면 더욱 그래 보였다.

브로크는 금으로 만든 팔찌를 가져와서 높은 옥좌에 앉은 오딘 앞에 놓았다. "이 팔찌는 드라우프니르라고 합니다. 9일마다 한 번씩 이것과 똑같이 아름다운 금팔찌 여덟 개가 여기에서 생겨날 겁니다. 사람들에게 상으로 나눠주셔도 되고 아니면 직접 보관하셔서 당신의 부를 늘리셔도 되죠."

오딘은 팔찌를 자세히 살펴보더니 자기 팔에 끼워 이두박근까지 끌어올렸다. 팔찌는 그 자리에서 찬란하게 빛을 발했다. "아주 멋지군." 오딘이 말했다.

로키는 오딘이 창을 보고도 똑같은 말을 했다는 걸 기억했다.

브로크는 프레이 앞으로 걸어갔다. 그리고 천을 걷어 올려 금으로 된 털이 난 거대한 멧돼지를 보여줬다.

"이건 저희 형이 당신의 전차를 끌게 하려고 만든 멧돼지입니다. 세상에서 가장 빠른 말보다 더 빠르게 하늘을 가로지르고 또 바다도 건널 수 있지요. 돼지의 금색 털이 빛을 발해서 이제 아무리 캄캄한 밤에도 당신이 하는 일을 훤히 볼 수 있을 겁니다. 그리고 아무리 달려도 절대 지치지 않기 때문에 프레이 님을 실망시키는 일도 없을 테고요. 이름은 '황금 털이 달린 돼지'라는 뜻의 '굴린부르스티Gullenbursti'라고 합니다."

프레이는 꽤나 감명을 받은 듯했다. 그래도 로키는 천처럼 접을 수 있는 마법의 배가 어둠 속에서 빛을 내며 멈추지 않고 달리는 멧돼지만큼 인상적인 물건이라고 생각했다. 로키의 머리는 아직까지 꽤 안전한 편이었다. 그리고 그는 브로크가 내놓을 마지막 선물이 자기가 미리 손을 써둔 물건이라는 것도 알고 있었다.

브로크는 천 아래에서 망치를 꺼내 토르 앞에 놓았다.

토르는 그걸 보더니 코를 킁킁거렸다.

"손잡이가 너무 짧은데." 토르가 말했다.

브로크가 고개를 끄덕였다. "네, 그건 제 잘못입니다. 제가 풀무질을 잘못했거든요. 하지만 마음에 들지 않는다고 내치시기 전에 이 망치의 독특한 특징을 설명할 수 있게 해주십시오. 이건 묠니르Mjollnir라고 하는데 번개를 만드는 망치입니다. 그리고 절대로 망가지지 않는 물건이라서 이 망치로 뭔가를 아무리 세게 내려쳐도 망치가 상하는 일은 결코 없을 겁니다. 또 이 망치를 던지면 겨냥한 걸 반드시 명중시킬 수 있고요."

토르는 흥미가 생긴 듯했다. 그가 신경에 거슬리는 것들을 향해 내던졌다가 빗맞히는 바람에 잃어버린 훌륭한 무기들이 매우 많았기 때문이다. 또 던진 무기가 멀리 날아갔다가 그대로 사라져서 다시는 보지 못한 경우도 많았다.

"아무리 세게, 아무리 멀리 던져도 반드시 당신 손으로 되돌아올 겁니다."

토르는 이제 미소까지 띠고 있었다. 번개의 신이 미소를 짓는 건 자주 있는 일이 아니었다.

"망치 크기도 바꿀 수 있습니다. 이것보다 커질 수도 있고, 또 원할 경우 웃옷 안에 감출 수 있을 정도로 아주 작게 줄일 수도 있죠."

토르는 기뻐하며 손뼉을 쳤고, 덕분에 아스가르드 전체에 천둥소리가 울려 퍼졌다.

"하지만 보시다시피," 브로크는 슬픈 목소리로 설명을 마무리했

신들의 보물

다. "손잡이가 너무 짧습니다. 그건 제 잘못이에요. 에이트리가 망치를 만드는 동안 멈추지 말고 풀무질을 계속했어야 하는데 그러지 못했거든요."

"손잡이가 짧은 건 사소한 외관상의 문제일 뿐이다." 토르가 말했다. "이 망치는 우리를 서리 거인들로부터 보호해줄 거다. 지금까지 본 중에서 가장 훌륭한 선물이로군."

"이건 아스가르드를 보호할 거야. 우리 모두를 지켜주겠지" 오딘도 인정했다.

"만약 내가 거인이라면 이 망치를 든 토르를 매우 두려워할 거야." 프레이도 거들었다.

"맞습니다. 이건 아주 훌륭한 망치예요. 그런데 토르, 머리카락은 어떻습니까? 시프의 아름다운 새 금발 말이에요!" 로키가 약간 자포자기한 듯한 말투로 물었다.

"뭐? 아, 그거. 내 아내는 아주 근사한 머리카락을 갖게 됐지. 자, 망치를 크게 늘리거나 줄이는 방법을 알려다오, 브로크."

"토르의 망치는 내 근사한 창이나 훌륭한 팔찌보다 낫군." 오딘이 고개를 끄덕이며 말했다.

"흠, 확실히 저 망치는 내 배나 멧돼지보다 훌륭하고 인상적이야." 프레이도 인정했다. "이 망치가 아스가르드의 신들을 안전하게 지켜줄 거야."

신들은 브로크의 등을 툭툭 두드리면서 그와 에이트리가 만든 물건들이 지금까지 받은 선물 가운데 가장 훌륭하다고 말했다.

"그렇게 말씀해주시니 기쁩니다." 브로크가 말했다. 그러고는 로키를 향해 돌아섰다. "자, 그럼…… 이제 당신 머리를 잘라서 가져가겠습니다, 라우페이의 아들이여. 에이트리가 아주 기뻐할 겁니다. 당신 머리를 이용해 썩 유용한 물건을 만들 수 있을 테니까요."

"어…… 내 머리 대신 그에 상응하는 대가를 지불하지. 자네들에게 줄 만한 보물이 있어."

"에이트리와 나는 필요한 보물은 모두 갖고 있습니다. 우리는 보물을 직접 만들 수 있으니까요. 로키 님, 내가 원하는 건 당신 머리뿐입니다."

로키는 잠시 생각에 잠겼다가 말했다. "그럼 가져가봐. 날 잡을 수 있다면 말이야."

로키는 공중으로 펄쩍 뛰어오르더니 거기 모인 이들의 머리 위로 달아나버렸다. 눈 깜짝할 새에 그의 모습이 사라졌다.

브로크는 토르를 쳐다봤다. "로키 님을 붙잡아주실 수 있습니까?"

토르는 어깨를 으쓱했다. "꼭 그래야 하나? 하지만 망치 성능을 한번 시험해보고 싶긴 하군."

토르는 곧 로키를 단단히 붙잡아서 돌아왔다. 로키는 무력한 분노에 가득 차 주위를 쏘아봤다.

브로크가 칼을 꺼냈다. "이리로 오세요, 로키 님. 당신 머리를 잘라야 하니까요."

"물론이지." 로키가 말했다. "자네는 물론 내 머리를 자를 수 있어. 하지만 여기 계신 전능한 오딘께 호소하는데, 만약 자네가 내 목을 조금이라도 자른다면 자네는 우리 계약 조건을 어기는 거야. 자

신들의 보물

네들은 내 머리만 자르겠다고 약속했으니까 말이야."

오딘은 머리를 한쪽으로 기울이면서 말했다. "로키 말이 맞다. 넌 그의 목을 자를 권리가 없어."

브로크는 짜증이 났다. "하지만 그의 목을 베지 않고는 머리를 자를 방법이 없습니다."

로키는 자신의 기지에 매우 만족해했다. "그것 봐, 누구든 자기가 한 말을 엄밀히 따져보면 감히 로키와 대결을 벌일 수는 없지. 세상에서 가장 현명하고, 똑똑하고, 영리하고, 지적이고, 잘생긴 이 몸과……."

이때 브로크가 오딘에게 어떤 제안을 속삭였다.

"그러면 공정하겠군." 오딘이 동의했다.

브로크는 가죽 조각과 칼을 꺼냈다. 그리고 가죽으로 로키의 입을 덮고 칼날의 끝부분으로 가죽을 뚫으려고 했다.

"안 되잖아." 브로크가 말했다. "내 칼이 당신을 베지 못하는군요."

"어쩌면 내가 지혜롭게도 칼날에 다치지 않도록 보호 장치를 마련해뒀을지도 모르지." 로키가 겸손하게 말했다. "'내 목은 벨 수 없어' 계획이 무산됐을 때를 대비해서 말이야. 아마 그 어떤 칼날로도 나를 벨 수는 없을걸!"

브로크는 앓는 소리를 내면서 가죽 세공을 할 때 쓰는 뾰족한 송곳을 꺼내 그걸로 가죽을 찔러 로키의 입술에 구멍을 뚫었다. 그리고 튼튼한 실로 로키의 입술을 한데 꿰매버리고는, 입이 단단히 꿰매져 불평을 할 수 없게 된 로키를 두고 가버렸다. 로키 입장에서는 입술이 가죽에 꿰매진 고통보다 말을 할 수 없는 고통이 더 컸다.

이게 바로 신들이 훌륭한 보물을 손에 넣게 된 경위다. 전부 로키의 잘못으로 시작된 것이다. 토르의 망치조차 로키의 술수 덕분에 생겨났다. 그게 로키라는 인물의 특징이다. 그에게 가장 감사함을 느낄 때조차 마음 한구석에는 분노의 기운이 남아 있고, 그를 가장 미워할 때에도 어느 정도 고마운 마음을 느끼게 되는 것이다.

최고의 성벽 건축가

THE MASTER
BUILDER

토르가 트롤들과 싸우려고 동쪽 지방으로 떠났다. 그가 없는 아스가르드는 평소보다 평화로웠지만 그만큼 무방비한 상태이기도 했다. 에시르 신족과 바니르 신족이 평화 조약을 맺은 직후인 초기의 일이라, 신들은 아직 자기 집을 짓느라 바빠서 아스가르드를 제대로 방어하지 못하고 있었다.

"항상 토르에게만 의지할 수는 없는 일 아닌가." 오딘이 말했다. "우리에겐 방어막이 필요해. 곧 거인들이 몰려올 거다. 트롤들도 올 테고."

"어떻게 하면 좋을까요?" 신들의 파수꾼인 헤임달이 오딘에게 물었다.

"성벽을 쌓아야 해." 오딘이 말했다. "서리 거인들을 막을 수 있을 만큼 높은 성벽 말이다. 그리고 아무리 힘센 트롤이라도 감히 뚫고 들어오지 못할 만큼 두껍기도 해야지."

"그렇게 높고 두꺼운 성벽을 세우려면 여러 해가 걸릴 겁니다." 로키가 말했다.

오딘은 로키의 말에 동의하며 고개를 끄덕였다. "그래도 우리에게는 성벽이 필요해."

다음 날, 아스가르드에 새로운 인물이 도착했다. 대장장이 같은 옷차림을 한 그는 몸집이 거대했고, 그의 뒤에는 등판이 널찍한 거대한 회색 종마(種馬) 한 마리가 느릿느릿 걸어오고 있었다.

"댁들한테 성벽이 필요하다는 말을 들었습니다." 낯선 자가 말했다.

"흠, 그런데?" 오딘이 대꾸했다.

"제가 성벽을 만들어드릴 수 있습니다. 제아무리 키 큰 거인도 타넘지 못하고, 제아무리 힘센 트롤도 부수지 못할 만큼 튼튼하게 지어드리지요. 돌을 층층이 쌓아서 개미 한 마리 들어올 틈도 없을 만큼 잘 지을 수 있습니다. 백만 년 동안 무너지지 않을 성벽을 세워드리죠."

"그런 성벽을 만들려면 시간이 아주 오래 걸릴 텐데." 로키가 말했다.

"그렇지 않습니다. 저는 세 계절 안에 다 지을 수 있습니다. 내일이 겨울이 시작되는 첫날이죠. 그러니까 겨울과 여름 그리고 또 한 번의 겨울이 다 지나가기 전에 공사가 끝날 겁니다."

"네가 그런 일을 해낼 수 있다면, 그 보답으로 뭘 바라느냐?" 오딘이 물었다.

"제가 바라는 건 해드리는 일에 비하면 보잘것없는 보수입죠. 딱 세 가지만 주시면 됩니다. 첫째, 미의 여신 프레이야와 결혼하고 싶습니다."

"그건 사소한 일이 아니잖으냐!" 오딘이 말했다. "그리고 프레이야도 당연히 이 문제에 대해 본인의 의견이 있을 테니 내 마음대로 정할 수 있는 일이 아니다. 그럼 다른 두 가지 보수는 뭐냐?"

낯선 이는 자만심에 찬 모습으로 활짝 웃었다. "제가 성벽을 만들어드리면, 프레이야와 결혼하게 해주시고 또 낮에 하늘에서 빛나는 태양과 밤에 세상을 비춰주는 달도 갖고 싶습니다. 제가 성벽을 완성하면 신들께서 이 세 가지를 저에게 주셔야 합니다."

신들은 프레이야를 쳐다봤다. 그녀는 아무 말도 하지 않았지만 입술은 굳게 다물려 있고 얼굴은 분노로 하얗게 질려 있었다. 그녀는 피부에 닿을 때마다 북극광처럼 빛을 발하는 브리싱즈Brisings라는 목걸이를 걸고 있었고, 그녀의 머리카락만큼이나 밝은 색을 발하는 금으로 머리를 묶고 있었다.

"밖에서 기다리거라." 오딘은 낯선 자에게 말했다.

그는 자리를 뜨기 전에 자기 말에게 줄 먹이와 물을 구할 수 있는 곳을 물어봤다. 말의 이름은 '스바딜파리Svadilfari'라고 했는데, '불운한 여행을 하는 자'라는 뜻이다.

오딘은 자기 이마를 문지르다가 몸을 돌려 신들을 바라봤다.

"어떻게 하면 좋겠소?" 오딘이 물었다.

신들이 동시에 입을 열기 시작했다.

"조용!" 오딘이 소리쳤다. "한 명씩 말하시오!"

모든 신과 여신에게는 각자 의견이 있었지만, 결국 다들 똑같은 의견이었다. 프레이야와 해와 달은 너무도 중요하고 귀한 것이기 때문에 이방인에게 줄 수 없다는 것이었다. 비록 그가 자기들에게 필요한 성벽을 세 계절 안에 쌓을 수 있다고 하더라도 말이다.

프레이야에게는 그 외의 다른 의견도 있었다. 그녀는 그 뻔뻔한 놈을 흠씬 때려준 다음에 아스가르드에서 내쫓아야 한다고 생각했다.

"그렇다면 결정이 난 거로군. 그의 제안을 거절하는 쪽으로 말이오." 최고신 오딘이 말했다.

그때 궁정 한쪽 구석에서 헛기침 소리가 들렸다. 그건 사람들의 주의를 끌기 위한 기침이었기 때문에 신들은 누가 기침을 했는지 보려고 고개를 돌렸다. 그들의 눈에 비친 건 로키였다. 로키는 신들을 마주보며 미소 짓더니 마치 그들에게 알려줄 중요한 비밀이라도 있는 것처럼 손가락을 하나 치켜세웠다.

"지적해드리는 게 좋을 것 같은데, 당신들은 아주 중요한 걸 간과하고 있어요."

"우리가 간과한 건 하나도 없는 것 같은데요, 신들의 말썽꾼." 프레이야가 신랄하게 쏘아붙였다.

"이 낯선 자가 스스럼없이 하겠다고 제안한 일이 거의 불가능에 가깝다는 사실을 다들 간과하고 있지 않습니까. 세상에 살아 있는 이들 가운데 그가 설명한 것처럼 높고 두꺼운 성벽을 지을 수 있는 자, 그것도 18개월 안에 완성할 수 있는 자는 아무도 없습니다. 인간은 물론이고 거인이나 신에게도 불가능한 일이죠. 내 피부를 걸어도 좋습니다."

이 말을 들은 신들은 그의 말에 깊은 자극을 받은 듯 모두 고개를 끄덕이거나 끙 하고 앓는 소리를 냈다. 프레이야를 제외한 모두가 그랬는데, 프레이야는 몹시 화가 난 듯 보였다. "당신들 모두 바보로군요." 그녀가 쏘아붙였다. "자기가 똑똑하다고 생각하는 로키 당신은 특히 더 심한 바보고요."

"그가 말한 일은 누구에게도 불가능한 작업입니다. 그래서 이런 제안을 하고 싶습니다. 그가 요구한 대가에 동의하되, 조건을 엄격하게 정하는 겁니다. 성벽을 세울 때 누구의 도움도 받을 수 없고, 또 세 계절이 아니라 한 계절 안에 성벽을 완성하라고 하는 거죠. 여름이 시작되는 첫날, 성벽에 미완성된 부분이 조금이라도 있으면 그가 요구한 대가를 아무것도 주지 않아도 되는 겁니다."

"그가 그런 조건에 뭣하러 동의하겠는가." 헤임달이 물었다.

"그리고 성벽을 아예 짓지 않았을 때에 비해 우리가 얻을 수 있는 이익은 뭐지?" 프레이야의 오빠인 프레이도 물었다.

로키는 조급한 기분을 숨기려고 애썼다. '신이란 것들은 죄다 바보만 모였나?' 그는 어린아이에게 설명하는 기분으로 차근차근 이야기를 시작했다. "석공은 성벽을 쌓기 시작하겠지만 끝내지는 못할 거야. 6개월 동안 보수도 못 받고 헛일을 할 거란 말이지. 6개월이 지나면 우린 그를 내쫓겠지만…… 어쩌면 주제넘게 군 대가로 흠씬 때려줄 수도 있을 테고. 그래도 그때까지 그놈이 해놓은 작업을 성벽의 기초로 삼아서 나중에 벽을 완성할 수 있지 않겠어? 그렇게 되면 우리로서는 해와 달은 물론이고 프레이야를 잃을 위험도 전혀 없을 거야."

"왜 그가 한 계절 안에 성벽을 다 지으라는 조건에 동의할 거라고 생각하나?" 전쟁의 신 티르Tyr가 물었다.

"물론 동의하지 않을 수도 있지." 로키가 말했다. "하지만 그자는 오만하고 자기 확신에 가득 찬 인물처럼 보이니까 이런 도전을 거절할 것 같지는 않아."

신들 모두 앓는 소리를 내더니 로키의 등을 두드리며 넌 아주 교활한 놈이고 그렇게 교활한 자가 자기네 편이라서 다행이라고 말했다. 이제 성벽 토대를 공짜로 얻게 된 그들은 자신들의 총명함과 협상 능력을 서로 치하했다.

프레이야는 아무 말도 하지 않았다. 선물로 받은 빛의 목걸이 브리싱즈를 손가락으로 어루만질 뿐이었다. 예전에 그녀가 목욕을 하고 있을 때 로키가 바다표범으로 둔갑해서 훔쳐갔던 바로 그 목걸이였다. 당시 헤임달이 바다표범으로 변신해 로키와 싸워서 목걸이를 되찾아줬었다. 프레이야는 로키를 신뢰하지 않았다. 또 이 대화가 진행되는 방식도 탐탁지 않았다.

신들은 석공을 다시 궁정 홀로 불렀다.

석공은 모여 있는 신들의 얼굴을 살펴봤다. 신들은 모두 기분이 좋은 듯 활짝 웃으면서 서로를 팔꿈치로 쿡쿡 찌르고 있었다. 하지만 프레이야의 얼굴에서는 미소의 흔적도 찾아볼 수 없었다.

"자, 어떻게 하기로 하셨습니까?" 석공이 물었다.

"넌 공사 기간으로 세 계절을 요구했다." 로키가 말했다. "하지만 우리가 너에게 허락할 수 있는 시간은 단 한 계절뿐이다. 내일은 겨울의 첫날이다. 네가 여름이 시작되는 첫째 날까지 공사를 마치지 못한다면 아무 보수도 받지 못한 채 이곳을 떠나야 한다. 하지만 우리가 합의한 대로 높고 두꺼운 난공불락의 성벽을 완성한다면 달과 해 그리고 아름다운 프레이야까지 네가 요구한 걸 전부 받게 될 거다. 단, 성벽을 건설할 때는 누구의 도움도 받아서는 안 되고 전부 혼자 힘으로 지어야 한다."

낯선 이는 한동안 아무 말도 하지 않았다. 먼 곳을 응시하면서 로키가 한 말과 조건을 가늠해보는 듯했다. 그러더니 다시 신들을 바라보면서 어깨를 으쓱 추켜올렸다. "외부의 도움을 받아서는 안 된다고 하셨죠? 하지만 성벽을 쌓을 때 필요한 돌을 여기까지 끌고 오려면 제 말 스바딜파리의 도움을 받아야 합니다. 이 정도면 그렇게 불합리한 요구 같지는 않은데요."

"그래, 가히 지나친 요구는 아니군." 오딘이 동의했고, 다른 신들도 고개를 끄덕이면서 무거운 돌을 끌어오는 데는 말이 가장 적합하다는 말을 주고받았다.

신들과 석공은 각자 맹세를 했는데, 그건 서로 상대방을 배신해서는 안 된다는 강력한 맹세였다. 그들은 각자의 무기를 놓고 맹세를 하고 또 오딘의 황금 팔찌 드라우프니르와 그의 창 궁니르에 대고도 맹세를 했다. 궁니르를 두고 한 맹세는 절대로 깰 수 없다.

다음 날 아침 해가 뜨자 신들은 석공이 일하는 모습을 지켜봤다. 석공은 손바닥에 침을 뱉더니 첫 번째 돌을 놓을 도랑을 파기 시작했다.

"땅을 깊게 파는군." 헤임달이 말했다.

"파는 속도도 빠르고." 프레이가 말했다.

"흐음, 도랑과 배수로를 파는 실력이 매우 뛰어난 건 분명하군." 로키도 마지못해하며 동의했다. "하지만 산에서 여기까지 돌덩이를 몇 개나 끌고 와야 하는지 생각해봐. 도랑은 잘 팔지 몰라도, 다른 자의 도움 없이 돌덩이를 이 먼 곳까지 끌고 와 차곡차곡 쌓아 올려서 개미 한 마리 기어 들어오지 못할 정도로 튼튼하고 키 큰 거인도 타넘지 못할 만큼 높은 성벽을 만드는 건 완전히 다른 문제라고."

프레이야는 혐오스럽다는 표정으로 로키를 쳐다봤지만 아무 말도 하지 않았다.

해가 지자 석공은 자기 말에 올라타 첫 단에 쌓을 돌을 모으러 산을 향해 떠났다. 말은 돌을 실어 올 야트막한 썰매를 부드러운 흙 위로 끌고 갔다. 신들은 석공과 말이 떠나는 모습을 지켜봤다. 초겨울 하늘에 달이 높이 떠올라 창백한 빛을 흩뿌렸다.

"일주일은 지나야 돌아올걸." 로키가 장담했다. "저 말이 돌을 몇 개나 끌고 올 수 있을지 궁금하네. 튼튼해 보이긴 하지만 말이야."

신들은 유쾌하게 떠드는 소리와 웃음소리가 넘치는 연회장으로 들어갔지만, 프레이야는 웃지 않았다.

새벽이 되기 전에 눈이 내리면서 눈송이가 가볍게 흩날렸는데, 아마 곧 눈이 소복히 쌓이면서 겨울이 깊어질 듯한 예감이 들었다.

아스가르드로 접근하는 건 뭐든지 다 볼 수 있고 아무것도 놓치지 않는 헤임달이 아직 캄캄한 시간에 신들을 깨웠다. 그들은 이방인이 전날 파놓은 도랑 옆에 모였다. 서서히 밝아오는 여명 속에서 그들은 말과 함께 자신들을 향해 걸어오는 석공의 모습을 보았다.

말은 스무 개 정도 되는 거대한 화강암 덩어리를 힘차게 끌고 오고 있었는데, 돌이 어찌나 무거운지 검은 흙 위에 썰매 바퀴 자국이 깊게 파였다.

신들이 서 있는 걸 본 남자는 손을 흔들면서 활기찬 목소리로 아침 인사를 건넸다. 그는 떠오르는 해를 가리키면서 신들에게 윙크를 했다. 그리고 말을 썰매에서 풀어줘 풀을 뜯게 하고 그사이 자신은 첫 번째 화강암 덩어리들을 전날 파놓은 도랑 안으로 힘들게 옮기기 시작했다.

"말이 정말 튼튼하군." 에시르 신족 가운데 가장 아름다운 발드르가 말했다. "보통 말 같으면 저렇게 무거운 돌을 끌고 올 수 없을 거야."

"우리가 상상했던 것보다 더 튼튼한데." 현명한 크바시르Kvasir가 말했다.

"아," 로키가 입을 열었다. "저 말은 곧 지칠걸. 오늘은 일을 시작한 첫날이니까 저렇겠지. 매일 밤 저렇게 많은 돌을 끌고 오지는 못할 거야. 게다가 겨울이 다가오고 있지 않나. 그러면 눈이 깊고 두껍게 쌓이고 앞이 안 보일 정도로 눈보라가 몰아쳐서 산까지 오가기가 힘들어질 거야. 그러니까 걱정할 필요 없어. 모든 게 우리 계획대로 될 테니까."

"당신이 끔찍이도 증오스럽군요." 웃음기라고는 전혀 없는 표정으로 로키 옆에 서 있던 프레이야가 내뱉듯이 말했다. 프레이야는 거기 남아서 이방인이 성벽의 기초를 다지는 모습을 지켜보지 않고 새벽빛 속에서 아스가르드로 돌아갔다.

석공과 말은 매일 밤마다 빈 썰매를 끌고 산으로 떠났다. 그리고 매일 아침 말은 또 다른 화강암 덩어리 스무 개를 끌고 돌아왔는데, 돌덩어리들이 하나같이 키가 제일 큰 사람보다 더 컸다.

성벽은 날마다 커졌고, 저녁 무렵이 되면 전날보다 더 크고 당당한 모습을 드러냈다.

오딘은 신들을 불러 모았다.

"성벽이 빠른 속도로 지어지고 있소. 그리고 우리는 팔찌와 무기를 놓고 깰 수 없는 맹세를 했기 때문에, 그가 기한 안에 성벽을 완성하면 해와 달을 내주고 미의 여신 프레이야와 결혼도 시켜줘야 하오."

크바시르가 말했다. "어떤 인간도 이 뛰어난 석공 같은 일은 해낼 수 없습니다. 인간이 아닌 다른 존재인 게 틀림없다는 의심이 듭니다."

"아마 거인인 듯하오." 오딘이 말했다.

"토르만 여기 있었어도." 발드르가 탄식했다.

"토르는 멀리 동쪽 땅에서 트롤들을 무찌르고 있소." 오딘이 말했다. "그리고 그가 돌아온다 하더라도 우리가 한 맹세는 절대 깰 수 없는 강력한 맹세란 말이오."

로키는 신들을 안심시키려고 애썼다. "아무것도 아닌 걸 가지고 다들 걱정하고 있는 모습이 꼭 노파들 같군요. 저 석공이 세상에서 가장 힘센 거인이라고 하더라도 여름이 시작되기 전에 절대 성벽 공사를 못 끝냅니다. 그건 불가능하다고요."

"토르가 여기 있으면 좋겠군." 헤임달이 말했다. "그러면 어떻게 해야 할지 알 테니까."

엄청난 눈이 내렸지만 깊이 쌓인 눈도 석공의 거침없는 행보를 멈추지는 못했고, 그의 말 스바딜파리의 걸음을 늦추지도 못했다. 잿빛 종마는 쌓인 눈과 눈보라를 뚫고 바윗돌이 가득 담긴 썰매를 끌면서 가파른 언덕을 오르내리고 얼음이 언 협곡을 지나갔다.

어느덧 해가 서서히 길어지기 시작했다.

하루하루 날이 갈수록 새벽이 더 일찍 밝아왔다. 눈이 녹기 시작하면서 눈 사이로 두껍고 무거운 젖은 진흙층이 드러났는데, 이 진흙은 걸을 때마다 신발에 달라붙거나 발이 푹푹 빠지게 만들었다.

"말이 이런 진창길로 돌을 끌고 오지는 못할 거야." 로키가 장담했다. "수레가 계속 진창에 빠지고 말도 발을 헛딛게 될 거라고."

하지만 스바딜파리는 아무리 질척거리는 진창길에서도 발을 단단히 딛고 흔들리지 않는 모습을 보이면서 아스가르드로 바윗돌을 끌고 왔다. 돌을 실은 썰매가 너무 무거워서 언덕 둘레에 깊게 팬 자국을 남겼지만 말이다. 이제 석공은 돌을 수백 미터 높이로 쌓아 올렸고, 돌 하나하나를 전부 손으로 옮겨서 제자리에 맞췄다.

진흙길이 마르고 봄꽃들이 피기 시작했다. 노란 머위, 하얀 숲바람꽃이 풍성하게 피어날 때쯤 되자 아스가르드를 둘러싼 성벽이 장엄하고 웅장한 모습으로 우뚝 솟아올랐다. 완성된다면 그 어떤 거인도, 트롤도, 난쟁이도, 인간도 무너뜨릴 수 없는 난공불락의 성벽이 될 것이었다. 이방인은 변함없이 좋은 컨디션을 유지하며 계속 벽을 쌓아갔다. 그는 비가 오든 눈이 오든 전혀 신경 쓰지 않는 듯했고 그의 말도 마찬가지였다. 그들 둘은 매일 아침 산에서 돌을 날라왔고, 석공은 날마다 전날 쌓은 층 위에 새로운 화강암 덩이를 쌓아

올렸다.

이윽고 겨울의 마지막 날이 되었고, 성벽은 거의 완성되었다.

신들은 아스가르드의 옥좌에 앉아 얘기를 나눴다.

"태양, 우리는 저자에게 태양도 주겠다고 했지." 발드르가 말했다.

"우리가 하늘에 달을 걸어둔 건 날이 바뀌고 주일이 바뀌는 걸 표시하기 위해서요." 시의 신 브라기Bragi가 우울한 어조로 말했다. "그런데 이제 달이 없어지겠군."

"그리고 프레이야, 프레이야가 없으면 우리는 어떻게 해야 하지?" 티르가 물었다.

"만약 이 석공이 진짜 거인이라면," 프레이야가 얼음처럼 차가운 목소리로 입을 열었다. "난 그와 결혼해서 그를 따라 요툰헤임으로 가야 해요. 내가 날 데려가는 그자와 나를 그자에게 내어준 여러분 가운데 누굴 더 미워하게 될지 흥미롭네요."

"그렇게 되지는 않을 겁니다."

로키가 말을 시작했지만, 프레이야가 그를 가로막고 말했다. "만약 이 거인이 해와 달 그리고 나를 데려간다면, 난 아스가르드의 신들에게 딱 한 가지 청만 할 겁니다."

"말해보거라." 내내 입을 다물고 있던 오딘이 말했다.

"내가 떠나기 전에 이런 재앙을 초래한 자가 죽는 모습을 보고 싶습니다. 그래야만 공평하다고 생각해요. 내가 서리 거인들의 땅에 가야 한다면, 그리고 해와 달이 하늘에서 뽑혀 나가 세상이 영원한 어둠에 잠기게 된다면, 우리를 이 지경으로 만든 자의 목숨도 빼앗아야 마땅합니다."

"아, 비난을 돌릴 대상을 가려내는 일이 정말 힘들겠군요."로키가 말했다. "누가 뭘 제안했는지 정확하게 기억하는 이가 있겠습니까. 내가 기억하기로는 이 불운한 실수의 책임은 모든 신들에게 똑같이 있습니다. 우리 모두 이 일을 제안했고, 또 모두 동의했으니."

"당신이 제안했잖아요."프레이야가 말했다. "당신이 이 바보들을 설득해서 일을 이 지경으로 만들었다고요. 그러니 내가 아스가르드를 떠나기 전에 당신이 죽는 꼴을 꼭 보고야 말 거예요."

"우리 모두가……."로키가 다시 말을 꺼냈지만, 궁정 홀에 모인 신들의 얼굴에 드러난 표정을 보고는 조용히 입을 다물었다.

오딘이 말했다. "라우페이의 아들 로키여, 이건 너의 잘못된 조언으로 인해 생긴 결과다."

"자네의 다른 조언들이 다 그랬듯이 이것도 아주 끔찍한 조언이었지."발드르가 끼어들었다. 로키는 발드르에게 억울해하는 눈빛을 보냈다.

"석공이 내기에서 지게 만들어야 해."오딘이 말했다. "우리가 한 맹세를 깨지 않고서 말이야. 그가 성공하지 못하게 해야 해."

"제가 어떻게 하길 기대하시는 건지 모르겠습니다."

"네게 기대하는 건 아무것도 없다. 하지만 만약 이자가 내일 날이 저물기 전까지 성벽을 완성한다면, 넌 그 대가로 아주 고통스럽고 길고 끔찍하고 수치스러운 죽음을 맞게 될 거다."

로키는 신들의 얼굴을 한 명씩 차례대로 쳐다봤지만, 그들의 얼굴에서 읽을 수 있는 건 자신에 대한 죽음의 선고와 분노, 억울함뿐이었다. 자비심이나 용서의 흔적은 전혀 찾아볼 수 없었다.

정말 최악의 죽음이 될 것이었다. 하지만 다른 대안은 없는 걸까? 뭔가 할 수 있는 일이 없을까? 섣불리 석공을 공격할 수는 없었다. 하지만…….

로키는 고개를 끄덕였다. "제게 맡겨주십시오."

그러고는 자리를 떴는데, 신들 가운데 그를 제지하려는 이는 아무도 없었다.

석공은 돌덩어리들을 성벽에 쌓아 올리는 작업을 마무리했다. 여름의 첫날인 다음 날 해가 질 무렵이면 성벽 공사를 끝내게 될 것이다. 그리고 보수를 챙겨 아스가르드를 떠날 것이다. 이제 화강암 덩어리를 스무 개만 더 날라 오면 된다. 그는 나무로 대충 만든 발판을 기어 내려와서 휘파람을 불어 말을 불렀다.

스바딜파리는 평소 성벽에서 거의 1킬로미터 가까이 떨어진 숲 가장자리에 무성하게 자란 풀숲에서 풀을 뜯고 있었지만, 자기 주인이 휘파람을 부르면 잽싸게 달려왔다.

석공은 돌을 싣고 다니는 빈 썰매에 매어둔 밧줄을 움켜쥐고 커다란 회색 말에 고삐를 맬 채비를 했다. 해가 하늘에 낮게 떠 있었지만 그래도 완전히 지기까지 아직 몇 시간쯤 남아 있었고, 달도 희끄무레한 모습이긴 해도 하늘 높이 떠 있었다. 곧 더 휘황찬란한 빛과 그보다 조금 약한 빛 모두 그의 차지가 될 것이었다. 그리고 해나 달보다 더 아름다운 그녀 프레이야도. 하지만 석공은 이들 모두가 자기 수중에 들어오기 전까지는 함부로 승리를 속단하지 않을 생각이었다. 그는 오랫동안, 겨울 내내 열심히 일했다…….

그는 다시 한 번 휘파람을 불어 말을 불렀다. 이상한 일이었다. 지금까지 휘파람을 두 번이나 불어야 했던 적은 없었다. 멀리 봄을 맞은 초원에 피어난 들꽃들 사이를 활보하고 있는 스바딜파리의 모습이 보였다. 말은 봄날 저녁의 따스한 공기 속에서 뭔가 마음을 끌어당기는 유혹적인 향이라도 맡은 것처럼 앞뒤로 왔다 갔다 하고 있었는데, 그 향이 뭔지는 확실치 않았다.

"스바딜파리!" 석공이 크게 외치자 종마는 귀를 쫑긋 세우더니 빠른 구보로 초원을 가로질러 석공을 향해 다가왔다.

석공은 말이 자기를 향해 오는 모습을 보며 흐뭇해했다. 초원을 가로지르는 말발굽 소리가 높이 솟은 회색 화강암 벽에 부딪혀 메아리가 되면서 두 배, 세 배로 크게 울려 퍼졌고, 그걸 들은 석공은 한순간 거대한 말무리가 자기를 향해 달려오는 모습을 상상했다.

아니, 말은 한 마리뿐이야, 라고 석공은 생각했다.

그러나 이내 분명히 깨달았다. 말은 한 마리가 아니었다. 말발굽 소리는 한 마리가 아니라 두 마리에게서 나는 것이었다…….

다른 한 마리는 밤색 암말이었다. 석공은 그게 암말이라는 걸 곧바로 알아차렸다. 굳이 말의 다리 사이를 확인할 필요도 없었다. 몸의 모든 라인, 모든 부분, 모든 것이 여성적인 느낌을 풍겼기 때문이다. 스바딜파리는 초원을 가로질러 달리다가 점점 속도를 늦추더니 뒷다리로 서서 크게 히잉 하고 울었다.

밤색 암말은 스바딜파리를 무시했다. 암말은 마치 스바딜파리가 거기 없는 양 달리는 걸 멈추더니 스바딜파리가 자기에게 접근하는 동안 머리를 숙이고 풀을 뜯어먹는 듯했다. 하지만 그가 10미터 정도 안까지 접근하자 달아나기 시작했다. 처음에는 보통 속도의 구보로 달리다가 곧 전속력으로 달렸고, 회색 종마는 그 뒤를 따라가면서 암말을 잡으려고 애썼지만 계속 한두 마신(馬身) 차이로 뒤처졌다. 암말의 엉덩이와 꼬리를 이로 잘근거릴 정도로 접근했다가도 계속해서 놓쳤다.

그들은 해저물녘의 크림 같은 금빛 햇살 속에서 함께 초원을 달렸다. 회색 말과 밤색 말이 흘린 땀이 그들의 옆구리에서 반들거리며 빛을 발했다.

석공은 큰 소리로 손뼉을 치기도 하고 휘파람을 불면서 스바딜파리의 이름을 부르기도 했지만, 종마는 주인을 무시했다. 말을 잡아 제정신을 차리게 하려는 석공의 의도를 밤색 암말은 눈치챈 듯했다. 속도를 늦추고 자기 귀와 갈기를 종마의 옆머리에 대고 비빈 다음 마치 늑대들에게 쫓기기라도 하는 것처럼 숲 가장자리를 향해 달려갔던 것이다. 스바딜파리는 암말을 뒤쫓아 달려갔고, 잠시 뒤두 마리의 모습은 숲 그늘 속으로 사라졌다.

석공은 욕을 하고 침을 뱉으면서 자기 말이 다시 모습을 드러내길 기다렸다.

그림자가 점점 길어졌지만 스바딜파리는 돌아오지 않았다.

석공은 돌 싣는 썰매가 있는 곳으로 돌아가서 다시 한 번 숲 쪽을 쳐다보고는 양손에 침을 뱉고 밧줄을 잡았다. 그리고 돌 싣는 썰매를 끌고 풀과 봄꽃들이 가득한 초원을 질러서 산에 있는 채석장을 향해 갔다.

그는 새벽에 돌아오지 않았다. 석공이 돌이 실린 수레를 끌고 아스가르드에 돌아왔을 때쯤, 해는 이미 하늘 높이 떠 있었다.

그는 수레에 돌덩이 열 개를 싣고 왔다. 혼자 힘으로는 그게 최선이었다. 숨을 헉헉 몰아쉬면서 썰매를 끌며 돌에 저주를 퍼부었는데, 한 번 숨을 몰아쉴 때마다 성벽에 점점 가까이 다가오긴 했다.

아름다운 프레이야가 입구에 서서 그의 모습을 바라봤다.

"돌을 겨우 열 개밖에 못 가져왔구나." 프레이야가 말했다. "성벽 공사를 마무리하려면 그보다 두 배는 더 필요할 텐데."

석공은 아무 말도 하지 않았다. 그는 가면을 쓴 듯 표정 없는 얼굴로 아직 공사가 끝나지 않은 입구 쪽으로 돌을 끌고 갔다. 그의 얼굴에는 더 이상 미소도, 윙크도 찾아볼 수 없었다.

"동쪽으로 갔던 토르가 돌아오고 있다. 곧 우리와 함께할 거야."

아스가르드의 신들도 나와서 석공이 바윗돌을 성벽 쪽으로 끌고 가는 모습을 지켜봤다. 그들은 프레이야와 합류해서 그녀를 보호하듯이 주위에 빙 둘러섰다.

처음에는 조용히 지켜보기만 하던 신들은 곧 미소를 짓거나 빙그레 웃기도 하고 질문도 던졌다.

"이봐! 넌 그 성벽 공사를 다 끝내야 해를 얻을 수 있어. 네가 해를 가져갈 수 있다고 생각해?" 발드르가 소리쳤다.

"그리고 달도 마찬가지지." 브라기가 말했다. "말이 없다니 참 안됐군. 말이 있었다면 필요한 돌을 모두 실어 올 수 있었을 텐데."

그 말에 신들이 웃음을 터뜨렸다.

석공은 지금껏 끌고 있던 돌 수레를 놓고 신들을 바라봤다. "너희들이 날 속였어!" 석공의 얼굴은 지금까지의 노력과 분노로 새빨갛게 달아올라 있었다.

"우리는 널 속인 적이 없다." 오딘이 말했다. "오히려 네가 우리를 속였지. 네가 거인이라는 사실을 미리 알았더라면 네놈에게 이곳의 성벽을 쌓게 허락했을 것 같으냐?"

석공은 한 손으로 바위를 들어 올리더니 그걸 다른 바위와 부딪혀서 화강암 덩어리를 반으로 쪼갰다. 그리고 반쪽짜리 바위를 양손에 하나씩 들고 신들을 향해 돌아섰는데, 이제 그의 키는 6미터, 9미터, 아니 15미터나 되게 커졌고 얼굴은 온통 일그러져 있었다. 그는 이제 더 이상 한 계절 전 아스가르드에 도착한 차분하고 침착한 이방인이 아니었다. 화강암 절벽에 분노와 증오가 뚜렷이 새겨진 듯 잔뜩 뒤틀린 얼굴을 하고 있었기 때문이다.

"나는 산의 거인이다. 신들은 사기꾼이고 맹세를 깨뜨리는 비열한 자들이다. 내 말만 곁에 있었다면 지금쯤 네놈들 성벽을 완성했을 테고, 그 대가로 사랑스러운 프레이야와 해와 달을 받아 갔겠지. 그러면 네놈들은 기분을 북돋워줄 미녀조차 없는 이 어둡고 추운 곳에 남겨졌을 텐데."

"우리는 어떤 맹세도 깨지 않았다." 오딘이 말했다. "하지만 이제는 그 어떤 맹세도 너를 우리에게서 지켜주지 못할 것이다."

산의 거인은 분노의 포효를 터뜨리면서 양손에 거대한 화강암 덩어리를 곤봉처럼 들고 신들을 향해 달려갔다. 신들이 옆으로 비켜서자 거인은 그들 뒤에 서 있던 이를 보게 되었다. 거대한 체구, 붉은 턱수염과 터질 듯한 근육, 강철 장갑을 끼고 쇠망치를 든 그 신은 망치를 한번 휘둘렀다. 그리고 망치가 거인을 향하는 순간, 쥐고 있던 망치를 손에서 놓았다.

망치가 토르의 손을 떠난 순간 맑은 하늘에 번개가 쳤고 이어 둔중한 천둥소리가 울렸다.

산의 거인은 망치가 자기를 향해 날아오면서 빠르게 커지는 걸 봤다. 그리고 다시는 아무것도 보지 못하게 되었다.

그 뒤 신들은 직접 성벽 공사를 마무리했는데, 높은 산속에 있는 채석장에서 마지막으로 필요한 돌덩이 열 개를 잘라 수레에 싣고 아스가르드까지 끌고 온 뒤 성문 위의 제 위치에 놓기까지 몇 주나 걸렸다. 게다가 그 돌들은 뛰어난 석공이 모양을 다듬어서 배치한 돌만큼 모양새가 완벽하지 않았고 아귀도 잘 맞지 않았다.

그래서 토르가 거인을 죽이기 전에, 거인이 성벽을 좀 더 완벽하게 마무리하게 했어야 한다고 생각하는 신들도 있었다. 어쨌든 토르는 신들이 동쪽 여행을 마치고 집에 돌아온 자기를 위해 재미있는 일거리를 마련해줘서 고맙게 여긴다고 말했다.

이상한 점은 로키가 스바딜파리를 유혹해서 멀리 데려간 공을 칭찬받으러 나타나지 않았다는 건데, 이건 정말 그답지 않은 일이었다. 아스가르드 남쪽의 초원에서 멋진 밤색 암말을 봤다는 이들이 있긴 했지만 로키가 어디 있는지는 아무도 몰랐다. 로키는 1년 가까운 시간을 아스가르드에서 멀리 떨어진 곳에서 보냈고, 그가 다시 모습을 드러냈을 때는 회색 망아지 한 마리를 대동하고 있었다.

근사한 망아지였지만 보통 말과 달리 다리가 네 개가 아닌 여덟 개였고 로키가 가는 곳이면 어디든 따라다니면서 몸에 코를 비벼댔다. 마치 로키가 자기 엄마라도 되는 양 굴었다. 그리고 당연하게도 그건 사실이었다.

슬레이프니르Sleipnir라는 이 망아지는 거대한 회색 종마로 성장했는데, 세상에 존재하는 모든 말 중에서 가장 빠르고 튼튼해서 바람보다 빨리 달릴 수 있었다.

로키는 신과 인간이 소유한 말 가운데 최고의 말인 슬레이프니르를 오딘에게 선물로 바쳤다.

많은 이들이 오딘의 말을 칭찬했지만 로키 앞에서 그 말의 혈통에 대해서 얘기할 수 있는 건 아주 용감한 이들뿐이었고, 감히 그 얘기를 두 번씩 언급하는 이는 아무도 없었다. 로키가 스바딜파리를 꾀어내 주인에게서 멀리 떼어놓은 방법, 자기가 제안한 터무니없는 아이디어에서 신들을 구한 방법에 대해 얘기하는 걸 로키가 듣기라도 한다면, 그는 세상 사람 모두의 인생을 끔찍하게 망쳐놓기 위해 온갖 수단을 다 동원할 것이다. 로키는 자신의 원한을 그런 식으로 푼다.

어쨌든 신들은 이렇게 해서 높은 성벽을 얻게 되었다.

로키의 자식들

THE CHILDREN OF
LOKI

로키는 용모가 매우 뛰어났고 스스로도 그 사실을 알고 있었다. 다른 이들은 그를 좋아하거나 믿고 싶어 했지만, 그는 아무리 좋게 봐주려고 해도 신뢰할 수 없는 자기중심적인 자이고 최악의 경우에는 남에게 해를 끼치거나 사악한 짓도 서슴지 않았다. 그는 시긴Sigyn이라는 여인과 결혼했는데, 시긴은 로키가 구애하고 결혼할 무렵에는 행복하고 아름다웠지만 이후로는 늘 나쁜 소식만 기다리며 사는 것 같은 모습이었다. 그녀는 로키에게 나르피Narfi라는 아들을 낳아줬고 곧이어 발리Vali라는 아들도 낳았다.

가끔씩 로키가 한참 동안 사라져서 돌아오지 않을 때가 있었는데, 그럴 때마다 시긴은 최악의 소식을 기다리는 듯한 모습이 되었다. 로키는 늘 찔리는 구석이 있는 사람처럼 가책을 느끼는 얼굴로 시긴에게 돌아왔지만, 한편으로는 자기 자신을 매우 자랑스러워하는 듯 보였다.

그는 이런 식으로 세 번 집을 떠났다가 결국 세 번 다 돌아왔다.

로키가 세 번째로 아스가르드에 돌아왔을 때 오딘이 로키를 불렀다.

"내가 꿈을 꾸었다." 눈이 하나뿐인 나이 들고 현명한 왕이 말했다. "네게 아이들이 있더구나."

"제게는 나르피라는 아들이 있습니다. 아주 착한 아이지만, 제 아비 말을 늘 잘 듣는 건 아니라고 고백해야겠군요. 그리고 발리라는 아들도 있는데 순종적이고 차분한 녀석이죠."

"그들 말고. 네게 다른 자식이 셋 더 있지 않느냐, 로키. 넌 서리 거인들의 땅에서 앙그르보다Angrboda라는 여자 거인과 시간을 보내려고 슬그머니 집을 나서는 것 아니더냐. 그리고 그녀는 네게 세 아이를 낳아줬지. 나는 자는 동안 마음의 눈으로 그들을 봤다. 그리고 내 비전이 말하기를, 그들이 장차 신들에게 가장 큰 적이 될 거라고 하더군."

로키는 아무 말도 하지 않았다. 그는 부끄러운 척하려고 애썼지만 스스로 만족스러워하는 기색만 내비쳤을 뿐이다.

오딘은 티르와 토르를 선두로 신들을 불러 모은 뒤, 거인들의 땅인 요툰헤임의 중심부까지 가서 로키의 자식들을 아스가르드로 데려오라고 했다.

신들은 거인의 땅으로 들어가 수많은 위험과 싸우면서 앙그르보다의 근거지에 겨우 도착했다. 앙그르보다는 그들이 오는 줄 몰랐기 때문에 자식들이 집의 거대한 홀에서 같이 놀게 놔뒀다. 신들은 로키와 앙그르보다의 자식들을 보고 충격을 받았지만 그래도 임무를 단념하지 않았다. 그들은 로키의 자식들을 붙잡아서 꽁꽁 묶었다. 첫째는 울퉁불퉁한 버드나무로 만든 입마개를 씌운 뒤 목에는 밧줄을 두르고, 둘째는 껍질을 벗겨낸 소나무 몸통에 묶었으며, 셋째는 우울하고 불안한 모습으로 그들 곁을 따라가게 했다.

셋째의 오른쪽에 있는 신들은 아름다운 젊은 처녀의 모습을 볼 수 있었던 반면, 왼쪽에 있는 신들은 그녀의 모습을 보지 않으려고 애썼다. 그들의 눈에는 피부와 살이 거멓게 썩어가는 죽은 소녀가 자기들 사이에서 걸어가는 모습이 보였기 때문이다.

"그거 알아차렸어?" 서리 거인들의 땅을 지나 아스가르드로 돌아가는 여행의 셋째 날에 토르가 티르에게 물었다. 그들은 작은 빈터에서 야영을 하고 있었고, 티르는 커다란 오른손으로 로키 둘째 아이의 털이 부숭부숭한 목을 긁어주고 있었다.

"뭐 말이야?"

"거인들이 우리를 따라오지 않는다는 거. 얘네 어미조차 우리를 뒤쫓지 않아. 마치 우리가 로키의 자식들을 데리고 요툰헤임을 떠나주기를 바라는 것 같아."

"말도 안 되는 소리 하지 마." 티르는 헛소리 말라는 듯이 받아쳤지만, 말은 그렇게 하면서도 따뜻한 불가에서 몸을 부르르 떨었다.

힘든 여행을 이틀 더 하고서야 겨우 오딘의 왕궁에 도착했다.

"이들이 로키의 자식들입니다." 티르가 짧게 소개했다.

로키의 둘째 아들은 소나무에 묶여 있었는데 이제 자기가 묶인 소나무보다 몸이 더 길어진 상태였다. 그것은 요르문간드Jormungundr라는 거대한 뱀이었다. "우리가 데려오는 동안에도 계속 자라서 몇 미터나 더 길어졌습니다." 티르가 말했다.

토르도 한마디 덧붙였다. "조심하십시오. 불타는 검은 독을 뱉을

지도 모릅니다. 저한테도 독액을 뿜었는데 다행히 빗나갔습니다. 그래서 저놈 머리를 나무에 묶어놓은 겁니다."

"아직 새끼니까 계속 자라는 거겠지." 오딘이 말했다. "이놈이 아무도 해칠 수 없는 곳으로 보낼 생각이다."

오딘은 뱀을 모든 땅 너머에 있는 바닷가로 데려갔다. 그는 미드가르드를 에워싸고 있는 바닷가에서 요르문간드를 풀어주고는 뱀이 모래밭을 스르르 기어가 파도 아래로 미끄러져 들어가서 꿈틀거리며 헤엄쳐 가는 모습을 지켜봤다.

요르문간드가 수평선 너머로 완전히 사라질 때까지 한쪽 눈으로 계속 지켜보면서 그는 자기가 저놈을 제대로 처리한 걸까 고민했다. 그로서도 알 수 없는 일이었다. 그는 꿈이 시키는 대로 했지만, 꿈은 가장 현명한 신들에게 폭로한 것보다 더 많은 걸 알고 있는 법이다.

뱀은 세계를 에워싼 대양의 잿빛 물속에서 계속 자라, 결국 자기 몸통으로 전 세계를 완전히 감쌀 정도로 커질 것이다. 그리고 사람들은 요르문간드를 '미드가르드의 뱀'이라고 부르게 될 것이다.

거대한 왕궁으로 돌아온 오딘은 로키의 딸에게 앞으로 나오라고 명했다.

그는 소녀를 가만히 쳐다봤다. 그녀 얼굴의 오른쪽만 보면 뺨은 분홍색과 흰색을 띠고 눈은 로키처럼 녹색이며 입술은 도톰하고 암적색이었다. 그런데 얼굴 왼쪽의 피부는 얼룩지고 줄무늬가 있고 죽음의 멍으로 부어올랐으며, 앞을 못 보는 눈은 썩어서 창백하고, 입술도 없이 쭈글쭈글한 입은 해골처럼 누런 치아 위로 쭉 찢어져 있었다.

"다른 이들이 널 뭐라고 부르느냐?" 최고신이 물었다.

"만물의 아버지시여, 다들 저를 헬이라고 부르옵니다."

"넌 참으로 예의 바른 아이로구나. 네게 그 이름을 주도록 하마."

헬은 아무 말 없이 얼음조각처럼 날카로운 녹색 눈과 흐릿하게 썩어서 죽은 창백한 눈으로 오딘을 가만히 바라보기만 했다. 그 눈에서 오딘을 두려워하는 기색은 전혀 찾아볼 수 없었다.

"넌 살아 있는 자냐? 아니면 시체냐?" 오딘이 소녀에게 물었다.

"전 그냥 저일 뿐입니다. 앙그르보다와 로키의 딸 헬이지요. 그리고 다른 누구보다 죽은 자들을 좋아합니다. 그들은 순박하고 또 제게 말을 할 때 존중하는 태도를 보이거든요. 살아 있는 자들은 저를 혐오스럽다는 듯이 쳐다보지만요."

오딘은 소녀에 대해 곰곰이 생각하다가 자기가 꾼 꿈을 떠올리고는 이렇게 말했다. "이 아이는 가장 깊은 암흑의 땅을 다스리는 자가 되어 아홉 세상의 죽은 자들을 통치할 것이다. 가치 없는 죽음을 맞이한 불쌍한 영혼들, 즉 병에 걸리거나 늙거나 사고를 당하거나 아기를 낳다가 죽은 자들의 여왕이 될 것이다. 전투 중에 죽은 전사들은 항상 여기 발할라로 와서 우리와 함께하게 된다. 하지만 그 외의 다른 방식으로 죽은 이들은 그녀의 백성이 되어, 암흑 속에서 그녀의 시중을 들게 될 것이다."

헬이라는 소녀는 제 어미와 떨어진 이후 처음으로 미소를 지었는데, 물론 반쪽짜리 입으로 지은 미소였다.

오딘은 빛이 없는 세계로 헬을 데려가서 그녀가 신하들을 맞이

할 거대한 궁전을 보여주고, 그녀가 자기 소유물들에 이름을 붙이는 모습을 지켜봤다. "제 그릇은 '허기'라고 부를 겁니다." 헬이 말했다. 그리고 칼을 집어 들더니, "이건 '기근'이라고 부르겠습니다. 그리고 제 침상은 '병상'이라고 할 거고요"라고 했다.

로키가 앙그르보다와의 사이에서 낳은 자식 가운데 둘은 이런 식으로 처리했다. 하나는 바다로, 하나는 땅 아래의 암흑세계로 보낸 것이다. 그렇다면 나머지 하나는 어떻게 됐을까?

그들이 로키의 맏아들을 거인들의 땅에서 데려왔을 때는 크기가 강아지만 했다. 그래서 티르가 목과 머리를 긁어주면서 같이 놀아주고 버드나무로 만든 입마개를 먼저 벗겨준 것이다. 그건 회색과 검은색이 뒤섞인 늑대 새끼였는데, 눈은 진한 호박색이었다.

늑대 새끼는 날고기를 먹었지만 인간과 신의 언어를 써서 사람처럼 말을 했고 스스로에 대한 자부심이 대단했다. 이 작은 짐승의 이름은 펜리르Fenrir라고 했다.

이놈도 엄청나게 빠른 속도로 자랐다. 처음 봤을 때는 늑대 정도의 크기였는데, 다음 날이 되자 동굴에 사는 곰 만해졌고, 그다음 날에는 거대한 엘크만큼 자랐다.

티르를 제외한 모든 신들은 펜리르를 두려워했다. 티르는 여전히 펜리르와 함께 장난을 치거나 즐겁게 뛰놀았고 혼자서 매일 늑대에게 고기를 먹였다. 이 짐승은 매일같이 전날보다 많은 양의 고기를 먹어 치우면서 나날이 몸집이 커지고, 사나워지고, 또 강해졌다.

오딘은 늑대 새끼가 자라는 모습을 보면서 불길한 예감을 느꼈다. 그의 꿈에서 모든 것이 끝날 때 그곳에 늑대가 있었고, 오딘이 미래에 대한 꿈을 꿀 때마다 마지막으로 본 게 바로 늑대 펜리르의 토파즈색 눈과 희고 날카로운 이빨이었기 때문이다.

신들은 회의를 열었고, 그 회의에서 펜리르를 묶어놓자는 결정이 내려졌다.

그들은 신들의 대장간에서 무거운 사슬과 족쇄를 만든 뒤 그 족쇄를 가지고 펜리르를 찾아갔다.

"이봐!" 신들은 마치 펜리르에게 새로운 게임을 제안하려는 것처럼 말했다. "넌 자라는 속도가 아주 빨라, 펜리르. 그러니까 이제 네 힘을 한번 시험해봐야겠다. 여기 세상에서 가장 무거운 사슬과 쇠고랑을 가져왔는데, 네가 이걸 끊을 수 있을 것 같니?"

"끊을 수 있을 것 같아요." 늑대 펜리르가 말했다. "절 한번 묶어보세요."

신들은 펜리르의 몸에 굵은 사슬을 칭칭 감고 발에는 쇠고랑을 채웠다. 펜리르는 신들이 그 작업을 하는 동안 움직이지 않고 가만히 기다렸다. 거대한 늑대를 사슬로 묶으면서 신들은 서로 미소를 주고받았다.

"다 됐다!" 토르가 소리쳤다.

펜리르는 다리 근육에 힘을 줘서 팽팽하게 폈다. 그러자 그의 몸을 묶은 사슬이 마른 잔가지처럼 뚝 부러졌다.

거대한 늑대는 달을 향해 울부짖었다. 승리와 기쁨의 울음이었다. "내가 당신들 사슬을 끊었어요. 이 사실을 잊어버리지 마세요."

"절대 안 잊을 거야." 신들이 말했다.

다음 날, 티르가 늑대에게 고기를 주러 갔다. "내가 족쇄를 끊었어요. 아주 쉽게 끊어지던데요." 펜리르가 자랑스럽게 말했다.

"그랬구나."

"그들이 날 다시 시험할까요? 난 계속 자라고 있고 날마다 더 강해지잖아요."

"그들은 반드시 널 다시 시험하려 들 거야. 내 오른손을 걸 수도 있어." 티르가 말했다.

늑대는 계속 자랐고 신들은 대장간에 틀어박혀 새로운 사슬을 만들었다. 엄청나게 무거워서 보통 인간은 그 사슬의 고리 하나도 들지 못할 정도였다. 신들은 자기들이 찾을 수 있는 가장 튼튼한 금속을 이용해 사슬을 만들었는데, 그건 바로 땅에서 난 쇠와 하늘에서 떨어진 쇠를 섞은 것이었다. 이 사슬은 드로미Dromi라고 불렀다. 신들은 펜리르가 자고 있는 곳으로 사슬을 끌고 갔다.

늑대가 눈을 떴다.

"또 하자고요?" 늑대가 말했다.

"네가 이 사슬을 끊고 탈출할 수 있다면, 네 명성과 힘을 온 세상에 알리게 될 거다. 아주 영광스러운 일이지. 만약 이런 사슬로도 널 묶어둘 수 없다면 네 힘은 그 어떤 신이나 거인보다 강하다는 게 증명되는 거야."

펜리르는 그 말에 고개를 끄덕이면서 지금껏 존재한 어떤 사슬보다 거대하고, 가장 강력한 굴레보다 튼튼한 드로미를 바라봤다. "위험을 무릅쓰지 않으면 영광도 얻을 수 없죠." 늑대는 잠시 뒤 이렇게 말했다. "이 사슬도 끊을 수 있을 것 같아요. 절 묶으세요."

신들은 펜리르를 사슬로 묶었다.

거대한 늑대는 몸을 한껏 뻗으면서 힘을 줬지만 사슬은 끊어지지 않았다. 신들은 서로를 쳐다봤다. 그들의 눈빛에 처음으로 승리의 기쁨이 감돌기 시작했다. 거대한 늑대는 몸을 뒤틀고 몸부림을 치면서 발을 걷어차고 근육과 힘줄을 팽팽하게 긴장시키기 시작했다. 눈과 이빨은 번뜩이는 빛을 발했고 입에서는 거품이 일었다.

펜리르는 온몸을 비틀면서 으르렁거렸다. 그는 온 힘을 다해 싸웠다.

신들은 자기도 모르게 뒤로 물러났는데, 그들로서는 아주 다행스러운 일이었다. 사슬에 균열이 생기더니 엄청난 힘으로 끊어지면서 쇳조각이 아주 멀리까지 날아갔기 때문이다. 신들은 앞으로 오랫동안 커다란 나무나 산 옆구리에 박혀 있는 부서진 쇠고랑 덩어리들을 발견하게 될 것이다.

"좋았어!" 펜리르는 이렇게 외치더니 늑대 같기도 하고 사람 같기도 한 승리의 함성을 질렀다. 그리고 동시에 신들은 자신의 승리를 별로 기뻐하는 것 같지 않다고 느꼈다. 심지어 티르조차 기뻐하는 기색이 없었다. 로키의 자식인 펜리르는 이 상황과 지금까지 있었던 다른 일들을 곱씹어봤다.

늑대 펜리르는 하루하루 더 거대해지면서 더욱더 허기를 느끼게 되었다.

오딘은 이 문제를 곱씹고 숙고하고 또 생각했다. 미미르의 샘이 가지고 있는 지혜가 모두 오딘의 것이고, 자신을 희생해서 세계수에 매달려 있을 때 얻은 지혜도 있었다. 마침내 그는 프레이의 전령인 빛의 엘프 스키르니르Skirnir를 자기 옆으로 불러, 글레이프니

로키의 자식들

르Gleipnir라는 사슬에 대해 설명했다. 스키르니르는 지금까지 만들어진 그 어떤 사슬과도 다른 사슬을 만드는 방법을 난쟁이들에게 전하라는 지시를 받들기 위해 자기 말을 타고 무지개다리를 건너 스바르탈페임으로 갔다.

난쟁이들은 스키르니르가 설명하는 의뢰에 귀를 기울이면서 전율하더니 원하는 대가를 말했다. 난쟁이들이 높은 대가를 요구하기는 했지만, 스키르니르는 오딘이 지시한 대로 그들의 요구를 받아들였다. 난쟁이들은 글레이프니르를 만드는 데 필요한 재료를 모았다.

그들이 모은 재료는 여섯 가지였다.

첫째, 고양이의 발소리.

둘째, 여자의 수염.

셋째, 산의 뿌리.

넷째, 곰의 힘줄.

다섯째, 물고기의 숨.

마지막 여섯째, 새의 침.

이 재료가 모두 글레이프니르를 만드는 데 사용되었다(이런 건 본적이 없다고? 물론 그럴 것이다. 난쟁이들이 물건을 만들 때 다 써버렸으니까 말이다).

난쟁이들은 작업을 마친 뒤, 스키르니르에게 나무 상자를 하나 건네줬다. 상자 안에는 촉감이 매끄럽고 부드러운 긴 실크 리본처럼 생긴 물건이 들어 있었다. 색은 거의 투명에 가까웠고 무게도 거의 느껴지지 않을 정도였다.

스키르니르는 이 상자를 가지고 다시 말을 타고 아스가르드로 돌아갔다. 그는 해가 진 뒤인 저녁 늦은 시간에 아스가르드에 도착했다. 스키르니르는 자기가 난쟁이들의 작업장에서 가져온 물건을 신들에게 보여주었고, 신들은 그 모습에 놀라워했다.

신들은 다 함께 검은 호숫가로 가서 펜리르를 불렀다. 펜리르는 이름을 불린 개처럼 달려왔는데, 신들은 그의 경이로운 크기와 힘에 새삼 놀랐다.

"무슨 일인가요?" 늑대가 물었다.

"우리가 세상에서 가장 강력한 끈을 손에 넣었다." 신들이 말했다. "아무리 너라도 이 끈을 끊지는 못할 게다."

늑대는 털을 잔뜩 부풀렸다. "난 어떤 사슬도 끊을 수 있어요." 펜리르는 오만한 태도로 이렇게 말했다.

오딘은 자기 손을 펴서 펜리르에게 글레이프니르를 보여줬다. 그 끈은 달빛을 받아 희미한 빛을 발했다.

"그건가요?" 늑대가 말했다. "그쯤이야 아무것도 아니죠."

신들은 끈을 잡아당겨서 그 끈이 얼마나 튼튼한지 보여줬다. "우리는 이걸 끊을 수가 없어." 신들이 늑대에게 말했다.

늑대는 눈을 가늘게 뜨고 신들이 들고 있는 실크처럼 부드러운 끈을 바라봤다. 그 끈은 달팽이가 지나간 자국, 혹은 물결이 비친 달빛처럼 은은하게 빛났다. 하지만 늑대는 이내 흥미를 잃고 고개를 돌렸다.

"이건 안 돼요." 펜리르가 말했다. "무겁고 큰 진짜 사슬, 진짜 족쇄를 가져오세요. 그래야 내 힘을 보여드릴 수 있죠."

"이건 글레이프니르라고 한다." 오딘이 말했다. "세상의 어떤 사슬이나 족쇄보다도 튼튼한 끈이지. 이게 두려우냐, 펜리르?"

"두렵냐고요? 전혀요. 하지만 이렇게 가느다란 리본 하나 끊어봤자 뭐 하겠어요? 그런다고 내가 명성을 얻을 수 있는 것도 아니잖아요. 사람들은 모여서 이렇게 쑥덕거리겠죠. '늑대 펜리르가 얼마나 강하고 힘이 센지 알아? 글쎄 비단 끈을 끊을 정도로 강하다지 뭐야!' 글레이프니르를 끊어봤자 내게는 아무 영광도 돌아오지 않아요."

"겁을 먹은 게로구나." 오딘이 말했다.

거대한 짐승은 이상한 낌새를 느꼈다. "배반과 권모술수의 냄새가 나는군요." 늑대의 황금색 눈동자가 달빛을 받아 번득였다. "비록 내가 당신들이 가져온 글레이프니르를 그저 리본에 불과하다고 생각하더라도, 그걸로 날 묶는 것에 동의하지는 않을 겁니다."

"정말? 가장 튼튼하고 거대한 사슬을 끊었던 네가 말이냐? 그런 네가 겨우 이 끈을 두려워한다고?" 토르가 말했다.

"난 아무것도 두려워하지 않아." 늑대가 으르렁거렸다. "오히려 조그마한 당신들이 날 두려워하는 것 같은데?"

오딘은 수염이 난 턱을 긁으며 말했다. "넌 어리석은 놈이 아니야, 펜리르. 누구도 널 배반하지 않을 거야. 하지만 네가 마음이 내키지 않는 건 이해한다. 아주 용감한 전사만이 자기가 끊을 수 없는 끈으로 묶이는 데 동의할 수 있지. 신들의 아버지인 내가 장담하는데, 네가 이런 끈, 네 말대로 진짜 실크 리본인 이 끈을 끊을 수 없다면 우리 신들은 널 두려워할 이유가 전혀 없으니 널 자유롭게 풀어줘서 네 마음대로 살 수 있게 해주겠다."

늦대가 길게 으르렁거렸다. "최고신이시여, 거짓말하지 마십시오. 당신은 숨 쉬는 것처럼 거짓말을 하는군요. 내가 도저히 빠져나올 수 없는 끈으로 날 묶는다면, 당신들은 절대 날 자유롭게 해주지 않을 겁니다. 아마 날 여기에 내버리겠죠. 그리고 날 버리고 배반할 계획을 세워뒀을 거예요. 그러니 그 리본을 내 몸에 두르도록 허락하지 않을 겁니다."

"좋은 말이다. 또 용기 있는 말 같기도 하군." 오딘이 말했다. "하지만 겁쟁이라는 사실이 증명되면 어쩌나 하는 네 두려움을 가리기 위한 말이기도 하지, 늦대 펜리르. 넌 이 실크 리본으로 묶이는 걸 무서워하고 있다. 더 이상의 설명은 필요 없겠군."

늦대의 혀가 입에서 축 늘어지더니, 치아 하나가 인간의 팔만큼이나 긴 날카로운 이를 드러내며 웃었다. "내 용기에 의문을 제기하기보다는 날 배신할 생각들이 없다는 걸 증명해보라고 도전하고 싶군요. 당신들 중 한 명이 내 입에 손을 넣고 있겠다면, 그 끈으로 날 묶어도 좋아요. 그의 손을 내 이로 부드럽게 감싸겠지만 물지는 않을 겁니다. 날 배신하려는 계획이 없다면, 리본에서 빠져나오자마자, 아니면 당신들이 날 자유롭게 풀어주자마자 입을 다시 벌려주겠습니다. 그러면 그의 손이 다치는 일은 없을 겁니다. 자, 누군가 내 입에 손을 넣는다면 그 리본으로 날 묶어도 좋습니다. 누가 넣으시겠습니까?"

신들은 서로를 쳐다봤다. 발드르는 토르를 보고, 헤임달은 오딘을 보고, 헤니르는 프레이를 쳐다봤지만 그들 중 움직이는 이는 아무도 없었다.

그때 오딘의 아들인 티르가 한숨을 푹 내쉬더니 한 발 앞으로 나와 오른손을 들었다. "내가 네 입에 손을 넣겠다, 펜리르."

펜리르는 옆으로 누웠고, 티르는 펜리르가 아직 새끼일 때 같이 놀면서 그랬던 것처럼 자기 오른손을 펜리르의 입에 넣었다. 펜리르는 입을 부드럽게 다물어 피부가 상하지 않도록 티르의 손목을 가볍게 물고는 눈을 감았다.

신들은 글레이프니르로 펜리르를 묶었다. 희미하게 반짝이는 달팽이 자국이 거대한 늑대를 감싸고 그의 다리를 묶어서 움직이지 못하게 만들었다.

"자, 늑대 펜리르, 이제 끈을 한번 끊어봐라. 네가 얼마나 강한지 우리 모두에게 보여다오." 오딘이 말했다.

늑대는 몸을 쭉 뻗으면서 몸부림을 쳤다. 자기를 묶고 있는 리본을 끊으려고 몸의 모든 신경과 근육에 압박을 가해 수축시켰다. 하지만 힘을 주면 줄수록 줄을 끊기가 더 힘들어지는 듯했고 압력을 가할 때마다 반짝이는 리본은 더 튼튼해지기만 했다.

신들은 처음에는 숨죽여 웃다가 곧 킬킬대며 웃었다. 그리고 마침내 그 짐승이 움직이지 못하게 되어 더 이상 위험하지 않다는 확신이 서자 신들은 크게 소리 내어 웃었다.

티르만 침묵을 지켰다. 그는 웃지 않았다. 늑대 펜리르의 날카로운 이빨이 손목에 닿고 펜리르의 따뜻한 혀가 손바닥과 손가락에 닿는 걸 느끼고 있었다.

펜리르는 몸부림치는 걸 멈추고 가만히 누워 움직이지 않았다. 만약 신들이 그를 자유롭게 풀어줄 생각이 있다면 지금 그렇게 할 것이다.

하지만 신들은 계속해서 더 크게 웃기만 할 뿐이었다. 천둥소리보다 더 시끄러운 토르의 웃음소리가 오딘의 메마른 웃음, 발드르의 종소리 같은 웃음과 어우러졌다…….

펜리르는 티르를 쳐다봤다. 티르는 용감하게 그 시선을 맞받았다. 그리고 눈을 감고 고개를 끄덕이며 속삭였다. "어서 해."

펜리르는 티르의 손목을 깨물었다.

티르는 아무 소리도 내지 않았다. 그저 왼손으로 잘린 오른쪽 손목을 감싸고 최대한 꽉 눌러서 뿜어져 나오는 피를 막았을 뿐이다.

펜리르는 신들이 글레이프니르의 한쪽 끝을 잡고 산처럼 거대한 돌덩이에 그 끝을 꿰어 땅 밑에 묶는 모습을 지켜봤다. 그리고 그들이 다른 돌을 가져다가 그걸 망치 삼아 바다보다 더 깊은 땅속으로 돌덩이를 박아 넣는 모습도 봤다.

"배신자 오딘!" 늑대가 외쳤다. "네가 내게 거짓말을 하지 않았다면 난 신들의 친구가 되었을 것이다. 하지만 넌 두려움 때문에 날 배신했다. 신들의 아버지여, 난 널 죽일 것이다. 세상 모든 게 끝날 때까지 기다렸다가 해를 삼키고 달도 삼켜버릴 것이다. 하지만 무엇보다 즐거운 일은 널 죽이는 일이겠지."

신들은 펜리르의 턱이 닿는 곳에 가까이 가지 않도록 주의했지만, 그들이 바위를 깊이 파묻는 동안 펜리르가 몸을 뒤틀면서 그들을 물어뜯으려고 했다. 신들 가운데 이 늑대와 가장 가까이에 있던 이가 침착한 태도로 자기 칼을 펜리르의 입천장에 찔러 넣었다. 그리고 칼자루를 늑대의 아래턱에 끼우자 턱이 크게 벌어져서 더 이상 닫히지 않게 되었다.

늑대가 불분명한 소리로 으르렁대자 입에서 침이 넘쳐흘러 강을 이루었다. 그게 늑대라는 사실을 몰랐다면 동굴 입구에서 강이 흘러나오는 작은 산이라고 생각했을지도 모른다.

신들은 침으로 생겨난 강이 어두운 호수로 흘러 들어가는 그곳을 떠나면서 다들 아무 말도 하지 않았다. 하지만 늑대에게서 충분히 멀어지자 다시 웃음을 터뜨리면서 서로의 등을 두드려줬다. 아주 영리하게 일을 처리했다고 믿는 자들처럼, 함박미소를 지었다.

티르는 미소를 짓지도, 웃지도 않았다. 그는 자신의 생각을 남들에게 알리지 않은 채, 잘린 손목을 천으로 단단히 감싸고 신들과 함께 아스가르드로 돌아갔다.

프레이야의 이상한 결혼식

FREYA'S UNUSUAL
WEDDING

에시르 신족 가운데 가장 능력이 출중하고 강하고 용감하며 전투에서 누구보다 용맹하게 싸우는 천둥의 신 토르는 아직 잠이 완전히 깨지 않은 상태긴 했지만 뭔가 잘못됐다는 걸 느꼈다. 그는 자는 동안 항상 손 닿는 곳에 놔두는 망치를 향해 손을 뻗었다.

그리고 눈을 감은 채로 그 주위를 더듬거리면서 손에 편안하고 익숙하게 잡히는 망치 자루를 쥐려고 했다.

그런데, 망치가 없었다.

토르는 눈을 떴다. 침대에서 일어나 앉았다. 자리에서 벌떡 일어나 방 안을 이리저리 돌아다녔다.

망치는 어디에도 없었다. 감쪽같이 사라진 것이다.

토르의 망치, 묠니르는 난쟁이 브로크와 에이트리가 토르를 위해 만들어준 것으로 신들의 소중한 보물 가운데 하나다. 토르가 이 망치로 뭔가를 때리면 그 대상이 무엇이든 간에 다 파괴됐고, 목표물을 향해 망치를 던지면 절대로 목표에서 빗나가는 법 없이 다시 토르의 손으로 돌아왔다. 망치 크기를 줄여 셔츠 안에 감출 수도 있고 다시 크게 만들 수도 있었다. 모든 면에서 완벽한 망치지만 딱 한 가지 결점이 있었는데, 그건 바로 손잡이가 약간 짧다는 것이었다. 그래서 토르는 망치를 양손으로 잡지 못하고 한 손으로만 휘둘러야 했다.

이 망치는 아스가르드의 신들과 세상을 위협하는 모든 위험으로부터 그들을 안전하게 지켜줬다. 서리 거인과 오거ogre, 트롤, 온갖 종류의 괴물들 모두 토르의 망치를 무서워했다.

토르는 자기 망치를 사랑했다. 그런데 그런 망치가 곁에 없는 것이다.

뭔가 일이 잘못 돌아갈 때마다 토르가 꼭 하는 일이 있다. 지금 벌어진 일이 로키의 짓이 아닌지 자문해보는 것이다. 토르는 이 상황을 심사숙고해보았다. 그리고는 아무리 로키라고 하더라도 감히 자기 망치를 훔쳐가지는 않았을 것이라는 결론을 내렸다. 그래서 토르는 평소 일이 잘못됐을 때 두 번째로 취하는 행동에 나섰다. 로키를 찾아가서 조언을 구하기로 한 것이다. 로키는 술책이 뛰어나니 토르가 어떻게 해야 할지 알려줄 것이다.

"누구에게도 말하면 안 돼. 신들의 망치를 도둑맞았어."

"저런." 로키가 얼굴을 찌푸리며 말했다. "별로 좋은 소식은 아니군. 어떻게 해야 할지 생각을 좀 해봐야겠는데."

로키는 프레이야의 궁전을 찾아갔다. 프레이야는 모든 신들 가운데 가장 아름다운 여신이다. 그녀의 어깨 부근에서 출렁이는 금발이 아침 햇살 속에서 빛나고 있었다. 프레이야가 키우는 고양이 두 마리는 얼른 그녀의 전차를 끌고 싶어 안달하면서 방 안을 이리저리 돌아다녔다. 프레이야의 목에는 그녀의 머리카락처럼 찬란한 금빛을 발하는 목걸이 브리싱즈가 반짝이고 있었는데, 이건 땅속 깊은 곳에 사는 난쟁이들이 프레이야를 위해 만든 것이다.

"당신의 깃털 망토를 빌리고 싶어서 왔습니다." 로키가 말했다. "하늘을 날 수 있게 해주는 망토 말입니다."

"절대로 빌려줄 수 없어요." 프레이야가 말했다. "그 망토는 내가 가진 물건 가운데 가장 귀중한 겁니다. 금보다 귀하죠. 그러니 당신이 그걸 입고 돌아다니면서 나쁜 짓을 하게 놔둘 수는 없어요."

"토르의 망치를 도둑맞았습니다. 얼른 찾아야 해요."

"그렇다면 망토를 빌려드리죠."

로키는 깃털 망토를 입고 매의 모습으로 변신해 하늘을 날았다. 그는 아스가르드의 경계를 넘어 멀리까지 날아갔다. 그리고 거인들이 사는 지역으로 깊숙이 들어가서 뭔가 평소와 다른 특이한 점이 없는지 살폈다.

로키는 아래쪽에 거대한 무덤이 있는 걸 봤다. 그 무덤 위에 로키가 지금껏 본 가운데 가장 덩치가 크고 흉측하게 생긴 오거가 앉아 개 목걸이를 엮고 있었다. 오거는 매의 모습을 한 로키를 발견하고는 날카로운 이가 다 드러날 정도로 활짝 웃으면서 손을 흔들었다.

"에시르 신족들은 요즘 어떻게 지내, 로키? 요정들한테선 무슨 소식 없어? 그리고 왜 거인족의 땅에 혼자 온 거야?"

로키는 오거 옆으로 내려가 앉았다. "아스가르드에는 나쁜 소식밖에 없어. 요정들도 마찬가지고."

"정말?" 오거는 그렇게 되물으면서 싱긋 웃었다. 자기가 저지른 짓을 매우 기뻐하면서 스스로를 정말 영리하다고 생각하는 듯한 웃음이었다.

로키는 그게 어떤 유의 웃음인지 알아봤다. 그 자신도 때때로 그런 웃음을 짓기 때문이다.

"토르의 망치가 사라졌어. 혹시 뭐 아는 거 없어?"

오거는 겨드랑이를 긁으면서 한 번 더 웃었다. "글쎄, 알지도 모르지." 오거가 순순히 인정하면서 이렇게 말했다. "그런데 프레이야는 어때? 다들 말하는 것처럼 정말 그렇게 아름다워?"

"그런 타입의 여자를 좋아한다면."

"아, 물론 좋아하지. 좋아하고말고."

둘 사이에 또 한차례 불편한 침묵이 감돌았다. 오거는 손에 들고 있던 개 목걸이를 무더기로 쌓여 있는 목걸이들 위에 내려놓고 새로운 걸 엮기 시작했다.

"내가 토르의 망치를 가져갔어." 오거가 실토했다. "그리고 아무도 찾을 수 없는 땅속 깊숙한 곳에 숨겨놨지. 오딘도 절대 못 찾을 거야. 그걸 다시 꺼내 올 수 있는 자는 세상에 나뿐이야. 내가 원하는 걸 주면 토르에게 망치를 돌려줄게."

"대가를 지불할 수 있어. 금과 호박을 줄게. 네가 다 세지 못할 만큼 많은 보물을 가져다줄 수도 있고."

"그런 건 필요 없어. 나 프레이야와 결혼하고 싶어. 지금부터 8일 뒤에 그녀를 이리로 데려와. 프레이야와의 결혼 첫날밤에 신부에게 주는 선물로 신들의 망치를 돌려주지."

"너 대체 누구야?" 로키가 물었다.

오거는 씩 웃으면서 비뚤어진 이를 드러냈다. "왜 이래, 라우페이의 아들 로키. 난 오거들의 왕 스림Thrym이야."

"어떻게든 일이 잘 진행되도록 주선해보겠습니다, 위대한 스림님." 로키가 말했다. 그는 프레이야의 깃털 망토를 두르고 팔을 넓게 벌려 하늘로 날아올랐다.

로키의 아래에 펼쳐진 세상은 아주 작게 보였다. 그는 아이들 장난감처럼 작은 나무와 산을 내려다봤다. 신들이 겪고 있는 문제도 아주 작고 사소하게 느껴졌다.

토르는 신들의 궁전에서 로키를 기다리고 있었다. 그는 로키가 땅에 내려앉기도 전에 거대한 손아귀로 로키의 몸을 와락 움켜쥐었다. "어떻게 됐어? 너 뭔가 알고 있지? 네 얼굴에 다 써 있어. 아는 건 다 털어놔, 당장. 난 너를 신뢰하지 않는다, 로키. 네가 음모와 계략을 짤 기회가 생기기 전에 지금 알고 있는 사실을 다 알아야겠어."

사람들이 숨 쉬는 것만큼이나 손쉽게 음모와 계략을 짜는 로키는 토르의 분노와 순진함에 미소를 지었다. "자네 망치를 훔쳐간 자는 오거들의 왕인 스림이야. 그를 설득해서 망치를 돌려주라고 하니까 그가 대가를 요구하더군."

"그 정도야 괜찮지. 그가 원하는 대가가 뭔데?"

"결혼식에서 프레이야와 손을 잡고 싶대."

"프레이야의 손을 원한다고?" 토르가 한 가닥 희망을 안고 물었다. 프레이야에게는 손이 두 개나 있으니 잘만 설득하면 큰 분쟁 없이 그중 하나를 포기하게 할 수도 있을 것이다. 어쨌든 티르도 손이

프레이야의 이상한 결혼식

하나뿐이지 않은가.

"그녀의 전부를 원한대." 로키가 다시 말했다. "프레이야와 결혼하고 싶어 한다고."

"아!" 토르가 탄식했다. "그건 프레이야가 싫어할 텐데. 아무래도 자네가 직접 프레이야에게 소식을 전하는 게 낫겠어. 망치를 쥐고 있지 않을 때의 나보다는 자네가 남들을 설득하는 능력이 뛰어나잖아."

그들은 다시 함께 프레이야의 궁전으로 향했다.

"여기, 빌려주셨던 깃털 망토입니다." 로키가 말했다.

"고마워요." 프레이야가 말했다. "누가 토르의 망치를 훔쳐갔는지 알아냈나요?"

"스림이라는 오거들의 왕이 그랬더군요."

"그에 대해 들은 적이 있어요. 아주 더러운 놈이라더군요. 그가 돌려주는 대가로 뭘 원하던가요?"

"당신이요." 로키가 말했다. "그는 당신과 결혼하고 싶어 합니다."

프레이야는 고개를 끄덕였다.

토르는 프레이야가 그 제안을 매우 쉽게 받아들이는 듯해서 기뻤다. "신부의 왕관을 써요, 프레이야. 짐도 챙기고." 토르가 성급하게 떠들어댔다. "로키와 함께 거인들의 땅으로 가면 되오. 우리는 그가 마음을 바꾸기 전에 당신을 스림과 결혼시켜야 해. 내 망치를 얼른 되찾고 싶거든."

프레이야는 아무 말도 하지 않았다.

토르는 문득 땅이 흔들린다는 걸 깨달았다. 벽도 같이 흔들리고 있었다. 프레이야의 고양이들은 야옹야옹 울고 하악거리는 소리를 내면서 모피가 가득 든 상자 아래로 숨어들었다.

프레이야는 양손을 꽉 틀어쥐고 있었다. 그녀의 목에 걸려 있던 브리싱즈 목걸이가 바닥으로 떨어졌지만 그것조차 알아차리지 못한 눈치였다. 그녀는 세상에서 가장 비천하고 불쾌한 해충을 보는 듯한 시선으로 토르와 로키를 노려봤다.

그 눈초리가 어찌나 매서운지 토르는 프레이야가 말을 하기 시작하자 안도감이 들 정도였다.

"날 도대체 뭐라고 생각하는 겁니까?" 그녀는 매우 나직한 어조로 말을 이었다. "내가 그렇게 바보 같아 보여요? 그렇게 마음대로 이용할 수 있는 존재 같아요? 당신을 곤경에서 벗어나게 해주려고 오거와 결혼할 그런 사람 같으냐고요. 당신들 둘이 내가 거인들의 땅에 가서 신부의 왕관과 베일을 쓰고⋯⋯ 그 오거의 손길과 욕정에 몸을 맡기고⋯⋯ 그와 결혼할 거라고 생각한다면⋯⋯."

프레이야는 말을 멈췄다. 벽이 다시 한 번 흔들렸고 토르는 건물 전체가 자기들 위로 무너질까 봐 두려웠다.

"나가!" 프레이야가 소리쳤다. "날 대체 어떤 여자라고 생각하는 거야!"

"하지만, 내 망치가⋯⋯" 토르가 매달렸다.

"닥쳐, 토르." 로키가 말했다.

토르는 입을 다물었다. 둘은 그 자리를 떠났다.

"화내니까 정말 예쁘네. 그 오거가 왜 그녀와 결혼하고 싶어 하는

지 알겠어."

"닥치라고, 토르." 로키가 다시 한 번 말했다.

그들은 거대한 궁전에 신들을 모두 불러 모았다. 프레이야를 제외한 모든 신과 여신이 그 자리에 모였다.

신들은 하루 종일 얘기하고, 토론하고, 논쟁했다. 묠니르를 되찾아야 한다는 데는 이견이 없었지만, 어떻게 되찾는단 말인가. 모든 신과 여신이 저마다 의견을 제시했지만, 로키가 그들의 제안을 모두 반박해서 못 쓰게 만들었다.

결국 의견을 내놓지 않은 신은 단 한 명, 아주 멀리까지 내다볼 수 있는 능력이 있어서 세상 곳곳을 감시하는 일을 맡은 헤임달만 남았다. 세상에 일어난 일들 가운데 헤임달이 보지 못하는 건 하나도 없었고, 때로는 세상에서 아직 일어나지 않은 사건들까지 보기도 했다.

"자, 헤임달, 자네 생각은 어때? 좋은 의견이 있나?" 로키가 물었다.

"있지." 헤임달이 말했다. "하지만 당신들 마음에 들지 않을 거야."

토르는 주먹으로 테이블을 쾅 내리쳤다. "우리가 그걸 마음에 들어 할지 말지는 중요하지 않아. 우리는 모두 신이잖아! 여기 모인 이들이 신의 망치인 묠니르를 되찾기 위해서 못할 일이 뭐가 있겠어. 자네 생각을 말해줘. 좋은 아이디어라면 다들 좋아할 테니까."

"자네는 안 좋아할 텐데."

"좋아할 거라니까!"

"좋아. 난 토르를 신부처럼 분장시켜서 거인에게 보내야 한다고 생각합니다. 그에게 브리싱즈 목걸이를 걸어주고, 신부의 왕관을 씌우는 거요. 드레스 안에 솜을 채워서 여자처럼 보이게 하고 얼굴에는 베일을 씌우면 어떨까요. 그리고 여자들처럼 짤랑거리는 소리가 나는 열쇠 꾸러미를 걸어주고 보석도 치렁치렁 걸치게 하는 거죠."

"싫어!" 토르가 성을 내며 반박했다. "사람들이 뭐라고 생각하겠어. 다들 내가 여자 옷을 입었다고 비웃을 거야. 이건 말도 안 되는 아이디어야. 어쨌든 난 싫어. 난 절대로 신부의 베일을 쓰지 않을 거라고. 다들 이 아이디어 별로지? 정말 말도 안 되는 생각이네. 게다가 난 수염을 기르고 있는데, 절대 수염을 깎을 수는 없어."

"입 다물어, 토르." 로키가 말했다. "내가 보기엔 정말 탁월한 아이디어야. 거인들이 아스가르드에 쳐들어오는 게 싫다면, 자네 얼굴과 턱수염을 가려줄 결혼 베일을 써야만 해."

"내 생각에도 최고의 아이디어 같구나." 오딘도 동의했다. "아주 잘했다, 헤임달. 우리는 망치를 되찾아야 하는데 그러자면 이게 최선의 방법이야. 여신들이여, 토르의 결혼식을 준비해주게."

여신들은 곧 토르가 입고 걸칠 것들을 가져왔다. 프리그Frigg와 풀라Fulla, 시프, 이둔Idunn과 다른 여신들, 심지어 프레이야의 계모인 스카디Skadi까지 와서 토르의 몸단장을 도왔다. 그들은 토르에게 명문가 출신의 여신이 결혼식에서 입을 법한 가장 좋은 옷을 입혔다. 프리그는 프레이야를 만나러 갔다가 브리싱즈 목걸이를 가지고 돌아와서 토르의 목에 걸어주었다.

토르의 아내인 시프는 자기 열쇠 꾸러미를 토르의 허리에 걸어 줬다.

이둔은 자기 보석을 전부 가져와 토르의 몸 여기저기에 치장해서 촛불 빛을 받으면 눈부시게 빛나도록 했고, 적금과 백금으로 만든 반지 백 개를 가져와서 토르의 손가락에 끼웠다.

그들은 토르의 얼굴을 베일로 가려서 눈만 드러나게 했고, 결혼의 여신인 바르Var는 토르의 머리에 반짝이는 머리쓰개와 높고 넓고 아름다운 신부의 관을 씌웠다.

"눈은 어떻게 해야 할지 모르겠네요." 바르가 말했다. "여자의 눈처럼 보이질 않거든요."

"제발 그렇게 보이지 않기를 바라오." 토르가 투덜거렸다.

바르는 토르의 모습을 찬찬히 살펴봤다. "머리쓰개를 아래로 끌어내리면 눈을 감출 수 있을 테고, 그렇게 해도 토르는 앞을 볼 수 있을 거예요."

"최선을 다해주세요." 로키가 여신들에게 부탁하고는 이렇게 덧붙였다. "내가 자네 시녀가 되어 거인들의 땅에 동행하지." 로키가 모습을 바꾸자, 그는 이제 목소리도 외모도 아름다운 젊은 시녀처럼 보였다. "자, 내 모습이 어떤가?"

토르는 작은 소리로 뭔가 투덜댔지만, 그가 뭐라고 하는지 아무도 듣지 못한 게 다행일지도 모른다.

로키와 토르가 함께 토르의 전차에 올라타자 전차를 끄는 염소 스나를러Snarler와 그라인더Grinder는 얼른 출발하고 싶어서 하늘을 향해 경중 뛰어올랐다. 그들이 지나가자 산이 반으로 쪼개지고 땅은 불길에 휩싸였다.

"별로 예감이 좋지 않아." 토르가 말했다.

"말하지 말고 입 다물고 있어." 시녀의 모습을 한 로키가 말했다. "말은 전부 내가 할 테니까. 알겠어? 자네가 입을 열면 일을 다 망쳐 버릴지도 모른다고."

토르는 끙 하고 앓는 소리를 내면서 입을 다물었다.

그들은 들판에 착륙했다. 그곳에는 거인처럼 거대한 새까만 소들이 무표정한 얼굴로 서 있었다. 소 한 마리의 크기가 집채보다 더 컸고, 뿔 끝에는 금이 씌워져 있었으며, 들판은 그들이 싼 똥의 톡 쏘는 냄새 때문에 악취가 진동했다.

거대한 저택 안쪽에서 우렁우렁 울리는 목소리가 들려왔다. "얼른 치워, 이 바보들아! 의자에 깨끗한 밀짚을 깔아! 너 대체 뭐하는 거야? 치우거나 아니면 짚으로 덮으라고. 거기서 썩게 놔두지 말고. 세상에 존재하는 모든 생물들 가운데 가장 아름다운 뇨르드Njord의 딸, 프레이야가 우리에게 온단 말이다. 그녀는 저런 꼴은 보고 싶지 않을 거야."

들판을 가로질러 신선한 짚으로 만든 길이 뻗어 있었다. 변장한 토르와 그의 시녀 로키는 전차에서 내린 뒤 소의 배설물에 닿지 않도록 치맛자락을 들어 올리고 짚으로 만든 길을 걸어갔다.

여자 거인이 그들을 기다리고 있었다. 그녀는 자기가 스림의 여동생이라고 소개한 뒤, 로키에게 손을 뻗어 어여쁜 뺨을 손가락 끝으로 꼬집고 날카로운 손톱으로 토르를 쿡 찔렀다. "그러니까 이 사람이 세상에서 가장 아름다운 여인이라는 거죠? 내가 보기엔 별로

인 것 같은데. 아까 치맛자락을 걷어 올릴 때 보니까 발목이 꼭 작은 나무 둥치만큼 굵던데요."

"그건 빛 때문에 그렇게 보인 거겠죠. 이분은 모든 신들 중에서도 가장 아름다운 분입니다." 시녀로 변장한 로키가 부드럽게 대꾸했다. "프레이야 님이 베일을 벗으면 그 아름다움에 충격을 받으실 거예요. 자, 여신님의 남편이 되실 분은 어디 계신가요? 결혼 연회는 어디에서 열리나요? 여신님은 이 결혼을 매우 고대하셨기 때문에 제 힘으로는 말리기가 힘들 정도예요."

해가 지자 그들은 결혼 연회가 열리는 거대한 홀로 안내를 받았다.

"그가 나를 자기 옆에 앉히고 싶어 하면 어떻게 하지?" 토르가 로키에게 속삭였다.

"꼭 그자 옆에 앉아야 해. 거기가 신부가 앉을 자리니까."

"하지만 내 다리에 손을 올리려고 할지도 모르잖아." 토르가 다급한 어조로 속삭였다.

"그럼 내가 그 사이에 앉을게. 그게 우리네 관습이라고 말하지, 뭐."

스림은 테이블 상석에 앉았고, 로키가 그 옆에 앉고, 토르는 긴 의자의 다음 자리에 앉았다.

스림이 손뼉을 치자 거인 시종들이 들어왔다. 그들은 통째로 구운 황소 다섯 마리를 들고 왔는데 거기 모인 거인들을 다 먹이고도 남을 만큼 충분한 양이었다. 그리고 열 살짜리 소년의 체구만 한 통째 구운 연어 스무 마리와 여자들을 위한 작은 패스트리, 케이크가 담긴 쟁반 수십 개도 운반되어 왔다.

그들 뒤로 하인 다섯 명이 각자 꿀술이 담긴 큰 통을 하나씩 들고 왔는데, 통이 어찌나 큰지 거인들이 그 무게에 짓눌려서 힘들어할 정도였다.

"이 식사는 아름다운 프레이야를 위한 것이다!" 스림이 말했다. 그리고 뭔가 다른 말을 더 하려고 했지만 토르가 벌써 먹고 마시기 시작했기 때문에 스림은 예비 신부가 식사를 하는 동안 말을 하는 건 무례한 일이라고 생각해서 그만 입을 다물었다.

여자들을 위해서 만든 패스트리 쟁반이 로키와 토르 앞에 놓였다. 로키는 조심스럽게 가장 작은 패스트리를 골랐다. 토르도 조심스럽게 손을 뻗더니 남은 패스트리를 모두 휩쓸어갔고, 곧 베일 아래에서 들리는 우적우적 씹는 소리와 함께 패스트리는 모두 사라져 버렸다. 시장한 눈길로 패스트리를 바라보던 다른 여자들은 잔뜩 실망해서 프레이야를 노려봤다.

하지만 아름다운 프레이야는 아직 본격적으로 식사를 시작한 게 아니었다.

토르는 황소 한 마리를 혼자서 다 먹어 치웠다. 연어 통구이 일곱 마리도 뼈만 남기고 다 먹었다. 그리고 패스트리 쟁반을 가져올 때마다 거기 담긴 케이크와 패스트리를 걸신들린 듯이 먹어 치워서 다른 여자들을 굶주리게 만들었다. 로키가 때때로 테이블 아래에서 그를 발로 찼지만, 토르는 발길질을 무시하고 계속 먹기만 했다.

스림은 로키의 어깨를 톡톡 두드렸다. "미안한데, 사랑스러운 프레이야가 꿀술을 벌써 세 통째 해치웠군."

"네, 그렇네요." 시녀로 변장한 로키가 말했다.

"놀라워. 지금껏 저렇게 게걸스럽게 먹는 여자는 본 적이 없어. 저렇게 음식을 많이 먹거나 꿀술을 많이 마시는 여자도 본 적이 없고 말이야."

"그 이유는 제가 확실하게 설명해드릴 수 있습니다." 로키는 숨을 깊이 들이마시면서 토르가 연어 통구이를 또 한 마리 흡입한 뒤 베일 아래로 생선 가시만 꺼내는 모습을 지켜봤다. 마치 마술 묘기를 보는 듯한 광경이었다. 스림은 확실한 이유라는 게 대체 뭔지 궁금했다.

"프레이야가 연어를 여덟 마리째 먹어치웠어." 스림이 말했다.

"8일 낮과 밤!" 로키가 갑자기 외쳤다. "프레이야 님은 8일 낮과 밤 동안 아무것도 드시지 못했어요. 얼른 거인들의 땅으로 와서 새로운 남편과 사랑을 나누고 싶은 마음이 간절했거든요. 이제 당신이 계신 이곳에 도착했으니 다시 음식을 드시기 시작한 겁니다." 시녀는 토르를 향해 몸을 돌렸다. "다시 잘 드시는 모습을 보니까 기쁘네요, 주인님!"

토르는 베일 속에서 로키를 노려봤다.

"그녀에게 입 맞추고 싶어." 스림이 말했다.

"아직은 그러지 마시라고 말씀드리고 싶네요." 로키가 말렸지만 스림은 벌써 로키 너머로 몸을 구부리면서 입 맞추는 소리를 내고 있었다. 그는 거대한 한쪽 손을 뻗어 토르의 베일을 잡았다. 시녀로 변장한 로키가 그를 제지하려고 팔을 뻗었지만 너무 늦었다. 스림은 이미 입 맞추는 소리를 내던 걸 멈추고 충격받은 모습으로 몸을 뒤로 확 빼고 있었다.

스림은 시녀 로키의 어깨를 톡톡 두드렸다. "잠깐 얘기 좀 할 수 있을까?"

"그럼요."

그들은 자리에서 일어나 연회장을 가로질러 걸어갔다.

"프레이야의 눈이 왜…… 왜 그렇게 무서운 거지?" 스림이 물었다. "마치 눈동자 안에서 불길이 타오르는 것 같았어. 그건 아름다운 여인의 눈이 아니라고!"

"물론 그렇겠죠." 시녀 로키가 부드럽게 대답했다. "지금 프레이야 님의 눈이 평소와 같으리라고 기대해서는 안 되죠. 프레이야 님은 8일 낮과 밤 동안 한숨도 못 주무셨거든요, 위대한 스림 님. 당신을 향한 사랑에 사로잡혀서 잠을 잘 수도 없고, 당신의 사랑을 맛볼 생각에 반쯤 미쳐 계셨던 겁니다. 당신 때문에 속이 불타고 있다고요! 당신이 그분의 눈 속에서 보신 게 바로 그겁니다. 불타는 열정이요."

"아, 그렇군." 스림은 미소를 지으면서 인간이 베는 베개보다 커다란 혀로 입술을 핥았다. "아주 좋은데."

그들은 다시 테이블로 돌아왔다. 스림의 여동생이 토르 옆자리인 로키의 자리에 앉아서 자기 손톱으로 토르의 손을 톡톡 치고 있었다. "본인한테 뭐가 유리한지 안다면, 그 반지들을 나한테 줘요." 스림의 여동생이 말했다. "그 예쁜 금반지들 전부 다요. 당신은 이 성에서 이방인이에요. 그러니까 돌봐줄 사람이 필요할 거예요. 아니면 집과 멀리 떨어진 이곳에서 아주 끔찍한 상황을 겪게 되지 않겠어요? 반지가 그렇게 많잖아요. 혼수로 나한테 몇 개 줘요. 전부 붉은색과 금색인 게 정말 예쁘기도 해라……."

"이제 결혼식을 올려야 할 시간 아닌가요?" 로키가 물었다.

"그렇지!" 스림이 말했다. 그는 목청껏 소리를 질렀다. "신부를 축성할 망치를 가져와라! 아름다운 프레이야의 무릎 위에 몰니르가 놓인 모습을 보고 싶다. 남녀 간의 맹세를 주관하는 여신 바르가 우리의 사랑을 축복하고 축성하게 하자."

토르의 망치를 운반해 오는 데 거인 네 명이 필요했다. 그들은 홀의 깊숙한 안쪽에서 망치를 가져왔다. 망치는 난로 불빛을 받아 둔중한 빛을 발했다. 거인들은 힘겹게 망치를 토르의 무릎에 올려놓았다.

스림이 말했다. "자, 이제 당신의 아름다운 목소리를 들려줘요, 내 사랑, 내 비둘기, 내 연인. 날 사랑한다고, 내 신부가 될 거라고 말해줘요. 태초부터 여자가 남자에게, 남자가 여자에게 사랑을 맹세했듯이 내게 사랑을 맹세해줘요. 어서요."

토르는 금반지로 뒤덮인 손으로 망치 자루를 잡았다. 그리고 기운을 차리려는 듯 자루를 있는 힘껏 움켜쥐었다. 망치는 그의 손 안에서 익숙하고 편안하게 느껴졌다. 그는 깊게 울리는 목소리로 웃기 시작했다.

"내가 할 말은," 토르는 천둥 같은 목소리로 말했다. "네놈이 내 망치를 가져가서는 안 됐었다는 거다."

그는 망치로 스림을 딱 한 대 때렸는데, 그 한 방으로 모든 게 끝났다. 오거는 짚으로 뒤덮인 바닥으로 쓰러져서 다시는 일어나지 못했다.

결코 열리지 말았어야 할 결혼식에 하객으로 참석한 거인과 오거들 모두 토르의 망치 아래에 쓰러졌다. 스림의 여동생도 예상치 못한 혼수를 선물로 받았다.

홀이 잠잠해지자 토르는 "로키?" 하고 불렀다.

로키는 자신의 본래 모습으로 테이블 아래에서 기어 나와 대학살 현장을 점검했다. "흠, 문제를 해결한 것 같군."

토르는 안도한 모습으로 이미 여자 치마를 벗고 있었다. 그는 죽은 거인들의 시체가 그득한 방에 셔츠만 입은 모습으로 서 있었다.

"걱정한 만큼 최악은 아니었어." 토르가 쾌활한 목소리로 말했다. "내 망치도 되찾았고, 또 훌륭한 만찬도 즐겼으니. 이제 집에 가자."

시인의 꿀술

THE MEAD OF
POETS

시는 어디에서 생겨나는지 궁금하지 않은가? 우리가 평소 부르는 노래와 남들에게 들려주는 이야기는 어디에서 온 걸까? 위대하고 현명하고 아름다운 꿈을 꾼 뒤 그 꿈을 시의 형태로 세상에 전해서, 해가 뜨고 지는 한, 달이 차고 이지러지는 한 계속해서 불리고 끝없이 회자되는 이유를 생각해본 적이 있는가? 왜 어떤 사람들은 아름다운 노래와 시와 이야기를 만들어내고 어떤 사람들은 그러지 못하는지 궁금하게 여긴 적이 있는가?

이건 매우 긴 이야기인 데다 누구에게도 득이 되지 않는 이야기다. 살인과 사기와 거짓말과 어리석음과 유혹과 추적이 다 포함되어 있는 이야기이기도 하다. 귀 기울여 들어보기 바란다.

이 이야기는 세상이 생겨난 직후에 벌어진 신들 간의 전쟁에서 시작된다. 바니르 신족과 싸운 에시르 신족은 호전적인 전투와 정복의 신들이다. 바니르 신족은 그보다 온화한 형제자매 같은 신과 여신들로 토양을 비옥하게 하고 식물을 성장시켰지만, 싸우는 능력도 그에 못지않게 뛰어났다.

바니르 신족과 에시르의 신족은 매우 훌륭한 호적수들이었다. 어느 쪽도 전쟁에서 이길 수가 없었다. 무엇보다 그들은 싸우는 동안 서로가 상대방을 필요로 한다는 사실을 깨닫게 되었다. 전투가 끝난 뒤에 벌어지는 연회에 먹을 걸 공급해주는 훌륭한 밭과 농장이 없다면 용감한 전투를 치러도 즐거움을 얻을 수 없기 때문이다.

결국 양측은 함께 모여 평화 교섭을 벌였고, 교섭이 마무리되자 에시르 신족과 바니르 신족 모두 한 명씩 돌아가며 통에 침을 뱉어 휴전을 다짐했다. 그들의 침이 섞이면서 양측의 협약에 구속력이 생겼다.

그런 다음 성대한 연회를 열었다. 불길이 잦아들어 벌건 석탄만 남고 해가 다시 수평선 위로 떠오를 때까지 음식을 먹고 꿀술을 마시고 흥겹게 떠들면서 농담을 하고 얘기를 나누고 자랑을 늘어놓기도 하면서 웃어댔다. 에시르 신족과 바니르 신족은 날이 밝은 뒤에야 겨우 자리를 파하고 모피와 천으로 몸을 감싼 뒤 뽀드득뽀드득 소리가 나는 눈과 아침 안개 속으로 발을 내디뎠다. 그때 오딘이 "우리의 침이 뒤섞인 통을 이렇게 놔두고 가는 건 애석한 일"이라고 말했다.

바니르 신족의 우두머리지만 휴전 조약에 따라 이제부터 아스가르드에서 에시르 신족과 함께 지내게 된 프레이와 프레이야 남매도 고개를 끄덕였다. "이걸 가지고 뭔가 만들 수 있을 것 같습니다. 인간을 만들어야 해요." 프레이야는 그렇게 말하면서 통에 손을 넣었다.

그녀가 손가락을 움직이자 침에 서서히 변화가 생기면서 형태를 갖추기 시작했고, 이내 사람의 모습이 되어 벌거벗은 몸으로 그들 앞에 섰다.

"네 이름은 크바시르다." 오딘이 말했다. "내가 누구인지 아느냐?"

"가장 높은 오딘 님이십니다." 크바시르가 대답했다. "또 그림니르이자 제삼인자이기도 하시지요. 그 외에도 여기서 일일이 언급하지 못할 정도로 많은 이름을 갖고 계시지만 전 그 이름들을 전부 압니다. 그리고 거기에 어울리는 시와 노래와 구호들도 알고 있지요."

에시르 신족과 바니르 신족의 결합으로 만들어진 크바시르는 신들 중에서 가장 현명했다. 그는 머리와 가슴을 하나로 합친 존재였다. 신들은 누가 먼저 그에게 질문을 던질지 그 차례를 놓고 서로 다투기도 했고 크바시르는 그런 질문들에 언제나 현명한 답을 내놓았다. 그는 주변을 날카롭게 관찰했고 자기가 본 걸 정확하게 해석했다.

크바시르는 신들을 돌아보며 이렇게 말했다. "난 지금부터 여행을 떠나겠습니다. 아홉 개의 세상을 모두 둘러보고 미드가르드에도 가볼 생각입니다. 아직 제게 묻지 않은 질문들 중에 대답해야 하는 질문들이 있거든요."

"하지만 우리에게 돌아올 거죠?" 신들이 물었다.

"돌아올 겁니다. 어쨌든 언젠가는 풀어야만 하는 신비의 그물이 존재하니까요."

"그게 뭔가?" 토르가 물었지만 크바시르는 그저 미소를 지으면서 신들이 자기 말에 대해 골똘히 생각하게 내버려뒀다. 그리고 여행용 망토를 입고 아스가르드를 떠나 무지개다리를 건넜다.

크바시르는 도시에서 도시로, 마을에서 마을로 돌아다녔다. 온갖 부류의 사람들을 만나면서 그들을 친절하게 대하고 질문에도 일일이 답해줬기 때문에, 그가 들른 장소는 모두 전보다 상황이 좋아졌다.

당시 바닷가 요새에는 다크 엘프(신들에게 버림받은 어둠의 요정) 두 명이 살고 있었다. 그들은 요새에서 마술을 부리기도 하고 능숙한 연금술 솜씨를 뽐내기도 했다. 다른 난쟁이들처럼 그들도 작업장과 대장간에서 갖가지 물건들, 훌륭하고 놀라운 물건들을 만들었다. 하지만 그들이 아직 만들지 못한 게 있었기 때문에, 어떻게든 그걸 만들어야 한다는 생각에 사로잡혀 있었다. 그들은 형제였고 이름은 피얄라르Fjalar와 갈라르Galar라고 했다.

그들은 근처 도시에 크바시르가 방문한다는 소식을 듣고 그를 만나려고 길을 떠났다. 피얄라르와 갈라르는 커다란 홀에서 주민들의 질문에 답해주면서 듣는 이들을 모두 깜짝 놀라게 하고 있는 크바시르를 발견했다. 그는 사람들에게 물을 정화하는 방법과 쐐기풀로 옷감을 짜는 법을 알려줬다. 한 여자에게는 그녀의 칼을 훔쳐간 사람이 누구고 훔친 이유는 뭔지 정확하게 말해줬다.

그가 말을 마치고 사람들이 그에게 먹을 걸 대접하고 있을 때, 난쟁이들이 크바시르에게 가까이 다가갔다.

"당신이 지금까지 한 번도 받아본 적이 없는 질문이 있소. 하지만 우리끼리만 있을 때 해야 하는 질문이오. 우리와 함께 가겠소?"

"물론 가지요."

그들은 함께 걸어서 요새로 향했다. 갈매기들이 날카로운 소리로 울어댔고, 음울한 잿빛 구름은 회색 파도와 같은 색조를 띠고 있었다. 난쟁이들은 크바시르를 요새 안쪽의 깊숙한 곳에 있는 작업장으로 이끌었다.

"그건 뭐요?" 크바시르가 물었다.

"통이요. 손Son과 보든Bodn이라고 하지."

"그렇군. 그럼 저쪽에 있는 저건 뭐요?"

"이게 뭔지도 모르면서 어떻게 현명하다고 자부할 수 있는 거요? 이건 주전자요. 우린 이걸 오드레리르Odrerir, 즉 황홀경에 빠뜨리는 주전자라고 부르지."

"그리고 여기 있는 건 당신들이 모은 꿀이 든 양동이로군. 액체 상태의 천연 꿀."

"맞소. 우리가 모은 거요." 피얄라르가 말했다.

갈라르는 멸시하는 듯한 표정을 지었다. "사람들이 말하는 것처럼 당신이 현명하다면, 우리가 당신한테 질문을 하기도 전에 우리 질문이 뭔지 알 수 있을 거요. 그리고 이 물건들이 뭐에 쓰는 건지도 알 테고."

크바시르는 체념한 태도로 고개를 끄덕였다. "내 생각에 당신들 두 사람이 똑똑하고 또 사악하다면, 방문객을 죽여서 그의 피를 손과 보든에 받기로 결심했을 것 같소. 그리고 그 피를 오드레리르라

시인의 꿀술

는 주전자에 담아 뭉근하게 데우겠지. 그런 다음 피에 꿀을 섞어 발효시켜 꿀술을 만들 테고. 그러면 최고의 꿀술이 되겠지. 그걸 마시는 사람은 다들 얼근하게 취할 테고, 동시에 시의 재능과 학문의 재능을 얻게 될 거요."

"우리는 똑똑하지." 갈라르가 인정했다. "그리고 우리를 사악하다고 생각하는 이들도 있을지 모르고."

그는 이 말과 동시에 크바시르의 목을 베었고, 난쟁이들은 크바시르의 발을 묶어 그의 피가 한 방울도 남김없이 다 빠져나올 때까지 통 위쪽의 천장에 매달아두었다. 그리고 오드레리르라는 주전자에 피와 꿀을 부어서 따뜻하게 데우고, 직접 고안한 방법에 따라 다른 재료들도 넣었다. 베리 종류를 넣고 막대기로 저었다. 부글부글 거품이 일었다가 가라앉자 둘은 맛을 보고 싱긋 웃음을 지었다. 그리고 난쟁이 형제들은 자신의 내면에서 지금껏 한 번도 발휘되지 않았던 운문과 시의 재능을 발견했다.

다음 날 아침, 신들이 이곳을 찾아왔다. "크바시르, 그가 마지막으로 목격된 게 너희와 같이 있는 모습이었다."

신들이 말했다. "네, 맞습니다."

난쟁이들이 대답했다. "그는 우리와 함께 돌아왔습니다만, 우리가 어리석고 지혜가 부족한 난쟁이라는 사실을 알고는 그만 자신의 넘치는 지식에 질식하고 말았습니다. 그에게 질문이라도 던질 수 있었으면 좋았을 텐데 말입니다."

"그가 죽었다는 말이냐?"

"네." 피얄라르와 갈라르가 대답했다.

그리고 피가 한 방울도 남지 않은 크바시르의 시신을 신들에게 내줘서 그걸 아스가르드로 가져가 신에게 걸맞은 장례식과 아마도 (신들은 다른 존재들과 달리 죽음이 늘 영원한 게 아니므로) 신의 최종적인 귀환을 위한 의식을 치르게 했다.

이렇게 해서 난쟁이들은 지혜와 시의 꿀술을 손에 넣게 되었고, 이걸 맛보고 싶은 자는 누구나 난쟁이들에게 애걸해야만 하는 상황이 되었다. 하지만 갈라르와 피얄라르는 자기들 마음에 드는 이에게만 꿀술을 나눠줬는데, 문제는 그들이 자기 자신 외에는 아무도 좋아하지 않았다는 것이다.

하지만 이 난쟁이들도 은혜를 입은 이들이 있었으니, 거인 길링Gilling과 그의 아내가 바로 그런 자들이었다. 난쟁이들은 그들을 자기네 요새로 초대했고, 어느 겨울날 거인 부부가 요새를 찾아왔다.

"우리 배를 타고 노를 저어 바다로 갑시다." 난쟁이들이 길링에게 말했다.

거인의 무게 때문에 배가 물에 깊이 가라앉은 상태에서 난쟁이들은 수면 바로 아래에 암초가 있는 곳으로 배를 저어갔다. 전에는 그들의 배가 암초 위를 무사히 지나갔지만 이번에는 사정이 달랐다. 배가 암초에 부딪혀 뒤집히면서 거인이 바다에 빠진 것이다.

"수영해서 배로 돌아가요." 난쟁이 형제가 길링에게 말했다.

"난 수영을 못해." 길링의 이 말은 그가 남긴 마지막 말이 되었다. 파도가 쳐서 그의 벌린 입속으로 소금물이 들어갔고 머리가 바위에 부딪히면서 금세 시야에서 사라졌기 때문이다.

피얄라르와 갈라르는 배를 똑바로 세워 다시 집으로 돌아갔다.

길링의 아내가 그들을 기다리고 있었다.

"내 남편은 어디 있나요?" 그녀가 물었다.

"남편이요?" 갈라르가 말했다. "아, 그는 죽었습니다."

"물에 빠져 죽었죠." 피얄라르가 이해를 돕기 위해 덧붙였다.

이 말을 들은 거인의 아내는 통곡하며 흐느꼈는데, 그 울부짖음은 마치 그녀의 영혼에서 곧바로 뜯겨져 나온 것처럼 비통했다. 그녀는 죽은 남편을 부르면서 언제까지나 그를 사랑할 것이라고 맹세했고 계속 울부짖고 신음하며 슬퍼했다.

"조용히 좀 해요!" 갈라르가 호통을 쳤다. "당신의 울음소리와 통곡이 내 귀를 아프게 한단 말입니다. 소리가 너무 커요. 아마 당신이 거인이기 때문이겠죠."

하지만 거인의 아내는 더욱더 큰 소리로 울 뿐이었다.

"저기, 당신 남편이 죽은 장소를 보여주면 마음이 좀 진정되겠습니까?" 피얄라르가 물었다.

그녀는 코를 쿵쿵거리며 고개를 끄덕이더니 다시 울고 통곡하면서 다시는 자신에게 돌아오지 못할 남편을 위한 애가(哀歌)를 불렀다.

"저기에 서 있으면 남편이 죽은 장소가 어디인지 가리켜 보여드리죠." 피얄라르가 그렇게 말하면서 그녀가 서 있어야 하는 정확한 위치를 알려줬는데, 그러려면 거대한 문을 지나 요새의 담 아래에 서야만 했다. 피얄라르가 자기 형제에게 고개를 끄덕이자, 갈라르는 잰걸음으로 계단을 올라가 담 위쪽으로 향했다.

길링의 아내가 문을 지나가는 순간 갈라르가 커다란 돌을 그녀

머리 위로 떨어뜨렸고, 거인의 아내는 두개골이 반쯤 으깨지면서 쓰러져 죽었다.

"잘했어." 피얄라르가 말했다. "그 불쾌한 소음에 아주 진력이 나던 참이거든."

그들은 죽은 여인의 시신을 바위 너머로 밀어서 바다에 빠뜨렸다. 잿빛 파도의 손가락이 그녀의 시신을 끌고 들어가 길링의 아내와 길링은 죽음으로 재회하게 되었다.

난쟁이들은 어깨를 으쓱이면서 자기네 요새를 바닷가에 지은 건 정말 현명한 일이었다고 속으로 생각했다.

그들은 매일 밤 시의 꿀술을 마시면서 서로에게 위대하고 아름다운 시를 읊어줬고, 길링과 길링 아내의 죽음에 대한 장대한 무용담을 만들어 요새 지붕 위에서 낭송하기도 했다. 그리고 매일 밤 인사불성 상태로 잠들어, 아침에는 전날 밤 자기들이 앉아 있거나 쓰러졌던 자리에서 잠을 깨곤 했다.

어느 날, 평소처럼 잠을 깼는데 그들이 깨어난 장소는 자기네 요새가 아니었다.

그들은 배 바닥에서 눈을 떴는데, 처음 보는 거인이 파도를 헤치며 배를 젓고 있었다. 하늘은 폭풍을 몰고 오는 구름이 잔뜩 끼어 어두컴컴했고 바다도 검은색이었다. 파도가 높고 거칠어서 소금물이 뱃전에 거세게 튀면서 난쟁이들의 몸을 적셨다.

"당신은 누구요?" 난쟁이들이 물었다.

"난 주퉁Suttung이다." 거인이 대답했다. "너희들이 내 아버지와 어머니를 죽이고는 바람과 파도와 세상에 자랑했다는 얘기를 들었다."

"아, 그래서 우리를 이렇게 묶어놓은 거요?" 갈라르가 물었다.

"그렇다."

"아마 우리를 영광스러운 장소로 데려가려나 보군요." 피얄라르가 희망이 깃든 목소리로 말했다. "그곳에 도착하면 우리를 풀어주고 연회를 열어 실컷 마시고 웃으면서 친한 친구가 되겠죠."

"아닐 것 같은데." 주퉁이 말했다.

썰물 때라서 바위들이 물 위로 튀어나와 있었다. 그건 만조 때 난쟁이들의 배가 전복되어 길링이 물에 빠져 죽었던 바로 그 암초였다. 주퉁은 배 바닥에서 난쟁이들을 들어 올려 바위 위에 올려놓았다.

"만조가 되면 이 바위들은 바다 밑으로 가라앉을 겁니다." 피얄라르가 말했다. "우리는 손이 등 뒤에 묶여 있어서 수영을 할 수가 없어요. 우리를 여기에 놔두고 가면 틀림없이 빠져 죽을 거라고요."

"그게 바로 내가 하려는 일이다." 주퉁이 처음으로 미소를 지었다. "내가 여기 네놈들 배에 앉아 있는 동안 너희는 빠져 죽겠지. 바다가 너희 둘을 데려가는 모습을 지켜볼 거다. 그리고 요툰헤임에 있는 집으로 돌아가서 동생 바우기Baugi와 딸 군로드Gunnlod에게 너희들이 어떻게 죽었는지 말해줘야지. 그러면 내 어머니와 아버지의 원수를 제대로 갚은 것에 다들 만족스러워할 거야."

바닷물이 차오르기 시작했다. 물이 난쟁이들의 발을 덮었고 머지 않아 배꼽까지 올라왔다. 곧 난쟁이들의 턱수염이 파도 거품 위로 떠오르자 그들의 눈에 공포의 빛이 서렸다.

"자비를 베풀어주십시오!" 그들이 외쳤다.

"너희들이 내 어머니와 아버지에게 베푼 그런 자비 말이냐?"

"당신 부모님의 죽음을 보상하겠습니다! 어떻게든 보상을 해드릴게요! 대가를 치르겠습니다."

"너희 난쟁이들이 내 부모님의 죽음을 보상할 수 있는 뭔가를 가지고 있다고는 생각되지 않는구나. 나는 부유한 거인이다. 산속에 있는 내 요새에 가면 수많은 하인들이 있고 생각할 수 있는 부란 부는 다 누리고 있지. 금도, 보석도 있고 칼을 천 개나 만들 수 있는 철도 있어. 난 강력한 마법의 대가이기도 하다. 내가 가지고 있지 않은 것 중에 너희가 줄 수 있는 게 뭐가 있지?"

난쟁이들은 아무 말도 하지 못했다. 파도는 계속해서 높아지고 있었다.

"우리에겐 꿀술이 있습니다. 시의 꿀술이요." 바닷물이 입술에 닿기 시작하자 갈라르가 다급하게 지껄였다.

"신들 가운데 가장 현명한 크바시르의 피로 만든 겁니다!" 피얄라르도 소리쳤다. "통 두 개와 주전자 하나에 가득 들어 있어요! 전 세계에서 우리 외에는 아무도 마셔보지 못한 겁니다."

주통은 머리를 긁적였다. "생각 좀 해봐야겠군. 곰곰이 생각해봐야 해. 사색이 필요한 문제야."

"제발 생각은 그만하세요. 생각하는 동안 빠져 죽겠어요!" 피얄라르가 포효하는 파도 너머에서 간절하게 외쳤다.

시인의 꿀술

조수가 계속 상승하고 있었다. 파도가 난쟁이들의 머리 위까지 철썩였고 그들은 어떻게든 공기를 삼키려고 애썼다. 거인 주퉁이 마침내 손을 뻗어 파도 속에 잠긴 피얄라르를 먼저 끌어올리고, 그 다음에 갈라르를 끌어올릴 때쯤에는 난쟁이들의 눈이 공포로 휘둥 그레져 있었다.

"시인의 꿀술 정도면 괜찮은 보상이 될 것 같군. 다른 것들도 몇 가지 덤으로 얹어준다면 적정한 대가가 될 텐데, 너희 난쟁이들에게는 분명히 덤으로 얹어줄 만한 게 있겠지. 그러면 너희 목숨을 살려주마."

주퉁은 아직 흠뻑 젖은 채로 묶여 있는 난쟁이들을 배 바닥에 던졌고, 그들은 수염이 난 한 쌍의 바닷가재처럼 불편하게 몸을 꼼지락거렸다. 주퉁은 다시 해변을 향해 노를 저었다.

주퉁은 난쟁이들이 크바시르의 피로 만든 꿀술을 받았다. 그리고 그들이 건네준 다른 물건들도 받아 챙겨서 그곳을 떠났다. 이런 것들을 다 고려해도 어쨌든 난쟁이들은 목숨을 건졌으니 행복한 결말인 셈이다.

피얄라르와 갈라르는 요새를 지나는 사람들에게 주퉁이 자기들을 얼마나 학대했는지 얘기했다. 다음번에 물건을 거래하러 장터에 갔을 때도 그 얘기를 했고, 까마귀들이 가까이 날아왔을 때도 이야기했다.

오딘이 아스가르드의 높은 옥좌에 앉아 있으면 까마귀 후긴과 무닌은 세계 곳곳을 돌아다니면서 보고 들은 이야기들을 오딘의 귀에 속삭여준다. 주퉁의 꿀술 이야기를 들은 오딘의 한쪽 눈이 번득 빛을 발했다.

이 이야기를 들은 사람들은 시의 꿀술을 '난쟁이들의 배'라고 불렀다. 바다에 빠져 죽을 뻔했던 피얄라르와 갈라르가 암초를 벗어나 안전하게 집으로 돌아올 수 있게 해줬기 때문이다. 또 주통의 꿀술이라고 하기도 하고, 오드레리르나 보든 또는 손의 액체라고 부르기도 했다.

오딘은 까마귀들이 들려주는 이야기에 귀를 기울였다. 그리고 망토와 모자를 가져오라고 시켰다. 그는 신들을 불러 그들의 능력으로 만들 수 있는 가장 커다란 나무통 세 개를 준비해 아스가르드 입구에서 기다리라고 한 다음, 이제 세상을 돌아다닐 예정인데 시간이 좀 걸릴지도 모르겠다고 말했다.

"두 가지 물건을 가져갈 예정이오." 오딘이 말했다. "칼날을 날카롭게 갈기 위한 숫돌이 필요한데, 여기 아주 훌륭한 숫돌을 준비했소. 그리고 라티Rai라는 나사송곳, 즉 천공기가 필요하오."

라티는 '천공기'라는 뜻인데, 이건 신들이 가지고 있는 가장 좋은 천공기였다. 아주 깊숙이까지 구멍을 뚫을 수 있고 아무리 단단한 바위라도 다 뚫을 수 있었다.

오딘은 숫돌을 허공에 던졌다가 다시 받아서 천공기와 함께 주머니에 집어넣고는 길을 떠났다.

"그가 뭘 하려는 건지 궁금한데." 토르가 말했다.

"크바시르라면 알았을 텐데. 그는 뭐든지 다 알았잖아." 프리그가 말을 받았다.

"크바시르는 죽었잖아." 로키가 말했다. "나는 최고신이 어딜 가는 건지, 왜 길을 떠나는지 전혀 신경 쓰이지 않아."

"최고신이 말한 나무통 만드는 거나 도우러 가야겠어." 토르가 말했다.

주퉁은 귀한 꿀술을 자기 딸 군로드에게 주면서 거인 나라의 심장부인 흐닛뵤르그Hnitbjorg라는 산속에 보관하고 잘 지키게 했다. 하지만 오딘은 그 산으로 바로 가지 않았다. 대신 주퉁의 동생 바우기가 소유한 농지로 향했다.

때는 봄날이었고 들판에는 베어서 건초를 만들어야 하는 풀이 높게 자라 있었다. 바우기에게는 자기처럼 거인인 노예가 아홉 명 있었는데, 그들은 작은 나무만큼이나 큰 거대한 낫으로 풀을 베고 있었다.

오딘은 그들이 일하는 모습을 바라봤다. 해가 하늘 꼭대기에 다다를 즈음, 그들이 식사를 하려고 일손을 멈추자, 오딘이 한가롭게 그들에게 다가가 이렇게 말했다. "당신들이 일하는 모습을 지켜봤소이다. 그런데 당신네 주인은 왜 그렇게 무딘 낫으로 풀을 베게 하는 거요?"

"우리 날은 무디지 않아요." 일꾼 한 명이 말했다.

"왜 그런 말을 하는 거요?" 다른 일꾼이 물었다. "우리가 쓰는 낫의 날은 다른 어떤 낫보다도 날카로운데."

"진짜 날카롭게 잘 갈린 날로 무엇을 할 수 있는지 보여주겠소." 오딘은 주머니에서 숫돌을 꺼내더니 거인들이 쓰는 낫을 하나씩 받아서 모든 날이 햇빛을 받아 눈부시게 반짝일 때까지 갈아줬다. 거인들은 그의 주위에 어색하게 둘러서서 오딘이 일하는 모습을 지켜봤다.

"자, 이제 한번 시험해보시오."

거인 노예들은 날을 새로 간 낫으로 초원의 풀을 슥슥 베어보더니 깜짝 놀라 기쁨의 환성을 질렀다. 날이 너무 날카로워서 힘을 전혀 들이지 않고도 풀이 베였다. 가장 굵은 잎자루를 자를 때도 아무런 저항이 느껴지지 않을 정도였다.

"정말 대단하군!" 그들이 오딘에게 말했다. "당신 숫돌을 우리한테 팔지 않겠소?"

"이걸 팔라고요? 절대 안 팔 겁니다. 그보다 좀 더 공정하고 재미있는 방법을 써봅시다. 모두 이리로 오시오. 다 함께 둘러서서 자기 낫을 꽉 쥐는 겁니다. 더 가까이 서봐요."

"더 가까이 서는 건 불가능해요." 거인 노예 한 명이 말했다. "낫이 너무 날카롭다고요."

"당신 참 똑똑하군요." 오딘은 그렇게 말하면서 숫돌을 높이 치켜들었다. "규칙은 이렇습니다. 이 숫돌을 잡는 사람이 혼자서 숫돌을 독차지하는 겁니다!" 그 말과 동시에 그는 숫돌을 공중으로 휙 던졌다.

공중에 떠올랐던 숫돌이 다시 바닥을 향해 떨어지는 순간, 아홉 명의 거인은 자기가 쥐고 있는 낫에는 주의를 기울이지 않은 채 빈손을 쭉 뻗으면서 숫돌을 향해 뛰어올랐다(모든 낫은 최고신이 직접 갈아 완벽하게 날카로운 상태였다).

그들이 뛰어올라 손을 뻗자 낫이 햇살에 번득였다.

햇빛 속에서 진홍색 피가 튀고 솟구치면서 노예들의 몸이 구겨지고 경련하더니 이윽고 한 명씩 갓 벤 풀 위로 쓰러졌다. 오딘은 거인들의 시신을 넘어 신들의 숫돌을 되찾아서는 다시 자기 주머니에 넣었다.

노예 아홉 명 모두 동료의 낫에 목이 베어 죽었다.

오딘은 주퉁의 동생 바우기의 집을 찾아가서 하룻밤만 묵게 해달라고 부탁했다. "전 볼베르크Bolverkr라고 합니다." 오딘이 말했다.

"볼베르크라, 음울한 이름이로군. '끔찍한 일을 하는 일꾼'이라는 뜻이잖아." 바우기가 말했다.

"제 적들에게만 그렇습니다. 제 친구들은 제가 하는 일의 진가를 알아줍니다. 전 일꾼 아홉 명분의 일을 할 수 있고, 지칠 줄 모르고 일하면서도 불평 한마디 하지 않거든요."

"오늘 밤 묵어도 좋다." 바우기가 한숨을 쉬며 말했다. "하지만 자네는 하필 아주 불운한 날을 택해서 이 집에 찾아왔어. 어제만 해도 난 많은 밭을 소유하고 있고 또 곡식을 키우고 추수하고 노동하고 집을 지을 아홉 명의 노예를 둔 부자였지. 그런데 오늘 밤의 나는 여전히 밭과 가축은 갖고 있지만 내 하인들은 모두 죽었다네. 서로서로 죽여버렸지. 왜 그랬는지는 모르겠지만."

"정말 불운한 날이로군요." 볼베르크로 변장한 오딘이 말했다. "다른 일꾼을 구할 수는 없습니까?"

"올해는 힘들어." 바우기가 한숨을 쉬었다. "벌써 봄이잖은가. 괜찮은 일꾼들은 이미 우리 형 주퉁을 위해 일하고 있기 때문에 여기로 와줄 사람이 충분치 않아. 우리 집에 와서 잠잘 곳과 환대를 청한 사람은 자네가 몇 년 만에 처음일세."

"그리고 제가 그랬다는 게 당신께는 행운이겠군요. 왜냐하면 전 아홉 명분의 일을 할 수 있으니까요."

"자네는 거인이 아니잖나." 바우기가 말했다. "자넨 새우만큼이나 작아. 그런 자네가 아홉 명은 고사하고 하인 한 명 몫의 일이라도 해낼 수 있을까?"

"제가 당신 일꾼 아홉 명분의 일을 하지 못한다면, 제게 품삯을 한 푼도 안 주서도 됩니다. 하지만 만약 제가 해낸다면……."

"해낸다면?"

"멀리 떨어진 곳에 사는 사람들도 당신 형 주퉁이 가진 특별한 꿀술에 대한 이야기를 들었습니다. 그걸 마시는 사람은 누구나 시인의 재능을 얻을 수 있다고 하더군요."

"그건 사실이네. 우리가 젊었을 때 주퉁은 절대 시인이 아니었거든. 내가 우리 가족의 시인이었지. 그런데 난쟁이들의 꿀술을 갖고 온 뒤부터 형은 시인이자 몽상가가 되었다네."

"제가 당신을 위해 일하면서 당신을 위해 곡식을 키우고 집을 짓고 추수를 한다면, 그리고 죽은 하인들이 하던 일을 모두 해낸다면, 당신 형 주퉁의 꿀술을 맛보고 싶습니다."

"하지만……" 바우기가 이마를 찌푸렸다. "그건 내가 줄 수 있는 게 아냐. 그건 주퉁 거라고."

"안됐군요. 그렇다면 부디 올해 추수를 할 수 있도록 행운이 깃들길 빌겠습니다."

"잠깐만! 그건 내 게 아니라고. 하지만 자네가 말한 대로 일을 해낼 수 있다면, 자네와 함께 우리 형 주퉁을 만나러 가겠네. 그리고 자네가 그의 꿀술을 맛볼 수 있게 최선을 다해 도와주겠어."

"그럼 약속한 겁니다." 볼베르크가 말했다.

볼베르크보다 더 열심히 일하는 일꾼은 없었다. 그는 일꾼 아홉 명이 아니라 스무 명보다 더 열심히 경지를 갈았다. 혼자서 가축들을 돌보고, 혼자서 곡식을 추수했다. 그가 열심히 농사를 짓자, 땅이 그에게 천 배로 갚아주었다.

겨울의 첫 번째 안개가 산에서 내려오자 바우기가 말했다. "볼베르크, 자네는 이름을 잘못 지은 게 분명해. 이렇게 남에게 도움이 되는 일만 하니까 말이야."

"제가 일꾼 아홉 명분의 일을 해냈습니까?"

"해냈지. 그리고 거기에 아홉 명분의 일을 더 했고."

"그렇다면 제가 주퉁의 꿀술을 맛볼 수 있게 도와주시겠습니까?"

"도와주고말고!"

다음 날 아침, 그들은 새벽같이 일어나서 걷고 걷고 또 걸은 끝에 저녁 무렵 바우기의 영지를 벗어나 산맥 가장자리에 있는 주퉁의 영지에 다다랐다. 그리고 해거름에 주퉁의 거대한 저택에 도착했다.

"안녕하세요, 주퉁 형님." 바우기가 말했다. "이쪽은 여름 동안 저를 위해 일해준 일꾼이자 제 친구인 볼베르크입니다." 그리고 주퉁에게 볼베르크와 한 약속에 대해 말하고는 이렇게 결론 내렸다. "그래서 그가 시의 꿀술을 맛볼 수 있게 해달라고 형님께 부탁드려야 하는 상황입니다."

주퉁의 눈은 얼음 조각 같았다. "안 돼." 그는 딱 잘라 거절했다.

"안 되나요?" 바우기가 말했다.

"안 돼. 그 꿀술은 한 방울도 못 준다. 난 술을 보든과 손이라는 통과 오드레리르라는 주전자에 안전하게 보관해뒀어. 그 통들은 흐닛뵤르그 산속 깊숙한 곳에 있는데, 내 명령이 있어야만 열 수 있지. 내 딸 군로드가 지키고 있다. 네 하인은 절대 술맛을 볼 수 없어. 너도 마찬가지고."

"하지만 그건 우리 부모님의 죽음의 대가로 받은 피의 보상이지 않습니까. 그러니 여기 있는 볼베르크에게 제가 정직한 거인이라는 걸 증명하기 위해 아주 약간이라도 얻을 자격이 있지 않을까요?"

"아니, 네게는 자격이 없어."

그들은 주통의 집을 떠났다.

바우기는 암담한 기분이었다. 그는 어깨를 잔뜩 구부리고 입술은 축 늘어뜨린 채 터덜터덜 걸어갔다. 그리고 몇 걸음마다 한 번씩 볼베르크에게 사과했다. "우리 형이 이렇게 부당하게 굴 줄은 몰랐네."

"그의 처사는 정말 부당합니다." 볼베르크로 변장한 오딘이 말했다. "하지만 앞으로는 그가 그렇게 고귀하고 힘센 척하지 못하도록 당신과 제가 그를 약간 속일 수도 있을 것 같군요. 그러면 다음부터는 동생 말에도 귀를 기울이겠죠."

"그것도 가능한 일이지." 거인 바우기는 그렇게 말하면서 아까보다 조금 똑바로 몸을 일으켰다. 축 처졌던 그의 입가도 어느새 팽팽해져서 미소와 비슷한 표정을 짓고 있었다. "우리가 어떻게 하면 되겠나?"

"먼저 저 높고 거대한 흐닛뵤르그 산에 올라가야 합니다."

그들은 함께 흐닛보르그 산에 올라갔다. 거인이 앞장서고 그에 비하면 인형 크기에 가까운 볼베르크가 뒤를 따랐는데, 체구는 작아도 절대 거인에게 뒤처지는 법이 없었다. 그들은 산꼭대기 높은 곳에 이를 때까지 산양과 염소가 만들어놓은 좁은 길을 기어오르고 바위를 타넘었다. 지난겨울부터 녹지 않은 얼음 위로 첫눈이 내려 쌓여 있었다. 그들은 산을 휘감아 도는 휘파람 같은 바람 소리, 저 아래 쪽에서 우짖는 새소리를 들었다.

그리고 그들의 귀에는 또 다른 소리도 들렸다.

그건 인간의 목소리와 비슷한 소리였다. 산의 바위에서 들려오는 듯했지만, 마치 산 자체의 내부에서 들리는 소리처럼 계속 멀리서 들렸다.

"이 소리는 뭐죠?" 볼베르크가 물었다.

바우기는 눈살을 찌푸렸다. "내 조카딸 군로드가 노래 부르는 소리 같은데."

"그러면 여기에서 멈춰야겠네요."

볼베르크는 자기 가죽 주머니에서 라티라는 천공기를 꺼내 바우기에게 건넸다. "이거 받으세요, 당신은 거인이라 덩치도 크고 힘도 강합니다. 그러니 이 천공기를 이용해 산 옆쪽에 구멍을 뚫어주시겠습니까?"

바우기는 천공기를 받아 들었다. 그리고 산등성이에 대고 비틀기 시작했다. 천공기 끝부분이 부드러운 코르크를 뚫는 나사처럼 손쉽게 산 안쪽으로 파고 들어갔다. 바우기는 계속해서 천공기를 돌리고 또 돌렸다.

"됐어." 바우기가 천공기를 빼내며 말했다.

볼베르크는 천공기로 뚫은 구멍 쪽으로 몸을 구부리고 구멍 안으로 숨을 불어넣었다. 바위 가루와 먼지가 그에게 다시 날아왔다. "방금 두 가지 사실을 알았습니다." 볼베르크가 말했다.

"그게 뭔데?"

"우리가 아직 산을 관통하는 구멍을 뚫지 못했다는 겁니다. 그러니 천공기 작업을 좀 더 계속해야 합니다."

"그건 한 가지 사실이잖아." 바우기가 말했다. 하지만 볼베르크는 얼음같이 찬 바람이 그들의 온몸을 할퀴고 움켜잡는 그 높은 산등성이에서 더 이상 아무 말도 하려고 하지 않았다.

바우기는 라티라는 천공기를 다시 구멍에 집어넣고 다시 한 번 돌리기 시작했다.

바우기가 구멍에서 다시 천공기를 꺼냈을 때는 날이 어두워지고 있었다.

"산 내부까지 구멍이 뚫렸어." 바우기가 말했다.

볼베르크는 아무 말도 하지 않았지만, 그가 구멍에 부드럽게 숨을 불어넣자 이번에는 바위 조각이 안쪽으로 날아가는 게 보였다.

그는 구멍에 숨을 불어넣고 있는 동안 뭔가가 자기 뒤쪽으로 다가오는 걸 느꼈다. 볼베르크는 얼른 변신을 시도했다. 그가 뱀으로 변신한 순간, 조금 전까지 그의 머리가 있던 자리에 날카로운 천공기가 박혔다.

"당신이 나한테 거짓말을 했을 때 알게 된 두 번째 사실은," 뱀은 천공기를 무기처럼 들고 깜짝 놀란 얼굴로 서 있는 바우기에게 쉭

시인의 꿀술

쉭거리는 소리로 말했다. "당신이 날 배신할 거라는 거지." 뱀이 꼬리를 가볍게 튀기면서 산비탈의 구멍 안으로 사라졌다.

바우기는 천공기로 다시 바위를 내리쳤지만 뱀은 이미 사라진 뒤였다. 그는 화를 내며 천공기를 내던졌다. 천공기가 아래쪽 바위에 떨어져 부딪히는 소리가 들렸다. 바우기는 잠시, 형의 저택으로 가서 자신이 강력한 마법사를 흐닛뵤르그 산에 데려가고 심지어 산 안쪽으로 들어가도록 도와줬다는 사실을 털어놓을까 생각했다. 그리고 주퉁이 이 소식에 어떤 반응을 보일지 상상해봤다. 바우기의 어깨가 축 처지고 입술도 아래로 늘어졌다. 그는 산을 내려가 자신의 난로와 홀이 있는 집으로 터덜터덜 걸어갔다. 앞으로 형의 신변이나 형의 소중한 꿀술에 무슨 일이 생기건, 자기와는 상관없는 일이라 스스로 세뇌하며.

볼베르크는 뱀의 모습으로 산에 뚫린 구멍 안으로 미끄러져 들어가 구멍이 끝날 때까지 기어갔다. 그 길의 끝에는 커다란 동굴이 있었다.

동굴은 수정의 차가운 빛으로 환하게 밝혀져 있었다. 오딘은 뱀의 형상이던 자기 모습을 다시 인간의 형상으로 바꿨는데, 이번에는 그냥 인간이 아니라 체격이 거인만 하고 잘생긴 덩치 큰 인간으로 변신했다. 그리고 노랫소리를 따라 앞으로 걸어갔다.

주퉁의 딸 군로드는 동굴 안에 있는 잠긴 문 앞에 서 있었는데, 그 문 뒤에는 손과 보든이라는 통과 오드레리르라는 주전자가 보관되어 있었다. 군로드는 손에 날카로운 칼을 쥐고 서서 혼자 노래를 불렀다.

"반갑습니다, 용감한 아가씨!" 오딘이 말했다.

군로드가 그를 노려봤다. "난 당신이 누군지 모르는데요. 당신 이름을 대세요, 낯선 자여. 그리고 내가 왜 당신을 살려줘야 하는지도 말해요. 난 이곳을 지키는 군로드라고 합니다."

"난 볼베르크입니다. 그리고 감히 이곳까지 들어왔으니 죽어 마땅한 놈이죠. 하지만 제발 잠시만 손을 멈추고 내가 당신을 볼 수 있게 해주세요."

"내 아버지 주퉁이 시의 꿀술을 보호하기 위해 이곳을 지키게 했어요."

볼베르크는 어깨를 으쓱였다. "왜 내가 시의 꿀술 같은 것에 관심을 가진단 말입니까. 내가 이곳을 찾은 이유는 주퉁의 딸 군로드의 아름다움과 용기와 미덕에 대한 소문을 들었기 때문이에요. 그 말을 듣고는 이렇게 말했죠. '그녀가 자기 얼굴을 볼 수 있게 해준다면, 도전해볼 만한 가치가 있어. 만약 그녀가 사람들이 말하는 것처럼 아름답다면 말이야' 하고요."

군로드는 자기 앞에 서 있는 잘생긴 거인을 응시했다. "당신의 도전이 가치 있는 도전이었나요, 곧 죽게 될 볼베르크 씨?"

"가치 있다뿐이겠습니까. 당신은 내가 지금껏 들은 그 어떤 이야기보다 아름답고, 그 어떤 시인이 지은 노래보다도 아름다워요. 산봉우리보다 아름답고, 빙하보다 아름답고, 새벽에 갓 내린 눈이 쌓인 들판보다 아름답군요."

군로드는 고개를 숙였다. 그녀의 뺨이 붉어져 있었다.

"당신 옆에 앉아도 될까요?" 볼베르크가 물었다.

군로드는 아무 말 없이 고개만 끄덕였다.

그녀는 산속에 먹을 것과 마실 것을 보관해뒀기 때문에, 그들은 그것을 같이 먹고 마셨다.

음식을 다 먹은 뒤에는 어둠 속에서 부드럽게 입을 맞췄다.

입술을 뗀 볼베르크가 슬픈 목소리로 말했다. "손이라는 통에 들어 있는 꿀술을 한 모금만 맛볼 수 있다면 정말 좋겠어요. 그러면 당신의 눈을 찬양하는 진짜 노래를 만들 수 있을 텐데 말이에요. 그렇게 되면 누구든 아름다움에 대해 노래하고 싶을 때 그 노래를 부르면 될 것 아니겠어요."

"딱 한 모금만요?" 그녀가 물었다.

"아무도 알아차리지 못할 정도로 조금이면 돼요. 하지만 서두를 필요는 없어요. 그것보다 당신이 더 중요하니까. 당신이 나에게 얼마나 소중한 존재인지 보여주겠어요."

그러고는 그녀를 자기 쪽으로 당겼다.

그들은 어둠 속에서 사랑을 나눴다. 일을 마치고 한데 뒤엉켜서 벌거벗은 피부로 상대의 피부를 느끼고 애정이 담긴 말들을 속삭이던 중에 갑자기 볼베르크가 슬픈 한숨을 내쉬었다.

"무슨 문제 있나요?" 군로드가 물었다.

"당신의 입술에 대해 노래할 수 있는 능력이 있다면 얼마나 좋을까 해서요. 얼마나 부드러운지, 다른 여자들의 입술보다 얼마나 더 근사한지 말이에요. 아주 훌륭한 노래가 될 거라고 생각해요."

"그거 정말 안타까운 일이군요." 군로드도 동의했다. "내 입술이 아주 매력적이긴 하죠. 그게 내 외모에서 가장 훌륭한 부분이란 생각도 자주 해요."

"그럴지도 모르죠. 하지만 당신에게는 완벽한 부분이 너무 많아서 최고를 고르기가 너무 어려워요. 보든이라는 통에 담긴 술을 아주 조금만 마실 수 있다면 시적 영감이 내 영혼에 스며들어서 당신 입술에 대한 시, 늑대가 해를 먹어치울 때까지 사람들이 계속 낭송할 만한 시를 지을 수 있을 텐데 말이에요."

"아주 조금만 마셔야 해요. 왜냐하면 내가 이 산속 요새에 침입한 잘생긴 이방인들에게 꿀술을 다 나눠줬다고 아버지가 생각하면 정말 화내실 테니까 말이에요."

그들은 손을 잡고 동굴 안을 걸어 다니다가 가끔씩 입을 맞추기도 했다. 군로드는 볼베르크에게 산 안쪽에서 열 수 있는 문과 창문을 보여주면서 주둥이 이곳을 통해 그녀에게 먹을 것과 마실 것을 전해준다고 말했지만, 볼베르크는 전혀 관심을 보이지 않는 듯했다. 그는 군로드와 그녀의 눈과 입술과 손가락과 머리카락이 아닌 다른 것에는 전혀 관심이 없다고 했다. 군로드는 웃으면서 그가 하는 그럴듯한 말들은 전혀 진심이 아니며 자기와 다시 사랑을 나누고 싶어서 견딜 수 없는 게 분명하다고 말했다.

그는 자기 입술로 그녀의 입술을 막아 조용히 시켰고, 둘은 또다시 사랑을 나눴다.

둘 다 완벽한 만족을 느낀 뒤에, 볼베르크가 어둠 속에서 울기 시작했다.

"왜 그래요, 내 사랑?" 군로드가 물었다.

"날 죽여요." 볼베르크가 흐느껴 울면서 말했다. "당장 죽여요! 난 당신의 머리카락과 피부와 목소리와 손가락 감촉의 완벽함에 대한 시를 영영 짓지 못할 테니까요. 당신의 아름다움을 묘사한다는 건 나로선 불가능한 일이에요."

"그런 시를 짓는다는 건 절대 쉬운 일이 아닐 거라고 생각해요. 하지만 불가능하다고 생각하진 않아요."

"어쩌면……."

"네?"

"어쩌면 오드레리르 주전자에 든 술을 아주 조금만 마시면 후대를 위해 당신의 아름다움을 묘사할 수 있는 서정적인 능력이 생길지도 모르죠." 그가 이런 제안을 하는 사이에 흐느낌도 점점 멎어들었다.

"네, 어쩌면 그럴지도 몰라요. 하지만 아주 아주 조금만 마셔야 해요……."

"나한테 주전자를 보여줘요. 그러면 내가 얼마나 조금만 마실지 보여줄게요."

군로드는 잠겨 있던 문을 열었고, 곧 그녀와 볼베르크는 주전자와 두 개의 통을 마주하게 되었다. 시의 꿀술 냄새가 공기 중에 진하게 감돌고 있었다.

"아주 조금만 마셔야 해요." 군로드가 말했다. "대대로 전해질 나에 대한 시 세 편을 지을 수 있을 정도로만요."

"물론이죠, 내 사랑." 볼베르크는 어둠 속에서 씩 웃었다. 만약 군로드가 이 순간 그의 표정을 봤다면 뭔가 잘못됐다는 걸 깨달았을 것이다.

그는 단 한 모금 만에 오드레리르 주전자에 들어 있던 술을 전부 마셔버렸다.

두 번째 모금으로는 보든이라는 통을 바닥냈다.

세 번째 모금을 마시자 손이라는 통이 텅 비었다.

군로드는 바보가 아니었다. 그녀는 배신당했다는 걸 깨닫고 볼베르크를 공격했다. 오딘은 물론 강하고 빨랐지만 그 자리에 계속 머물면서 맞서 싸우려고 하지 않았다. 그는 당장 달아났다. 그리고 밖에서 문을 닫아걸어 군로드를 창고 안에 가둬버렸다.

그는 눈 깜박할 사이에 거대한 독수리로 변신했다. 오딘이 날개를 퍼덕이면서 꽥 하는 소리를 내자 산의 문이 열렸고, 그는 곧장 하늘로 날아올랐다.

군로드의 비명이 여명을 갈랐다.

그 순간, 집에서 자고 있던 주퉁이 잠에서 깨 밖으로 달려 나갔다. 위를 올려다보자 날아가는 독수리가 눈에 들어왔고, 그는 무슨 일이 벌어졌는지 단번에 알아차렸다. 주퉁도 독수리로 변신했다.

독수리 두 마리는 땅에서 멀리 떨어진 공중을 날았기 때문에 마치 하늘에 찍힌 아주 작은 점처럼 보였다. 나는 속도도 엄청나게 빨라서 그들이 날아가는 곳에서는 허리케인이 포효하는 듯한 소리가 들렸다.

"때가 됐다." 아스가르드에 있던 토르가 말했다.

그는 거대한 나무통 세 개를 들판으로 끌고 나왔다.

아스가르드의 신들은 독수리 두 마리가 괴성을 지르면서 하늘을 날아 자기들 쪽으로 다가오는 모습을 보았다. 아직 성패를 가름할 수 없는 상황이었다. 주퉁도 빠르게 날면서 오딘의 뒤를 바싹 따르고 있었기 때문에, 그들이 아스가르드에 도착할 무렵에는 주퉁의 부리가 거의 오딘의 꼬리 깃에 닿을 정도였다.

오딘은 저택에 가까이 다가가면서 술을 뱉어내기 시작했다. 어미 새가 새끼들을 위해 먹이를 가져다주는 것처럼 그의 부리에서 꿀술이 분수처럼 뿜어져 나와 차례대로 통 속으로 들어갔다.

그날 이후 우리는 언어로 마법을 부리는 사람들, 즉 시와 전설을 만들고 이야기를 자아낼 수 있는 사람은 시의 꿀술을 맛본 것임을 알게 되었다. 그래서 훌륭한 시를 들으면 그들이 오딘의 선물을 맛봤다고들 말한다.

보라, 이것이 시의 꿀술과 그것이 세상에 전해지게 된 방법에 관한 이야기다. 불명예스러운 행동과 속임수, 살인과 사기가 가득한 이야기. 하지만 이게 전부가 아니다. 말해줄 이야기가 하나 더 있는데, 비위가 약한 사람은 다음 이야기로 건너뛰기 바란다.

독수리의 모습을 한 최고신이 통에 거의 다다랐을 때, 주퉁은 그의 바로 뒤까지 따라와 있었다. 오딘은 꿀술 일부를 엉덩이로 내보내 고약한 냄새가 나는 꿀술 물방귀를 주퉁의 얼굴에 뿜어냈다. 그로 인해 거인의 눈이 보이지 않게 되어 더 이상 오딘의 뒤를 쫓지 못했다.

그때나 지금이나 오딘의 엉덩이에서 나온 꿀술을 마시고 싶은 사람은 없을 것이다. 하지만 엉터리 시인이 바보 같은 직유와 이상한 각운으로 가득한 형편없는 시를 읊는 걸 들을 때면, 그가 어떤 꿀술을 마셨는지 알 수 있을 것이다.

토르의 거인 나라 여행

THOR'S JOURNEY
TO THE LAND OF
THE GIANTS

I

티알피Thialfi와 그의 누이동생 로스크바Roskva는 아버지 에길Egil과 어머니와 함께 황무지 가장자리에 있는 농장에서 살았다. 그들의 농장 너머에는 괴물과 거인, 늑대 들이 살았기 때문에 티알피는 곤경에 처했다가 그 상황을 모면하기 위해 달아나야 했던 적이 많았다. 그는 누구보다, 그 무엇보다 빨리 달릴 수 있었다. 황무지 가장자리에 사는 티알피와 로스크바는 자기네 세상에서 벌어지는 기적과 이상한 일들에 익숙했다.

그러나 아스가르드에서 온 두 명의 방문객, 로키와 토르가 스나를러와 그라인더라는 거대한 염소 두 마리가 끄는 전차를 타고 그들의 농장에 도착한 날만큼 이상했던 적은 없었다. 신들은 하룻밤 묵을 곳과 먹을 것을 원했다. 그들은 체구가 거대하고 힘도 매우 셌다.

"저희 집에는 댁 같은 분들을 대접할 만한 음식이 없습니다."로스크바가 사과하는 투로 말했다. "채소만 조금 있을 뿐이고, 이번 겨울이 워낙 혹독했기 때문에 닭조차 한 마리도 남아 있질 않네요."

토르는 앓는 소리를 내더니 칼을 꺼내 자기 염소들을 죽였다. 그리고 죽은 염소들의 껍질을 벗겼다. 그가 염소를 커다란 스튜 냄비에 넣고 그 냄비를 불 위에 거는 동안, 로스크바와 그녀의 어머니는 겨울을 나려고 저장해둔 채소를 잘게 썰어 스튜 냄비에 넣었다.

로키는 티알피를 한쪽으로 데려갔다. 소년은 로키의 녹색 눈동자, 흉터가 있는 입술, 미소 등에 겁을 먹었다. 로키가 말했다. "너도 알다시피 이 염소들의 골수는 젊은이가 먹을 수 있는 가장 훌륭한 음식이야. 토르가 늘 자기 혼자서만 먹으려고 하니 참 유감스러운 일이지. 너도 토르처럼 몸집이 커지고 힘이 강해지고 싶다면, 염소의 골수를 먹어야만 해."

요리가 완성되자 토르는 염소 한 마리를 자기 혼자 독차지하고, 다른 염소 한 마리를 다른 다섯 명의 몫으로 남겨줬다.

그는 땅에 염소 가죽을 깔아놓고는, 고기를 먹으면서 뼈를 발라내 그 염소 가죽 위에 던졌다.

"먹고 남은 뼈를 다른 염소 가죽 위에 던지시오." 토르가 사람들에게 말했다. "그리고 뼈를 부러뜨리거나 씹으면 안 되오. 그냥 고기만 먹어요."

누가 음식을 가장 빨리 먹었을까? 다들 로키가 걸신들린 듯 음식을 먹어 치우는 모습을 봤어야 한다. 음식이 그의 앞에 막 놓였는가 싶었는데, 다음 순간에는 벌써 손등으로 입술을 닦고 있었다.

다른 이들은 그보다 천천히 먹었다. 티알피는 로키가 자기에게 했던 말을 잊을 수가 없었다. 그래서 토르가 화장실에 가려고 자리를 비운 사이, 자기 칼을 꺼내 염소의 다리 뼈 하나를 쪼개 그 안에 든 골수를 먹었다. 그리고는 부러진 뼈를 염소 가죽 위에 놓고 손상

되지 않은 뼈로 덮어 가렸다.

그날 밤에는 다 함께 거대한 홀에서 잤다.

아침이 되자, 토르는 뼈를 염소 가죽으로 덮고는 묠니르를 꺼내 높이 쳐들며, "스나를러, 원래대로 되어라"라고 말했다. 그 순간 번개가 치면서 스나를러가 기지개를 켜고 나타나 매애 하고 울더니 풀을 뜯기 시작했다. 토르는 다시 "그라인더야, 원래대로 되어라"라고 말했다. 그라인더도 스나를러와 똑같이 움직였다. 그런데 어딘가 움직임이 어색했다. 자리에서 일어날 때 비틀거리더니 스나를러를 향해 어색한 걸음걸이로 절름거리며 걸어갔고, 고통을 느끼는 것처럼 높은 소리로 매애 하고 울었다.

"그라인더의 뒷다리가 부러졌군." 토르가 말했다. "나무와 헝겊을 가져와."

그는 염소 다리에 댈 부목을 만들어 붕대로 감아준 뒤 농부의 가족들을 바라봤다. 티알피는 토르의 불타는 듯한 붉은 눈보다 더 무서운 건 지금까지 본 적이 없다고 생각했다. 토르의 주먹이 그의 망치 자루를 감싸고 있었다.

"누군가가 염소 뼈를 부러뜨렸다." 그가 천둥 같은 목소리로 말했다. "난 네놈들에게 먹을 걸 줬다. 그리고 딱 한 가지만 부탁했는데 네놈들은 날 배신했어."

"제가 그랬습니다." 티알피가 말했다. "제가 뼈를 부러뜨렸어요."

로키는 진지한 표정을 지으려고 애썼지만, 그의 입꼬리에 걸린 미소는 숨기지 못했다. 그건 물론 사람을 안심시키는 미소는 아니었다.

토르는 망치를 들어 올렸다. "이 농장을 전부 부서버려야겠군."

에길이 겁먹은 표정을 지었고 그의 아내는 울기 시작했다.

토르가 다시 말했다. "이곳을 완전히 돌무더기로 만들어버리면 안 되는 이유를 말해봐라."

에길이 입도 벙긋 못하자 티알피가 일어서서 말했다. "제 아버지는 이 일과 아무 관련도 없습니다. 제가 무슨 짓을 저질렀는지 전혀 모르셨어요. 아버지 말고 저를 벌하십시오. 절 보세요, 전 정말 빨리 달릴 수 있습니다. 새로운 것도 금방 배우고요. 저희 부모님을 벌하지 않고 그냥 놔둬주시면 제가 평생 동안 당신의 종이 되겠습니다."

그의 누이동생 로스크바도 일어섰다. "저를 두고 오빠만 갈 수는 없어요. 오빠를 데려가시려면 저희 둘 다 데려가주세요."

토르는 잠시 생각에 잠겼다가 말했다. "좋다. 우선 그라인더의 다리가 낫는 동안 로스크바 너는 이곳에 머물면서 스나를러와 그라인더를 돌봐라. 내가 돌아오면 너희 셋을 다 데리고 가겠다." 그러고는 티알피를 향해 돌아섰다. "그리고 넌 나와 로키와 함께 가자. 우린 우트가르드로 갈 거다."

II

이 농장 너머의 땅은 황야였는데, 토르와 로키와 티알피는 거인들의 고향인 요툰헤임과 바다를 향해 동쪽으로 나아갔다.

동쪽으로 멀리 갈수록 날씨는 점점 더 추워졌다. 살을 에는 듯한 바람이 불어와 그들의 온기를 전부 앗아갔다. 그들은 해가 지기 직전, 아직 주위를 둘러볼 수 있는 빛이 남아 있을 때 그날 밤에 묵을 만한 장소를 찾았다. 토르와 티알피는 괜찮은 데를 한곳도 발견하지 못했다.

로키는 가장 멀리까지 정탐을 하러 갔다가 어리둥절해하는 표정으로 돌아왔다. "저쪽에 이상한 집이 한 채 있군." 그가 말했다.

"이상하다니, 어떻게 이상한데?" 토르가 물었다.

"그냥 거대한 방 하나짜리 집이야. 창문도 없고, 출입구가 거대하긴 한데 문짝은 달려 있지 않아. 마치 커다란 동굴 같아."

차가운 바람이 그들의 손가락 감각을 없애고 뺨을 얼얼하게 만들었다.

"한번 확인해보자." 토르가 말했다. 그 집의 넓은 방은 꽤 깊숙한 곳까지 뻗어 있었다. "저 뒤에 짐승이나 괴물이 있을 수도 있어. 그러니까 입구 부근에 머물자."

그들은 그렇게 했다. 로키가 설명한 것처럼 커다란 홀이 하나만 있는 거대한 건물이었는데, 한쪽에 길쭉한 방이 딸려 있었다. 그들은 입구 근처에 불을 피우고 거기에서 한 시간쯤 눈을 붙였는데, 어떤 소리가 들리는 바람에 다들 잠을 깼다.

"무슨 소리죠?" 티알피가 물었다.

"지진인가?" 토르가 말했다.

땅이 흔들렸다. 뭔가가 포효하고 있었다. 화산이 폭발했거나, 산사태가 일어나 커다란 바위들이 굴러 떨어지고 있거나, 성난 곰 백 마리가 날뛰고 있는 것인지도 몰랐다.

"그런 것 같진 않은데." 로키가 말했다. "옆방으로 자리를 옮기자. 안전을 위해서 말이야."

로키와 티알피는 옆방에서 잠이 들었지만, 뭔가가 쓰러지거나 포효하는 듯한 소리는 동틀 무렵까지 계속 이어졌다. 토르는 밤새 이집의 문가에 자리를 잡고 앉아 망치를 꼭 쥐고 있었다. 밤이 이울어감에 따라 점점 더 초조해진 그는 땅을 울리고 흔드는 게 무엇인지 알아보고 그걸 공격하고 싶은 마음뿐이었다. 토르는 하늘이 밝아지기 시작하자마자 동료들을 깨우지 않고 소리의 근원을 찾아 혼자 숲속으로 걸어 들어갔다.

그는 근원지에 가까이 다가갈수록 다양한 소리들이 차례로 나고 있다는 걸 깨달았다. 처음에는 땅을 울리는 포효, 그다음에는 콧노래를 부르는 듯한 소리, 그리고 좀 더 부드러운 휘파람 소리가 그 뒤를 이었는데, 그 소리들은 너무 크고 날카로워서 들을 때마다 토르의 머리와 이를 아프게 할 정도였다.

토르는 언덕 꼭대기에 올라 자기 발밑에 펼쳐진 세상을 내려다봤다.

아래쪽 계곡에는 토르가 지금까지 본 중에서 가장 덩치가 큰 자가 드러누워 있었다. 그의 머리카락과 수염은 숯보다 더 진한 검은색이었고, 피부는 눈 덮인 들판만큼 하얬다. 거인의 눈은 감겨 있었고 규칙적으로 코를 골고 있었다. 그게 바로 토르가 지금까지 들었던 우르르 울리는 소리와 콧노래 소리, 휘파람 소리의 정체였던 것이다. 거인이 코를 골 때마다 땅이 흔들렸다. 토르의 일행이 그날 밤에 느낀 흔들림도 거인의 코골이 때문이었던 것이다. 이 거인의 덩치가 어찌나 큰지 그에 비하면 토르는 딱정벌레나 개미 정도에 불과할 정도였다.

토르는 메긴교르드에 손을 뻗어 단단히 졸라매 자신의 힘을 두 배로 증가시켰다. 이제 세상에서 가장 덩치 큰 거인과도 맞붙어 싸울 수 있을 만큼 힘이 강해졌다.

토르가 지켜보는 동안 거인이 눈을 떴다. 날카롭고 차가운 파란색 눈동자가 보였다. 하지만 거인은 즉각적으로 위협을 가할 것처럼 보이지는 않았다.

"안녕." 토르가 말했다.

"좋은 아침이군!" 머리털이 검은 거인이 산사태처럼 우렁우렁한 목소리로 대답했다. "사람들은 날 스크리미르Skrymir라고 부르지. '덩치 큰 녀석'이란 뜻이야. 내 친구들은 빈정대는 걸 좋아해서 나처럼 작고 왜소한 놈도 '커다란 녀석'이라고 부르는데, 넌 정말 작군. 그런데 내 장갑은 어디 있지? 어젯밤에는 두 짝이 다 있었는데 한 짝을 떨어뜨렸어." 그는 양손을 들어 보였다. 그의 오른손에는 거대한 벙어리장갑 같은 가죽 장갑이 끼워져 있었지만 왼손은 맨손이었다. "아, 저기 있군."

그는 토르가 올라온 언덕 건너편으로 손을 뻗어 다른 쪽 장갑임이 분명해 보이는 뭔가를 집어 들었다. "이상하군. 안에 뭐가 있어." 거인은 그렇게 말하면서 장갑을 흔들었다. 토르는 티알피와 로키가 장갑 입구에서 굴러 떨어져 아래의 눈밭에 떨어지는 걸 보고는 그게 어젯밤 자기들이 숙소로 삼았던 곳임을 깨달았다.

토르의 거인 나라 여행

스크리미르는 자기 왼쪽 장갑을 끼고 장갑 낀 손을 만족스럽게 바라봤다. "우리가 함께 여행할 수도 있겠군. 자네들만 좋다면."

토르는 로키를 쳐다봤고 로키는 토르를 쳐다봤다. 그리고 두 사람이 젊은 티알피를 쳐다보자 티알피는 어깨를 으쓱했다. "저도 따라갈 수 있습니다."

"아주 좋아." 토르가 소리쳤다.

그들은 거인과 함께 아침을 먹었다. 거인은 자기 식량 주머니에서 소와 양을 꺼내 통째로 으드득으드득 씹어 먹었고, 다른 세 동료들은 식량을 좀 더 아껴가며 먹었다.

식사가 끝나자 스크리미르가 말했다. "자, 자네들 식량을 내 주머니에 넣어서 들고 가겠네. 자네들이 갖고 온 식량이 나보다 적으니까, 오늘밤 야영할 때 식량을 합쳐서 같이 먹을 수 있을 거야."

거인은 토르 일행의 식량을 자기 주머니에 넣은 다음 끈을 묶고 동쪽을 향해 걷기 시작했다. 토르와 로키는 지칠 줄 모르는 신들의 속도로 거인의 뒤를 따라갔다. 티알피는 그 어떤 인간보다 빠른 속도로 달렸지만, 시간이 지남에 따라 다른 이들을 따라가기가 벅차다는 걸 깨달았다. 때때로 거인은 머리가 구름 속으로 들어간 탓에 멀리 있는 또 하나의 산처럼 보이기도 했다.

그들은 저녁나절이 되어서야 스크리미르를 따라잡을 수 있었다. 거인은 커다란 늙은 떡갈나무 아래에 그들을 위한 야영 장소를 찾아두고, 자기는 근처에 있는 거대한 바위에 머리를 누이고 편안하게 자리를 잡았다.

"난 배가 안 고파." 거인이 말했다. "내 걱정은 하지 마. 난 원래 일찍 자니까. 나무에 기대 세워놓은 내 주머니에 너희들 식량이 들어 있으니까 꺼내 먹어. 그럼 잘 자."

말을 마친 거인은 코를 골기 시작했다.

익숙한 우르릉 소리와 휘파람 소리가 나무들을 뒤흔드는 동안, 티알피는 거인의 식량 주머니를 타고 올라갔다. 그리고 아래에 있는 토르와 로키에게 외쳤다. "끈을 풀 수가 없어요. 제가 풀기에는 너무 힘드네요. 아마 철로 만든 끈인가 봐요."

"난 철도 구부릴 수 있지." 토르는 그렇게 말하면서 식량 주머니 꼭대기로 껑충 뛰어올라 끈을 잡아당기기 시작했다.

"잘돼?" 로키가 물었다.

토르는 끙끙거리면서 잡아당겼고, 잡아당기면서 끙끙댔다. 그러고는 마침내 어깨를 으쓱였다. "아무래도 오늘 저녁은 못 먹을 것 같은데. 이 지긋지긋한 거인놈이 우리를 위해 자기 주머니 끈을 풀어주지 않는 이상은 말이야."

그는 거인과 자기 망치 묠니르를 번갈아 쳐다봤다. 이윽고 주머니에서 기어 내려와 자고 있는 스크리미르의 머리 위로 올라가, 망치로 스크리미르의 이마를 있는 힘껏 내리쳤다.

스크리미르가 한쪽 눈을 뜨고 졸린 목소리로 말했다. "방금 내 머리에 나뭇잎이 떨어져서 잠이 깬 것 같아. 저녁들은 다 먹었어? 벌써 잘 준비들이 된 거야? 그렇더라도 너무 자신을 탓하지는 마. 오늘은 긴 하루였잖아." 그러고는 몸을 돌리고 눈을 감더니 다시 코를 골기 시작했다.

로키와 티알피는 시끄러운 코 고는 소리에도 불구하고 잠이 들었지만, 토르는 잠을 잘 수가 없었다. 그는 화가 나고 배가 고팠으며, 이 동쪽 황야에서 도저히 이 거인을 믿고 같이 다닐 수가 없었다. 자정이 되었지만 그는 여전히 배가 고팠고, 코 고는 소리는 지겹도록 들은 상태였다. 그래서 다시 한 번 거인의 머리 위로 기어 올라갔다. 이번에는 거인의 눈썹 사이에 자리를 잡았다.

토르는 자기 손바닥에 침을 뱉었다. 힘을 주는 허리띠의 위치도 조정했다. 묠니르를 자기 머리 위로 번쩍 치켜들고 온 힘을 다해 망치를 휘둘렀다. 그는 망치가 스크리미르의 이마에 깊숙이 박힐 것이라고 확신했다.

사방이 너무 어두워서 거인의 눈동자 색깔을 볼 수는 없었지만, 어쨌든 거인은 눈을 떴다. "후아," 덩치 큰 녀석이 말했다. "토르? 거기 있어? 나무에서 도토리가 떨어져서 내 머리에 부딪힌 줄 알았어. 지금 몇 시야?"

"자정."

"그래, 그럼 아침에 보자고." 거인의 코 고는 소리가 지축을 울리고 나무 꼭대기를 흔들었다.

새벽이 됐지만 아직 날이 완전히 밝지는 않은 무렵, 아까보다 더 배가 고프고 화가 난 상태로 여전히 잠들지 못하고 있던 토르는 최후의 한 방을 날려 저 코 고는 소리를 영원히 잠재워야겠다고 결심했다.

이번에는 거인의 관자놀이를 목표로 삼고, 온 힘을 다해 스크리미르의 관자놀이를 때렸다. 그렇게 강력한 일격은 지금껏 없었다.

토르는 그 소리가 산꼭대기까지 메아리치는 걸 들었다.

"이런," 스크리미르가 말했다. "새둥지 조각이 내 머리에 떨어진 줄 알았네. 아니면 작은 나뭇가지였나. 잘 모르겠네." 거인은 하품을 하면서 기지개를 켜고는 자리에서 일어났다. "자, 이제 다 잤어. 다시 길을 떠날 시간이군. 자네들 셋은 우트가르드로 가는 건가? 그곳 사람들이 자네 일행을 환대하고 잘 돌봐줄 거야. 근사한 연회와 에일 술이 담긴 뿔잔, 그리고 레슬링과 경주와 힘겨루기 경기가 이어질 거라고 내 장담하지. 우트가르드 사람들은 재미있는 걸 좋아해. 여기에서 정동쪽에 있으니까 하늘이 밝아오는 방향으로 곧장 가면 돼. 나, 나는 북쪽으로 떠날 거야." 그는 치아 사이가 벌어진 입으로 씩 웃었는데, 그의 눈동자가 그렇게 파랗고 날카롭지 않았다면 매우 바보 같고 공허한 웃음처럼 보였을 것이다.

그러고는 마치 남들이 자기 얘기를 엿듣지 못하게 하려는 것처럼 자기 입 옆에 손을 갖다 대고 몸을 구부렸는데, 이런 행동의 효과는 귀를 먹먹하게 만들 정도로 큰 속삭임 때문에 약간 줄어들었다. "자네들이 지난번에 내가 정말 덩치가 크다고 말하는 걸 어쩔 수 없이 엿듣게 됐어. 아마 날 칭찬하려고 한 말이겠지. 하지만 자네들이 북쪽으로 가면 제대로 된 거인들을 만나게 될 텐데, 그들은 진짜 덩치가 크거든. 그러면 사실 내가 얼마나 작은 놈인지 알게 될 거야."

스크리미르는 다시 한 번 활짝 웃더니 북쪽을 향해 쿵쿵거리며 걸어갔다. 그의 발밑에서 땅이 우르르 진동했다.

III

그들은 요툰헤임을 지나 동쪽으로 여행을 하면서, 며칠 동안 계속 해가 뜨는 쪽으로 발길을 옮겼다.

처음에는 자기들이 비교적 가까운 곳에 있는 보통 크기의 요새를 보고 있다고 생각했다. 하지만 걷는 속도를 높여 그쪽으로 아무리 다가가봐도 크기가 커지거나 바뀌거나 가까워지는 기미가 보이지 않았다. 그런 상태로 며칠이 지나고서야 겨우 그 요새가 정말 거대하고, 아주 멀리 떨어져 있다는 걸 알아차리게 되었다.

"저게 우트가르드인가요?" 티알피가 물었다.

로키는 매우 진지한 표정으로 대답했다. "그래. 우리 가족이 저기 출신이지."

"그럼 저곳에 가보신 적이 있나요?"

"아니."

그들은 성문 쪽으로 걸어갔지만 아무도 보이지 않았다. 요새 안 쪽에서 잔치가 벌어지고 있는 듯한 소리가 들렸다. 성문의 높이는 어지간한 대성당보다 더 높았다. 그리고 반갑지 않은 거인들의 접근을 막아줄 수 있을 만한 크기의 쇠막대가 문을 뒤덮고 있었다.

토르가 소리를 질렀지만 그의 부름에 답하는 이는 없었다.

"들어가도 될까?" 토르가 로키와 티알피에게 물었다.

그들은 머리를 숙이고 성문의 쇠막대 아래로 기어 들어갔다. 여행자들은 뜰을 지나 거대한 연회장으로 들어갔다. 그곳에는 나무 꼭대기만큼이나 높다란 의자들이 놓여 있었고 거인들은 모두 그런 의자에 앉아 있었다. 토르는 성큼성큼 걸어 들어갔다. 티알피는 잔뜩 겁에 질렸지만 그래도 토르 옆에 바싹 붙어서 걸었고, 로키는 그들 뒤를 따라갔다.

일행은 연회장 반대쪽 끝에 놓인, 가장 높은 의자에 앉아 있는 거인들의 왕을 볼 수 있었다. 그들은 연회장을 가로질러 왕 앞에 가서 허리를 깊이 숙여 절했다.

왕의 얼굴은 가늘고 현명해 보였으며 머리카락은 불꽃처럼 붉었고 눈은 얼음처럼 파랬다.

왕은 여행자들을 보고 눈썹을 치켜세웠다. "이런, 꼬마아이들이 이곳에 침입했군. 아니, 이런 실수를. 당신은 틀림없이 그 유명한 에시르의 신 토르로군. 그렇다면 당신은 라우페이의 아들 로키가 틀림없을 테고. 난 당신 어머니하고 조금 아는 사이지. 안녕하신가, 꼬마 친척. 난 우트가르드의 로키인 우트가르달로키Utgardaloki라고 하네. 그런데 자네는 누군가?"

"티알피입니다. 토르 님의 하인이지요."

"다들 우트가르드에 온 걸 환영하네. 비범한 이들이 살기 좋은 세계 최고의 장소지. 이곳에서는 세상 누구보다 뛰어난 기술과 교활함을 갖춘 이들을 환영하네. 자네들 가운데 뭔가 특별한 재주를 가진 자는 없나? 자네는 어떤가, 꼬마 친척? 남들이 못하는 특별한 일을 할 수 있는가?"

"난 누구보다 빠른 속도로 음식을 먹을 수 있소." 로키가 자랑하는 기색 없이 말했다.

"그거 참 흥미로운 재주로군. 여기 내 하인이 있는데, 그의 이름은 재미있게도 로기Logi라네. 그와 함께 먹기 시합을 해보는 게 어떤가?"

로키는 아무래도 좋다는 듯이 어깨를 으쓱였다.

우트가르달로키가 손뼉을 치자, 하인들이 나무로 만든 긴 여물통을 갖고 왔는데 그 안에는 거위와 소, 양, 염소, 토끼, 사슴 등 온갖 종류의 짐승 구이가 들어 있었다. 거인의 왕이 다시 한 번 손뼉을 치자, 로키가 먹기 시작했다. 그는 여물통의 반대쪽 끝부터 시작해 자기 몸 쪽으로 오면서 음식들을 먹어 치웠다.

로키는 열심히, 성실하게, 마치 인생에 오직 한 가지 목표밖에 없는 것처럼 먹었고, 최대한 빠른 속도로 먹을 수 있는 만큼 다 먹어 치웠다. 그의 손과 입이 움직이는 게 제대로 보이지 않을 정도의 속도였다.

로기와 로키는 테이블 중간 지점에서 만났다.

우트가르달로키는 왕좌에서 그들을 내려다봤다. "흠, 자네들 둘 다 똑같은 속도로 먹었지만 로기는 동물 뼈까지 다 먹었고 또 음식이 담겨 있던 나무통까지 먹어 치운 것 같군. 로키는 살은 전부 발라 먹었지만 뼈는 거의 건드리지 않았고 나무통은 시작조차 안 했어. 그러니 이번 라운드는 로기의 승리다."

그러고는 티알피를 쳐다보며 물었다. "자네, 젊은 친구는 뭘 할 수 있지?"

티알피는 어깨를 으쓱했다. 그는 자기가 아는 이들 중 가장 빠른 사람이었다. 깜짝 놀라 달아나는 토끼보다 빨리 달릴 수 있고, 하늘을 나는 새도 앞지를 수도 있었다. "전 달리기를 잘합니다."

"그렇다면, 넌 달리기를 하거라."

그들은 밖으로 나갔다. 그곳에는 평평한 땅 위에 달리기에 안성맞춤인 경주로가 마련되어 있었다. 거인들 여러 명이 경주로 옆에 서서 기다리면서 온기를 얻으려고 손을 비비거나 호호 불고 있었다.

"넌 아직 어린 소년에 지나지 않는다, 티알피." 우트가르달로키가 말했다. "그래서 성인들을 상대로 달리게 하지는 않을 거다. 우리 어린 후기Hugi는 어디 있느냐?"

거인 어린이가 앞으로 나왔는데, 로키나 토르보다 별로 크지 않은 정도의 체구라서 거기에 있는지도 모를 정도였다. 어린이는 우트가르달로키를 쳐다보면서 아무 말 없이 미소만 지었다. 티알피는 그 소년이 이름을 불리기 전부터 그곳에 있었는지 확신이 가지 않았다. 어쨌든 지금은 그곳에 서 있었다.

후기와 티알피는 출발선에 나란히 서서 신호를 기다렸다.

"출발!" 우트가르달로키가 천둥 같은 목소리로 외치자 소년들이 달리기 시작했다. 티알피는 지금까지 달려본 적 없는 빠른 속도로 달렸지만, 자신이 반도 못 갔을 때 후기가 결승선에 도착하는 모습을 봤다.

우트가르달로키는 말했다. "승리는 후기의 차지다." 그러더니 티알피 옆에 쭈그리고 앉았다. "후기를 이기고 싶다면 더 빨리 달려야겠구나. 그래도 인간이 그렇게 빨리 달리는 모습은 처음 봤다. 이번에는 더 빨리 달려라, 티알피."

티알피는 다시 한 번 후기와 나란히 출발선에 섰다. 숨을 헐떡이는 티알피의 귓전에 심장 뛰는 소리가 쿵쿵 울렸다. 티알피는 자기가 얼마나 빨리 달렸는지 알고 있었지만, 후기는 그보다 훨씬 빨리 달렸다. 그런데도 후기는 전혀 힘들지 않은 듯 편안한 모습이었다. 심지어 숨도 헐떡이지 않았다. 거인 어린이는 티알피를 보면서 다시 미소를 지었다. 후기의 모습에서 우트가르달로키와 닮은 구석을 발견한 티알피는 혹시 이 거인 어린이가 우트가르달로키의 아들이 아닐까 궁금해졌다.

"출발!"

그들은 달렸다. 티알피는 전보다 더 빨리 달렸다. 어찌나 빠르게 다리를 움직였던지 마치 세상에 자기와 후기만 존재하는 것처럼 느껴질 정도였다. 후기는 이번에도 처음부터 끝까지 계속 티알피를 앞서갔다. 후기가 결승선에 도착했을 때 티알피는 아직 5초, 아니 어쩌면 10초 정도의 거리가 남아 있는 상태였다.

티알피는 이번에는 승리에 좀 더 근접했다는 걸 알았고, 이기기 위해서는 자기가 가진 걸 모두 포기해야 한다는 것도 알았다.

"다시 달리게 해주십시오." 티알피가 숨을 헐떡이며 말했다.

"좋다." 우트가르달로키가 말했다. "다시 달려봐라. 넌 꽤 빠르지만 네가 이길 수 있을 거라는 생각은 안 드는구나. 그래도 마지막 경주까지 보고 난 뒤에 결론을 내리기로 하지."

후기는 출발선으로 걸어갔다. 티알피는 후기 옆에 섰다. 그는 후기의 숨소리조차 들을 수 없었다.

"행운을 빌어." 티알피가 말했다.

"이번에는," 후기가 마치 티알피의 머릿속에서 울리는 듯한 목소리로 말했다. "내가 달리는 모습을 볼 수 있을 거야."

"출발!" 우트가르달로키가 소리쳤다.

티알피는 지금껏 그 어떤 인간도 달려보지 못한 속도로 달렸다. 송골매가 공중에서 수직 강하하는 것처럼, 폭풍이 몰아치는 것처럼 달렸다. 그 이전에도 이후에도 티알피처럼 달린 사람은 아무도 없었다.

하지만 후기는 손쉽게 그를 앞서 달렸고, 조금 전보다 더 빠르게 움직였다. 티알피가 채 절반도 가기 전에 후기는 벌써 경주로 끝에 도착하더니 갔던 길을 되돌아왔다.

"그만하면 됐다!" 우트가르달로키가 말했다.

그들은 커다란 홀로 다시 돌아갔다. 거인 무리의 분위기는 조금 전보다 느긋하고 아주 쾌활했다.

"이 두 명의 패배는 당연한 것일지도 모른다. 하지만 이제 뭔가 우리에게 감명을 주는 모습을 봐야만 한다. 자, 이제 영웅들 중에서 가장 강한 천둥의 신 토르, 자네 차례네. 모든 세계에서 토르의 무훈을 노래하지. 신들도 인간들도 자네의 위업에 대해 얘기해. 자네가 뭘 할 수 있는지 보여주지 않겠나?"

토르는 우트가르달로키를 뚫어지게 바라봤다. "우선, 나는 술을 잘 마시오. 세상에서 내가 바닥내지 못하는 음료는 없지."

우트가르달로키는 이 말을 곰곰이 생각했다. "좋다, 술 따르는 자는 어디 있지?"

술 따르는 자가 앞으로 나왔다.

"내 특별한 뿔잔을 가져와라."

술 따르는 하인은 고개를 끄덕이고 사라지더니, 잠시 후 긴 뿔잔을 갖고 돌아왔다. 지금껏 본 뿔잔 중에서 가장 긴 것이었지만, 토르는 개의치 않았다. 어쨌든 그는 토르였고, 그가 다 비우지 못하는 뿔잔 같은 건 존재할 리 없었다. 뿔잔 옆면에는 룬 문자와 다양한 무늬가 새겨져 있었고 입을 대는 부분은 은으로 장식되어 있었다.

"이게 이 성에서 사용하는 뿔잔이다." 우트가르달로키가 말했다. "여기 있는 자들은 모두 이 잔을 비웠다. 우리 중 가장 힘세고 강한 자들은 모두 단숨에 잔을 비웠어. 물론 개중에는 두 번째 시도 만에 비운 자들도 있다는 걸 인정하네. 하지만 여기 담긴 술을 다 마시기 위해 세 번씩이나 시도한 나약하고 실망스러운 놈은 아무도 없었다고 자랑스럽게 말할 수 있네."

그 뿔잔은 길이가 길었지만, 토르는 자신 있었다. 그는 술이 넘쳐흐르는 뿔잔을 입술에 갖다 대고 술을 마시기 시작했다. 거인들의 꿀술은 차갑고 소금처럼 짰지만 그는 뿔잔을 비우기 위해 숨이 차서 더 이상 마실 수 없을 때까지 계속해서 마셨다.

토르는 뿔잔이 비었을 거라고 예상했지만, 입을 떼자 그가 마시기 시작했을 때와 거의 비슷할 정도로 가득 차 있었다.

"자네가 그것보다는 잘 마실 줄 알았는데." 우트가르달로키가 은근슬쩍 편잔을 줬다. "그래도 우리가 다들 그랬던 것처럼 두 번째 시도에서 끝까지 다 마실 수 있을 거라고 생각하네."

토르는 숨을 깊이 들이쉰 다음 입술을 뿔잔에 대고 꿀꺽꿀꺽 시원스럽게 마셨다. 이번에는 뿔잔을 비워야 한다는 걸 알고 있었다. 하지만 그가 입술에서 뿔잔을 뗐을 때, 겨우 자신의 엄지 길이 정도의 술만 줄어 있는 걸 보았다.

거인들은 토르를 향해 야유를 퍼붓기 시작했지만 토르가 그들을 노려보자 금세 잠잠해졌다.

"아, 과연 힘센 토르에 대한 얘기는 다 지어낸 허풍이었단 말인 가. 뭐, 그렇더라도 뿔잔을 다 비울 수 있게 세 번째 시도를 하도록 허락해주겠네. 어쨌든 별로 많이 남지도 않았을 테니까 말이야." 우 트가르달로키가 말했다.

토르는 뿔잔을 입술에 대고 신닷게 마셨다. 너무나 오랫동안 깊이 들이마셨기 때문에 로키와 티알피는 놀라서 숨죽이고 그를 바라보 기만 했다.

하지만 그가 뿔잔을 입에서 뗐을 때, 꿀술은 겨우 손가락 관절 하 나 길이만큼 줄어들었을 뿐이었다. "이건 그만두겠소. 이게 정말 '약간의' 꿀술인지도 확신이 서지 않고 말이오."

우트가르달로키는 술 따르는 자에게 뿔잔을 치우게 했다. "그렇 다면 이제 힘을 시험해볼 때가 됐군. 고양이를 한 마리 들어 올릴 수 있겠는가?"

"무슨 질문이 그 따위요? 고양이쯤이야 당연히 들어 올릴 수 있 지."

"좋아, 우리는 모두 자네가 생각했던 것만큼 강하지 않다는 걸 봤 다. 여기 우트가르드에 사는 젊은이들은 우리 집 고양이들을 들어 올리면서 힘을 단련하지. 내 경고하는데, 자네는 여기 있는 누구보 다 작고 내 고양이는 거인의 고양이야. 그러니 고양이를 들어 올리 지 못한다 해도 이해하겠네."

"당신 고양이를 들어 올리겠소." 토르가 말했다.

"아마 지금쯤 불가에서 자고 있을 거다. 고양이한테 가보도록 하지."

고양이는 자고 있었지만, 그들이 고양이가 있는 방의 중앙부에 이르자 잠이 깼다. 고양이 털은 회색이고 사람만큼 컸지만, 토르는 어떤 인간보다 강했다. 그는 고양이의 배에 팔을 감고 양손으로 들어 올려 자기 머리 위로 치켜들 작정이었다. 고양이는 별로 관심이 없는 것 같았다. 고양이가 등을 구부려 몸을 일으켰기 때문에, 토르는 최대한 몸을 뻗어야만 했다.

고작 고양이를 들어 올리는 간단한 게임에서 질 수는 없었다. 그는 온 힘을 다했고, 결국 고양이 발 하나를 바닥에서 들어 올리는 데 성공했다.

그때 토르와 티알피와 로키는 멀리서 나는 소리를 들었는데, 마치 거대한 바위들이 서로 부딪혀서 갈리는 듯한 소리였다. 산들이 고통스러워하며 우르릉거리는 소리 같기도 했다.

"그 정도면 됐어. 우리 집 고양이를 들어 올리지 못한 건 자네 잘못이 아니네, 토르. 이건 거대한 고양이고 자네는 우리 거인들과 비교하면 기껏해야 뼈만 앙상한 소인 아닌가." 우트가르달로키가 이렇게 말하면서 씩 웃었다.

"뼈만 앙상한 소인이라고? 난 당신들 중 누구와도 씨름을 할 수 있……"

"지금까지 지켜본 결과, 자네가 진짜 거인과 씨름을 하게 내버려둔다면 난 정말 최악의 집주인이 될 걸세. 자네가 다칠지도 모르니까 말이야. 그리고 안타깝게도 내 부하들 중에는 뿔잔도 비우지 못하고 우리 집 고양이도 들어 올리지 못하는 자와 씨름을 하겠다고 나설 사람이 아무도 없을 것 같네. 하지만 한 가지 대안은 있지. 정말 씨름이 하고 싶다면, 내 늙은 유모와 대결할 수 있게 해주겠네."

"당신 유모라고?" 토르가 못 믿겠다는 투로 말했다.

"유모는 물론 나이가 아주 많지. 하지만 오래전에 나한테 씨름하는 법을 가르쳐줬으니까, 아마 방법을 잊지는 않았을 거야. 나이가 들어 몸이 많이 쪼그라들어서 아마 자네와 키가 비슷할 거야. 아이들과 노는 데도 익숙하고." 토르의 얼굴에 떠오른 표정을 본 그는 이렇게 덧붙였다. "그녀의 이름은 엘리Elli인데, 자네보다 힘이 세 보이는 남자들과 씨름을 해서 이기는 모습을 여러 번 봤네. 그러니 너무 자신만만해하지 말게, 토르."

"가능하면 당신 부하들과 씨름을 하고 싶은데……. 하지만 일단 늙은 유모와 해보겠소."

그들은 노파를 부르러 사람을 보냈고, 곧 노파가 나타났다. 아주 노쇠하고, 머리카락은 온통 잿빛이고, 쪼글쪼글 주름투성이라서 산들바람만 불어도 날아가버릴 것처럼 보였다. 그녀는 거인족 출신이지만 키가 토르보다 약간 큰 정도였다. 다 빠져서 몇 가닥 남지 않은 머리카락이 늙은 머리 위에 가늘게 늘어져 있었다. 토르는 이 여인이 몇 살이나 됐을지 궁금했다. 그녀는 토르가 지금껏 만나본 이들 가운데 가장 나이가 많아 보였다. 토르는 이 노파를 다치게 하고 싶지 않았다.

두 사람은 서로 마주보고 섰다. 상대방을 먼저 바닥에 쓰러뜨리는 쪽이 이기는 경기였다. 토르는 노파를 밀고 당기면서 그녀의 몸을 움직이고, 발을 걸고, 바닥에 넘어뜨리려고 용을 썼다. 그러나 노파는 마치 바위로 만들어진 것처럼 꿈쩍도 하지 않았다. 그녀는 계속 색깔 없는 늙은 눈으로 토르를 응시하기만 할 뿐 아무 말도 하지 않았다.

그러다가 팔을 뻗어 토르의 다리를 부드럽게 만졌다. 그는 노파가 만진 부분에서 힘이 빠지는 걸 느꼈다. 서둘러 노파를 밀쳤지만 노파는 자기 팔을 토르의 몸통에 감고 그를 바닥 쪽으로 밀었다. 있는 힘을 다해 밀어내도 아무 소용이 없었고, 토르는 곧 한쪽 무릎을 꿇어야만 했다…….

"그만!" 우트가르달로키가 말했다. "이제 충분히 봤다, 위대한 토르. 자네는 내 늙은 유모조차 이기지 못하는군. 이제 내 부하들은 아무도 자네와 씨름을 하지 않으려고 할 걸세."

토르는 로키를 쳐다봤고, 그들 둘은 티알피를 쳐다봤다. 그들은 커다란 난로 옆에 앉았고, 거인들은 그들을 극진히 대접했다. 음식은 맛있고 술은 거인의 뿔잔에 담겨 있던 꿀술보다 덜 짰다. 하지만 세 명 모두 평소 연회 때보다 훨씬 말수가 적었다. 자신들의 패배가 불편했고, 또 덕분에 겸손해져 있었기 때문이다.

그들은 새벽에 우트가르드 요새를 떠났다. 우트가르달로키 왕이 직접 그들 옆에서 걸어가며 배웅했다.

"자, 우리 집에서 즐거운 시간들 보냈는가?" 우트가르달로키가 물었다.

그들은 침통한 표정으로 거인 왕을 올려다봤다.

"별로요." 토르가 말했다. "난 항상 내가 강하다는 데 자부심을 갖고 있었는데, 지금은 아무것도 아닌 초라한 놈이 된 것 같은 기분이오."

"난 내가 누구보다 빨리 달릴 수 있다고 생각했어요." 티알피가 말했다.

"난 먹기 시합에서 한 번도 져본 적이 없는데." 로키도 투덜댔다.

그들은 우트가르달로키의 근거지가 끝나는 지점인 성문을 빠져나갔다.

"알겠지만, 자네들은 변변찮은 존재가 아냐. 하찮은 놈들도 아니고. 솔직히 말해, 내가 지금 알고 있는 사실을 어젯밤에도 알았더라면 난 자네들을 내 집에 초대하지 않았을 걸세. 그리고 앞으로도 다시는 초대할 생각이 없어. 사실, 내가 자네들을 속였거든. 환각을 이용해서 자네들 모두를 말이야."

여행자들은 미소 띤 얼굴로 자기들을 내려다보고 있는 거인을 바라봤다.

"스크리미르를 기억하나?"

"그 거인이요? 물론 기억하오."

"사실 그건 나였네. 환각을 이용해서 내 몸을 아주 커 보이게 만들고 외모도 바꿨던 거지. 내 식량 주머니 끈은 절대 부러지지 않는 철선으로 묶여 있었기 때문에 오직 마법을 이용해서만 풀 수 있었네. 토르, 자네가 망치로 날 때렸을 때 난 자는 척하고 있었기 때문에 자네가 아주 살짝만 때려도 날 죽일 수 있다는 걸 알았지. 그래서 마법을 이용해 산을 하나 들어다가 그걸 눈에 안 보이게 망치와 내 머리 사이에 놔뒀어. 저기를 보게."

토르의 거인 나라 여행

멀리 떨어진 곳에 안장 모양의 산이 있었는데, 계곡들이 움푹 패어 있었다. 정삼각형 모양의 계곡들이었는데, 그중에서도 마지막 계곡이 가장 깊이 팬 걸 볼 수 있었다.

"저게 내가 사용한 산이네. 저 계곡은 자네의 망치가 내리친 자국들이고."

토르는 아무 말도 하지 않았지만, 입술을 악물면서 콧구멍이 벌름거렸고 붉은 턱수염이 곤두섰다.

로키가 물었다. "지난밤에 성에서 있었던 일은 대체 뭐요? 그것도 환각이었소?"

"물론이지. 들불이 골짜기를 타고 내려오면서 그 길에 있는 걸 다 태워버리는 모습을 본 적이 있는가? 자네는 뭐든 누구보다 빨리 먹을 수 있다고 생각하지? 하지만 로기만큼 빨리 먹는 건 불가능해. 왜냐하면 로기는 불의 화신이라서 음식과 그게 담겨 있던 나무통까지 다 태워버리니까 말이야. 난 자네처럼 빨리 먹는 자는 본 적이 없어."

로키의 녹색 눈이 분노와 감탄으로 번득였다. 속임수에 넘어가는 걸 싫어하긴 하지만 그만큼 근사한 속임수를 좋아하기도 하기 때문이었다.

우트가르달로키는 티알피를 향해 돌아서서 이렇게 물었다. "넌 얼마나 빠르게 생각할 수 있지? 네가 달리는 속도보다 생각하는 속도가 더 빠른가?"

"물론이죠." 티알피가 말했다. "생각의 속도는 세상 무엇보다도 빠릅니다."

"그래서 내가 널 후기와 대결시킨 거다. 후기는 바로 생각이거든. 네가 얼마나 빨리 달리든 그건 중요치 않아. 그리고 사실 우리 중에서 너만큼 빨리 달리는 사람을 본 자는 아무도 없다. 하지만 티알피, 아무리 너라도 생각보다 빨리 달릴 수는 없어."

티알피는 아무 말도 하지 못했다. 뭔가 항변을 하거나 다른 질문을 던지고 싶었지만, 토르가 먼저 멀리 떨어진 산 정상에서 울리는 천둥처럼 낮게 으르렁거리는 목소리로 이렇게 말했기 때문이다.

"그렇다면 나는? 내가 어젯밤에 실제로 한 일은 뭐였지?"

우트가르달로키의 얼굴에서는 더 이상 미소의 흔적을 찾아볼 수 없었다. "기적을 행했지. 자네는 그야말로 불가능한 일을 해냈어. 몰랐겠지만 자네가 어제 마신 뿔잔의 반대쪽 끝은 가장 깊은 바다와 연결되어 있었네. 자네는 바닷물 수위가 낮아질 정도로 들이마셔서 조수를 만들어냈지. 토르, 자네 때문에 앞으로 바닷물에는 영원히 조수간만의 차가 생길 거야. 자네가 네 번째 모금을 들이키지 않아서 정말 안심했네. 만약 그랬다면 바닷물이 다 말라버렸을지도 몰라. 자네가 들어 올리려고 했던 고양이는 사실 고양이가 아니었어. 그건 세계의 중심을 휘감고 있는 미드가르드의 뱀, 요르문간드였지. 미드가르드의 뱀을 들어 올리는 건 불가능해. 그런데 자네는 해냈다고. 게다가 고양이 발을 땅에서 들어 올린 탓에 세상을 휘감은 고리가 느슨해졌어. 자네들이 들었던 소리 기억나나? 그건 지각이 움직이는 소리였다네."

"그렇다면 그 노파는? 당신이 늙은 유모라고 했던 여자 말이오. 그녀는 대체 누구요?" 토르의 목소리는 매우 부드러웠지만 그의 손은 느긋하게 망치 손잡이를 그러쥐고 있었다.

"그건 엘리, 노년이야. 누구도 나이 드는 걸 막을 수는 없지. 결국에는 우리 모두 나이가 들어서 몸이 쇠약해지고 또 쇠약해지다가 마침내 영원히 눈을 감게 되니까. 하지만 토르, 자네는 예외인 듯하군. 자네는 노년과 씨름을 했고, 우리는 자네가 계속 버티고 서 있는 걸 보고 깜짝 놀랐네. 게다가 엘리가 자네에게 있는 힘을 다 발휘했을 때도 자네는 겨우 한쪽 무릎만 꿇었지. 지난밤과 같은 광경은 한 번도 본 적이 없네, 토르. 한 번도. 그리고 자네의 힘을 똑똑히 확인한 지금, 우리는 자네를 우트가르드에 들인 게 얼마나 어리석은 일인지 뼈저리게 느끼고 있다네. 나는 앞으로 내 요새를 더 튼튼하게 방비할 계획인데, 이곳을 지키는 최선의 방법은 자네들 가운데 누구도 그 다시는 우트가르드를 발견하거나 보지 못하게 하는 거야. 그리고 앞으로 무슨 일이 생기든 간에, 자네들이 이곳에 돌아오지 못하게 막을 생각이야."

토르는 순식간에 망치를 머리 위로 높이 들어 올렸지만, 그가 내리치기도 전에 이미 우트가르달로키는 사라지고 없었다.

"저것 보세요!" 티알피가 놀라서 외쳤다.

요새가 사라졌다. 우트가르달로키의 성채도, 그 성채가 서 있던 기반도, 흔적조차 남아 있지 않았다. 이제 세 명의 여행자들은 생명의 흔적이 전혀 없는 황량한 평원에 서 있었다.

"집에 가자." 로키가 말했다. 그리고 이렇게 덧붙였다. "아주 대단했어. 환각을 훌륭하게 활용했더군. 오늘 다들 어떤 교훈을 얻었을 거라고 생각해."

"누이동생에게 생각과 경주를 했다고 말할 거예요." 티알피가 자랑스럽게 말했다. "내가 아주 잘 달렸다고 할 겁니다."

하지만 토르는 아무 말이 없었다. 그는 다만 노년과 씨름을 하고 바다를 들이켠 전날 밤에 대해, 그리고 미드가르드의 뱀에 대해 생각했다.

불멸의 사과

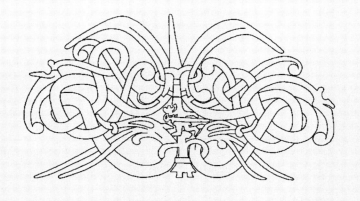

THE APPLES OF
IMMORTALITY

I

이 이야기 역시 세 명의 일행이 거인들의 땅인 요툰헤임 가장자리에 있는 산악 지대의 황무지를 탐험할 때 일어난 일이다. 이번에는 그 세 명이 토르와 로키와 헤니르(나이 든 신으로, 그는 인간에게 이성을 선물로 줬다)였다.

이 산악 지대에서는 먹을 걸 찾기 힘들었기 때문에 세 명의 신은 오랫동안 굶주렸고 갈수록 허기가 심해졌다.

그들은 어떤 소리(멀리서 소 떼가 음매 하고 우는 소리)를 듣고는 서로 마주보며 활짝 웃었다. 그날 밤 배를 채울 수 있게 된 굶주린 사내들의 웃음이었다. 그들은 초목이 우거지고 생명이 사는 골짜기로 내려갔다. 거대한 떡갈나무와 키 큰 소나무 들이 목초지와 개울 주변에 빙 둘러서 있었다. 골짜기의 풀을 뜯어먹어 몸집이 크고 살이 찐 소들이 보였다.

그들은 구덩이를 파고 구덩이 안에 장작을 모아 불을 피운 뒤 소를 한 마리 잡아 뜨거운 석탄 더미 속에 묻었다. 그러고는 요리가 다 되기를 기다렸다. 하지만 구덩이를 열어보니, 고기는 전혀 익지 않은 채로 피가 뚝뚝 흐르고 있었다. 다시 불을 피우고 기다렸지만 이번에도 고기는 날것 그대로였다. 불기에 데워진 기미조차 없었다.

"무슨 소리 안 나?" 토르가 물었다.

"뭐?" 헤니르가 말했다. "아무 소리도 안 들리는데."

"난 들었어. 자네도 잘 들어봐." 로키가 말했다.

그들이 귀를 기울이자 분명히 어떤 소리가 들렸다. 누군가가 무척이나 즐겁게 그들을 비웃는 소리였다. 주위를 둘러봤지만 골짜기에는 그들과 소 떼 외에는 아무도 없었다.

그때 로키가 위를 올려다봤다. 가장 높은 나무의 가지 꼭대기에 독수리가 한 마리 앉아 있었다. 그때껏 본 중 가장 큰 독수리가 그들을 비웃고 있었다.

"왜 이 불로 저녁 식사를 요리할 수 없는지 그 이유를 아나?" 토르가 독수리를 향해 물었다.

"알지도 모르지." 독수리가 말했다. "흠, 너희들 배가 꽤 고파 보이는군. 그냥 날고기라도 먹지 그래? 독수리들은 그렇게 하잖아. 우리는 부리로 고기를 찢어 먹지. 아, 너희에게는 부리가 없지?"

"우린 매우 시장해. 네가 요리를 좀 도와줄 수 있겠니?" 헤니르가 물었다.

"내 생각엔 너희들이 피운 불에 그 열기와 힘을 앗아가는 어떤 마법이 걸려 있는 게 틀림없어. 너희 고기를 나한테 나눠준다고 약속하면 불이 힘을 되찾게 해주지."

로키가 말했다. "약속할게. 우리 모두가 먹을 익은 고기가 준비되면 바로 네 몫을 받을 수 있을 거야."

독수리는 목초지 주위를 한 번 빙 돌면서 날개를 세차게 퍼덕여 구덩이 속의 석탄이 화르륵 타오르게 했는데, 그 바람이 어찌나 세찬지 신들이 서로를 꼭 붙들고 버텨야 할 정도였다. 독수리는 다시 나무 꼭대기로 돌아가 앉았다.

이번에는 다들 희망을 갖고 고기를 화덕에 묻고 기다렸다. 때는 여름이어서 북쪽 지방에서는 해가 거의 지지 않고 낮이 영원히 계속되는 듯한 시기였다. 그래서 그들이 화덕을 열었을 때는 이미 밤이 이슥한 시간이었지만 아직 낮인 듯한 느낌이 들었다. 화덕에서는 신들의 칼과 치아를 기다리는 부드럽게 잘 익은 소고기의 근사한 향기가 풍겨 나왔다.

바로 그 순간, 독수리가 급강하해서 발톱으로 소의 뒷다리살 두 덩어리와 어깨살을 낚아채가더니 허기진 부리로 마구 뜯어먹기 시작했다. 격노한 로키가 새를 향해 힘껏 창을 던졌다.

독수리는 날개를 세게 퍼덕이며 신들을 거의 쓰러뜨릴 정도로 강한 바람을 일으키더니 물고 있던 고기를 떨어뜨렸다. 하지만 로키는 자신의 승리를 기뻐할 새가 없었다. 거대한 독수리가 옆구리에 창이 꽂힌 채로 날아오르는 바람에 그의 몸도 함께 딸려 갔기 때문이다.

로키는 창을 놓고 싶었지만 그의 양손이 자루에 딱 달라붙어 떨어지지 않았다. 아무리 애를 써도 창에서 손을 뗄 수가 없었다.

새는 로키의 발이 돌과 자갈, 산허리와 나무에 닿을 정도로 낮게 날았다. 어떤 마법이 작용하고 있었는데, 그 마법은 로키가 제어할 수 있는 수준보다 강력했다.

"제발!" 로키가 외쳤다. "제발 멈춰줘! 팔이 빠질 것 같아. 내 신발도 거의 다 망가졌어. 이러다가 죽겠다고!"

독수리는 산 옆쪽으로 높이 솟구치더니 공중에서 부드럽게 맴을 돌았다. 그들과 땅 사이에는 상쾌한 공기뿐이었다. "어쩌면 내가 널 죽일지도 모르지." 독수리가 말했다.

"뭐든 네가 원하는 걸 줄 테니까 날 좀 내려줘." 로키가 숨을 헐떡이며 말했다. "원하는 건 다 해줄게, 제발."

"내가 원하는 건 이둔Idunn이야. 그리고 그녀가 가진 사과도. 불멸의 사과 말이야."

로키는 공중에 매달려 있었다. 땅에서 아득히 먼 높은 곳이었다.

시의 신 브라기와 결혼한 이둔은 다정하고 부드럽고 친절한 여신이었다. 그녀는 물푸레나무로 만든 상자를 갖고 다녔는데, 그 안에는 황금 사과가 들어 있었다. 신들은 머리가 하얗게 세거나 관절이 욱신거리며 아픈 등 노화 현상이 찾아오기 시작한다고 느끼면 이둔을 찾아가곤 했다. 그러면 이둔은 상자를 열고 그 안에 든 사과를 한 개 먹도록 해줬다. 그 사과를 먹으면 바로 젊음과 힘이 되돌아왔다. 이둔의 사과가 없다면 신들은 거의 신이라고 하기도 어려워질 것이었다…….

"아무 대답이 없군." 독수리가 말했다. "바위와 산꼭대기 위를 좀 더 끌고 다녀야겠는걸. 이번에는 깊은 강 속으로 끌고 들어가볼까."

"사과를 갖다줄게." 로키가 서둘러 대답했다. "맹세할게. 그러니까 제발 날 내려주기만 해."

독수리는 대꾸하지 않았지만, 날개를 움직여 불에서 연기가 피어오르고 있는 푸른 목초지를 향해 내려가기 시작했다. 그리고 급강하해서 토르와 헤니르가 입을 헤벌리고 서서 그들을 올려다보고 있는 곳으로 다가갔다. 독수리가 화덕 위를 날아다니는 동안, 로키는 자기 창을 손에 쥔 채로 땅에 떨어져 풀밭 위로 나동그라졌다. 독수리는 한 번 크게 울면서 날개를 치더니 그들 머리 위로 높이 솟구쳤고, 금세 하늘 저편의 작은 점이 되어 사라졌다.

"저게 대체 뭐하는 놈인지 모르겠네." 토르가 중얼거렸다.

"누군들 알겠어?" 로키가 힘없이 대꾸했다.

"네가 먹을 걸 좀 남겨뒀어." 헤니르가 로키에게 말했다.

로키는 식욕을 잃었는데, 친구들은 그가 하늘을 날아다닌 탓이라고 생각했다.

그들이 집으로 돌아가는 동안에는 별다른 흥미로운 사건이나 이상한 일이 벌어지지 않았다.

II

다음 날, 이둔은 아스가르드를 이리저리 거닐면서 신들의 안색을 살피며 혹시 노화가 드러나기 시작한 이가 없는지 확인하고 있었다. 그녀는 로키를 지나쳤다. 평소 로키는 이둔을 무시했지만 이날 아침에는 그녀에게 미소를 지으며 인사를 건넸다.

"이둔! 이렇게 만나다니 정말 다행이군요. 나도 나이가 들기 시작하는 느낌이 들어서요. 당신 사과를 하나 먹어야겠어요."

"당신은 전혀 나이 들어 보이지 않는데요."

"잘 감추고 있는 것뿐이죠. 아! 허리가 아파요. 나이 든다는 건 정말 끔찍한 일이에요."

이둔은 물푸레나무 상자를 열어 로키에게 황금 사과를 한 개 건넸다.

그는 기쁜 얼굴로 사과를 받아 들더니 씨 한 톨 남기지 않고 게걸스럽게 먹어 치웠다. 하지만 이내 얼굴을 찡그리며 투덜거렸다.

"이런, 이것보단 좀 더 맛있는 사과를 갖고 있을 줄 알았는데요."

"정말 말도 안 되는 소리를 하는군요." 이둔이 되받아쳤다. 지금까지 그녀의 사과를 먹고 이런 식으로 반응한 이는 한 명도 없었다. 대개의 경우 신들은 사과 맛이 아주 완벽하고, 다시 젊어지니까 기분이 정말 좋다는 얘기만 했다. "로키, 이건 신들의 사과예요. 불멸의 사과라고요."

로키는 납득이 가지 않는다는 표정이었다. "흠, 그럴지도 모르죠. 하지만 제가 숲에서 사과나무를 하나 봤는데 거기 열린 사과는 모든 면에서 당신 사과보다 낫더군요. 모양도 예쁘고, 향기도 좋고, 맛도 훨씬 좋았어요. 그것도 불멸의 사과였나 보네요. 아마 당신 사과보다 더 뛰어난 종류의 불멸의 사과 같아요."

로키는 이둔의 얼굴에 불신과 곤혹스러움, 근심 같은 다양한 표정이 차례로 스치고 지나가는 걸 봤다.

"이런 종류의 사과는 세상에 이것뿐이에요."

로키는 어깨를 으쓱했다. "난 그냥 내가 본 걸 말했을 뿐이에요."

이둔은 그의 옆에서 함께 걸으면서 물었다. "그 사과는 어디 있나요?”

“저쪽 너머에요. 거기 가는 방법을 설명하기는 어렵지만, 숲을 지나서 그곳까지 데려다줄 수는 있어요. 별로 멀지 않거든요.”

이둔은 고개를 끄덕였다.

“하지만 우리가 사과나무를 발견하더라도 어떻게 그 사과와 아스가르드에 있는 물푸레나무 상자 속의 사과를 비교할 수 있죠?” 로키가 물었다. “그러니까 내 말은, 내가 그 사과가 당신 사과보다 낫다고 말해도 당신은 ‘말도 안 돼요, 로키. 이건 내 사과에 비하면 쭈글쭈글한 돌사과에 불과해요’라고 반박할 수 있다는 거예요. 그러면 누구 말이 맞는지 어떻게 판가름하느냐고요.”

“바보 같은 소리 말아요. 난 내 사과를 가져갈 거예요. 그러면 그 자리에서 비교해볼 수 있잖아요.”

“아, 아주 현명한 생각이네요. 그럼 가볼까요?”

로키는 이둔을 숲속으로 이끌었다. 이둔은 불멸의 사과가 든 물푸레나무 상자를 손에 꼭 쥐고 그를 따라갔다.

30분 정도 걸은 뒤에 이둔이 말했다. “로키, 여기에는 다른 사과도, 사과나무도 없다는 생각이 들기 시작하는데요.”

“그것 참 불쾌하고 기분 상하는 말이로군요.” 로키가 대꾸했다. “사과나무는 저기 보이는 언덕 바로 위에 있습니다.”

그들은 언덕 꼭대기까지 걸어 올라갔다. “여기엔 사과나무가 없잖아요. 독수리가 앉아 있는 키 큰 소나무뿐이에요.” 이둔이 나무 위를 올려다보며 말했다.

“저게 독수리인가요? 와, 정말 크군요.”

마치 그들의 얘기를 듣기라도 한 것처럼, 독수리가 날개를 펴고 소나무에서 내려왔다.

"난 독수리가 아니다. 거인 티아치Thiazi가 독수리의 모습으로 변신해서 아름다운 이둔의 소유권을 주장하려고 온 것뿐이다. 너는 내 딸 스카디Skadi의 벗이 될 거다. 그리고 어쩌면 날 사랑하는 법을 배우게 될지도 모르지. 앞으로 무슨 일이 생기든, 아스가르드의 신들은 더 이상 영원한 시간과 불멸을 누리지 못하게 될 것이다. 내가 그렇게 말했으니까! 나 티아치가 그렇게 말했으니까!"

독수리는 긴 발톱 하나로 이둔을 움켜쥐고 다른 발톱으로는 사과가 든 물푸레나무 상자를 움켜쥔 뒤 아스가르드 위의 하늘로 솟구쳐서 멀리 날아가버렸다.

"독수리의 정체가 저거였군." 로키가 혼자 중얼거렸다. "보통 독수리가 아니라는 건 알았지만 말이야."

그는 이둔과 그녀의 사과가 사라진 걸 아무도 알아차리지 못하기를, 아니면 그들이 눈치를 채더라도 이둔의 실종과 로키가 그녀를 숲으로 데려간 일을 서로 연결 지을 수 없을 만큼 시간이 한참 지난 뒤에야 알아차리기를 막연하게 바라면서 집으로 돌아갔다.

III

"이둔을 마지막으로 본 자가 바로 너다." 토르가 오른손 관절을 슬슬 문지르면서 말했다.

"아니, 내가 아냐." 로키가 부인했다. "왜 그런 말을 하는 거지?"

"너는 우리와 달리 늙지도 않잖아."

"나도 늙었어. 다만 운이 좋은 것뿐이지. 나이에 비해 젊어 보이는 편이거든."

토르는 전혀 납득하지 못한 표정으로 툴툴거렸다. 그의 붉은 턱수염은 이제 눈처럼 하얗게 셌고 그 안에 빛바랜 오렌지색 털이 몇 가닥 남아 있었다. 한때 자랑스럽게 타오르던 불이 꺼지고 하얀 재만 남은 것 같은 모습이었다.

"그를 더 세게 쳐요." 프레이야가 말했다. 그녀의 긴 머리카락은 잿빛이고 얼굴선은 깊게 패어 근심 걱정으로 찌들어 있었다. 그녀의 모습은 여전히 아름다웠지만, 그건 금발 아가씨의 미모가 아니라 노년의 아름다움이었다. "그는 이둔이 어디 있는지 알아요. 그리고 사과가 있는 곳도 알고요." 지금도 그녀의 목에는 브리싱즈 목걸이가 걸려 있었지만, 목걸이까지 흐릿하게 변색되어서 더 이상 빛을 발하지 않았다.

신들의 아버지인 오딘은 온몸의 마디마디가 혹처럼 불거지고 푸른 정맥이 선명하게 튀어나와 있었다. 심한 관절염 때문에 뒤틀린 손에 지팡이를 쥐고 오로지 거기에 온몸을 의지하고 있었다. 항상 우렁차게 명령을 내리던 그의 목소리도 이제는 잔뜩 쉬어 갈라지고 힘이 없었다. "토르, 로키를 때리지 말거라." 오딘이 노쇠한 목소리로 말했다.

"들었지? 최고신이시여, 적어도 당신만은 사리를 분별하시리라는 걸 알고 있었습니다." 로키가 떠들어댔다. "전 이 일과 아무 상관도 없습니다! 어째서 이둔이 저와 함께 어디를 간단 말입니까? 그녀는 절 좋아하지도 않는다고요!"

"그를 때리지 말라고 했다." 오딘은 다시 한 번 이렇게 말하더니, 이제 흰 가루가 덮인 듯 회색을 띠고 있는 한쪽 눈으로 로키를 가만히 응시했다. "그가 고문을 당할 때 어디 한 군데도 부러진 곳이 없는 온전한 모습이길 바란다. 지금 불을 피우고, 칼날을 갈고, 바위를 모으고 있다. 우리는 이제 늙었을지 몰라도 전성기 때, 이둔의 사과가 우리의 젊음을 유지시켜줄 때 그랬던 것처럼 지금도 적을 고문하고 죽일 수 있지."

타오르는 석탄 냄새가 로키의 콧구멍을 간질였다.

"만약……" 로키가 떨리는 목소리로 말했다. "제가 이둔에게 무슨 일이 생겼는지 알아내고, 어떻게든 이둔과 그녀의 사과를 아스가르드로 다시 안전하게 데려올 수 있다면 고문이니 죽음이니 하는 말들을 전부 잊어주실 수 있을까요?"

"그게 네가 목숨을 구할 유일한 방법이다." 오딘이 남자 노인의 목소리인지, 아니면 노파의 목소리인지 구분하기 어려울 정도로 늙고 갈라진 목소리로 말했다. "이둔을 아스가르드로 다시 데려와라. 불멸의 사과도."

로키는 고개를 끄덕였다. "그럼 이 사슬을 풀어주십시오. 제가 해내겠습니다. 하지만 그러려면 매의 깃털로 만든 프레이야의 망토가 필요합니다."

"내 망토?" 프레이야가 물었다.

"그렇소."

프레이야는 뻣뻣한 걸음걸이로 방에서 나가더니 매의 깃털로 뒤덮인 망토를 가지고 돌아왔다. 로키를 묶은 사슬이 풀리자 그는 망토를 향해 손을 뻗었다.

"이걸 입고 사라져서 다시는 돌아오지 않을 수 있을 거라고 생각하지 마라." 토르가 경고조로 말하면서 자신의 흰 턱수염을 의미심장하게 쓰다듬었다. "내가 이제 늙긴 했어도 네가 돌아오지 않으면 어디에 숨어 있든, 아무리 늙은 몸으로라도 꼭 너를 추적해서 잡아올 테니까. 그리고 나와 내 망치가 네 숨통을 끊어놓을 거야. 왜냐하면 난 아직도 토르니까! 난 지금도 강하니까!"

"자네는 여전히 극도로 짜증나는 존재야." 로키가 말했다. "말해 봤자 입만 아플 테니까 잠자코 있게. 그리고 그 힘으로 아스가르드의 성벽 너머에 대팻밥을 쌓아두기나 해. 아주 거대한 대팻밥 더미가 필요하니까 나무를 잔뜩 베어서 그걸 잘게 쪼개 얇은 대팻밥으로 만들어야 해. 성벽을 따라서 길게, 높이 쌓아야 하니까 지금 당장 시작해야 할걸."

말을 마친 로키는 프레이야의 망토로 자기 몸을 단단히 감싸서 매의 모습으로 변신한 뒤 날개를 퍼덕여 독수리보다 더 빠른 속도로 높이 날아올랐다. 그리고 서리 거인들의 땅이 있는 북쪽으로 날아갔다.

불멸의 사과

IV

로키는 매의 모습으로 쉬지 않고 날아서 서리 거인들의 영토 깊숙이 들어갔다. 거인 티아치의 요새에 도착한 그는 높은 지붕 위에 앉아 아래에서 벌어지는 일들을 관찰했다.

거인의 모습을 한 티아치가 느릿한 걸음으로 자기 집에서 나와 자갈길을 지나 세상에서 가장 거대한 고래보다 더 큰 노 젓는 배를 향해 다가가는 모습이 보였다. 티아치는 배를 물가로 끌고 가서 북쪽 바다의 차디찬 물속에 집어넣은 뒤, 거대한 노를 저어 바다로 향했다. 곧 그의 모습이 시야에서 사라졌다.

로키는 매의 모습으로 집 주변을 날아다니면서 창문을 일일이 들여다보았다. 가장 멀리 떨어져 있는 방의 빗장을 지른 창문 너머로, 이둔이 의자에 앉아 울고 있는 모습이 보였다.

로키는 빗장 위에 내려앉았다.

"눈물을 그쳐요!" 로키가 말했다. "접니다, 로키! 당신을 구하러 왔어요!"

이둔은 붉게 충혈된 눈으로 그를 노려보며 쏘아붙였다. "내 불행의 근원인 자가 왔군."

"네, 그럴지도 모르죠. 하지만 그건 아주 오래전 일 아닙니까. 그런 짓을 한 건 어제의 로키라고요. 오늘의 로키는 당신을 구해서 집으로 데려가려고 여기까지 온 겁니다."

"어떻게 데려간다는 거죠?"

"사과를 가지고 있습니까?"

"난 에시르의 여신이에요. 내가 어디에 있든, 사과도 내 옆에 같이 있어요." 그녀는 로키에게 사과가 든 상자를 보여줬다.

"그렇다면 일이 간단해지겠군요. 자, 눈을 감아요."

이둔이 눈을 감자, 로키는 그녀를 녹색 겉껍질이 달린 단단한 껍질 속에 든 헤이즐넛으로 변신시켰다. 그리고 자기 발톱으로 헤이즐넛을 감싸고 창살 사이로 펄쩍 뛰어올라 집으로 가는 여정을 시작했다.

낚시를 하러 간 티아치는 성과가 별로 좋지 못했다. 미끼를 문 물고기가 한 마리도 없었던 것이다. 그냥 집으로 돌아가서 이둔에게 구애나 하는 편이 나을 것 같았다. 그는 이둔과 그녀의 사과가 없어지고 난 뒤 신들이 모두 늙고 쇠약해져서 침을 흘리고, 중풍에 걸리고, 몸을 덜덜 떨고, 생각하는 속도가 느려지고, 몸과 마음이 다 무력해졌다는 얘기를 하면서 그녀를 놀리곤 했다. 노를 저어 집으로 돌아가자마자 그는 이둔의 방으로 달려갔다.

이둔의 방은 텅 비어 있었다. 바닥에 떨어진 매의 깃털을 보는 순간, 티아치는 이둔이 어디 있는지, 누가 그녀를 데려갔는지 단박에 깨달았다. 그는 전에 없이 거대하고 힘센 독수리로 둔갑해 하늘로 날아올라 누구보다 빠른 속도로 아스가르드를 향해 날아갔다.

세상이 그의 아래에서 움직였다. 바람이 세차게 휘몰아쳤다. 티아치는 점점 더 빨리 날았다. 어찌나 빠른지 그가 날아가는 소리에 공기가 크게 진동할 정도였다.

티아치는 계속 날아서 거인들의 영토를 벗어나 신들의 땅으로 진입했다. 자기 앞에서 날아가는 매를 발견한 티아치는 분노의 비명

불멸의 사과

을 지르면서 속도를 더 높였다.

아스가르드의 신들은 꽤액 하는 울음소리와 큰 날갯짓 소리를 듣고는 무슨 일이 벌어지고 있는지 살피러 높은 성벽 위로 올라갔다. 그들은 작은 매가 자기들을 향해 날아오고 있고, 거대한 독수리가 그 뒤를 바짝 쫓는 모습을 보았다. 매는 아주 가까이에 있었다.

"지금 할까?" 토르가 물었다.

"빨리 해요." 프레이야가 말했다.

토르는 대팻밥에 불을 붙였다. 불은 순식간에 타올랐다. 매가 간신히 그 위를 날아서 성 안에 안착할 정도의 여유만 두고 화르륵 불길이 일었다. 아스가르드의 성벽보다 더 높이 타오르는 거대한 불길은 폭발이라도 일어난 것처럼 무시무시하고 믿을 수 없을 정도로 뜨거웠다.

독수리의 모습을 한 티아치는 갑자기 멈추지도 못하고, 나는 속도를 늦추거나 방향을 바꾸지도 못했다. 그는 곧장 불길 속으로 날아 들어갔다. 거인의 깃털에 불이 붙고 날개 끄트머리가 타올랐다. 이제 깃털을 잃은 독수리가 된 그는 공중에서 추락해 신들의 요새를 뒤흔들 정도로 커다란 소리와 함께 땅에 떨어졌다.

불에 타서 정신이 멍하고 아득해진 벌거벗은 독수리는 연로한 신들의 상대조차 되지 못했다. 그는 거인의 모습으로 돌아가기도 전에 이미 심한 상처를 입었고, 새에서 거인으로 다시 모습을 바꾸는 사이 토르의 강력한 망치에 목숨을 잃었다.

V

이둔은 기뻐하며 남편과 재회했고, 신들은 불멸의 사과를 먹고 젊음을 되찾았다. 로키는 이것으로 일이 다 마무리된 것이기를 바랐다.

하지만 그렇지 않았다. 갑옷을 입고 무기를 든 티아치의 딸 스카디가 아버지의 복수를 하러 아스가르드에 온 것이다.

"아버지는 내 모든 것이었어요." 스카디가 말했다. "그런데 당신들이 내 아버지를 죽였어요. 아버지의 죽음은 내 삶을 눈물과 비탄으로 가득 채웠고, 이제 내 인생에는 아무런 즐거움도 없어요. 나는 복수를 하러, 혹은 보상을 받으러 여기에 온 겁니다."

에시르 신족들과 스카디는 보상 방법을 놓고 이리저리 홍정을 했다. 당시에는 모든 목숨에 각각의 값이 있었는데, 티아치의 목숨은 값이 매우 높았다. 협상이 마무리될 무렵, 신들과 스카디는 그녀 아버지의 죽음을 다음과 같은 세 가지 방법으로 보상하기로 합의했다.

첫째, 스카디는 죽은 아버지를 대신할 남편을 얻는다(스카디가 신들 가운데 가장 아름다운 발드르에게 마음이 있다는 건 누가 봐도 자명했다. 그녀는 발드르에게 계속 윙크를 했고, 그가 민망해하며 시선을 돌릴 때까지 뚫어져라 쳐다봤다).

둘째, 신들이 그녀가 다시 웃을 수 있게 해준다. 아버지가 살해된 후로 그녀는 미소를 짓지도, 웃지도 못하게 되었다.

그리고 마지막으로, 그녀의 아버지가 절대 사람들의 기억 속에서 잊히지 않게 해주기로 했다.

신들은 스카디가 자기들 중에서 남편을 선택할 수 있게 해줬지만, 한 가지 조건을 걸었다. 상대방의 얼굴을 보지 않고 남편을 골라야 한다는 것이었다. 남신들은 모두 커튼 뒤에 서서 발만 보이게 했다. 스카디는 상대의 발만 보고 남편을 골라야 했다.

신들은 한 명씩 커튼 뒤를 걸어갔고, 스카디는 그들의 발을 뚫어져라 쳐다봤다. "못생긴 발이군." 그녀는 발이 한 쌍씩 지나갈 때마다 그렇게 말했다.

그러다가 문득 기쁨의 환성을 질렀다. "저게 바로 내 미래의 남편 발이에요! 가장 아름다운 발이니 틀림없이 발드르의 발일 거예요! 발드르의 몸에는 못생긴 부분이 하나도 없을 테니까요."

발드르가 잘생긴 건 사실이지만, 커튼이 올라가자 스카디는 자기가 고른 발이 전차의 신이자 프레이와 프레이야의 아버지인 뇨르드의 발이라는 사실을 알게 되었다.

그녀는 그 자리에서 뇨르드와 결혼했다. 이어서 열린 결혼 피로연에서 스카디는 에시르 신족들이 지금까지 본 중에서 가장 슬픈 얼굴을 하고 있었다.

토르는 로키를 쿡 찔렀다. "이봐, 스카디를 웃게 해줘. 이게 다 네 잘못 때문에 생긴 일이잖아."

로키는 한숨을 쉬었다. "꼭 그래야 돼?"

토르는 고개를 끄덕이면서 망치 손잡이를 의미심장하게 톡톡 두드렸다.

로키는 절레절레 머리를 내젓고는 밖으로 나가 동물들을 넣어두는 우리로 가서 커다랗고 극도로 짜증이 난 숫염소 한 마리를 끌고 결혼 피로연장으로 돌아왔다. 그런 다음 염소 수염에 튼튼한 밧줄을 꽉 묶어 염소의 짜증을 더 돋우었다. 밧줄의 다른 쪽 끝은 자신의 은밀한 부분에 묶었다. 그리고 자기 손으로 밧줄을 잡아당겼다. 염소가 비명을 지르며 몸을 뒤로 빼자 로키의 은밀한 부분이 세게 당겨졌다. 로키도 비명을 지르면서 다시 밧줄을 움켜쥐고는 자기 쪽으로 홱 잡아당겼다.

신들은 웃음을 터뜨렸다. 신들을 웃게 하는 건 별로 어렵지 않았지만, 이 광경은 그들이 오랫동안 본 장면 중에서 최고였다. 그들은 염소의 수염과 로키의 은밀한 부분 중 어느 쪽이 먼저 끊어질지를 놓고 내기를 걸었다. 그러면서 비명을 지르는 로키를 놀려댔다. "꼭 밤에 울부짖는 여우 같군." 발드르가 웃음을 억누르면서 이렇게 외쳤다. "로키가 우는 아기 같은 소리를 내네!" 발드르의 동생 호드Hod가 낄낄거렸다. 그는 앞이 안 보이지만 로키가 꽥 하는 소리를 지를 때마다 웃음을 터뜨렸다.

스카디는 드러내놓고 웃지는 않았지만, 입술에는 미소의 그림자 같은 게 어른거리기 시작했다. 염소가 비명을 지르거나 로키가 아픈 아이처럼 울부짖을 때마다 그녀의 미소가 조금씩 커져갔다.

로키가 줄을 당겼다. 염소도 줄을 당겼다. 로키가 비명을 지르면서 밧줄을 홱 잡아당겼다. 염소도 악을 쓰면서 더 세게 잡아당겼다.

결국 밧줄이 끊어졌다.

로키는 자기 사타구니를 움켜잡고 허공으로 내동댕이쳐졌다가, 훌쩍거리며 다 망가진 모습으로 스카디의 무릎에 털썩 소리를 내며 떨어졌다.

스카디는 산간 지방에 산사태가 일어난 것처럼 웃어댔다. 빙하가 분리되는 소리처럼 큰 웃음소리였다. 하도 오랫동안 웃는 바람에 눈물까지 맺힐 정도였고, 그러는 사이 처음으로 손을 뻗어 새로운 남편 뇨르드의 손을 꼭 잡았다.

로키는 스카디의 무릎에서 기어 내려와 비틀거리며 걸어갔는데, 양손으로 다리 사이를 움켜쥐고 걸으면서 억울해하는 표정으로 모든 신과 여신을 쏘아봤다. 그들은 더 크게 웃을 뿐이었다.

"그럼 다 끝난 거로군." 결혼 피로연이 끝나자 최고신 오딘이 거인의 딸 스카디에게 말했다. "아니면 거의 끝난 것이거나."

그는 스카디에게 자기를 따라 어두운 바깥으로 나가자고 신호를 보냈다. 스카디와 오딘은 함께 연회장을 나섰고, 스카디의 옆에는 새신랑이 따라갔다. 신들이 거인의 유해를 태우기 위해 만들어놓은 화장용 장작더미 옆에 빛으로 가득한 커다란 구체가 두 개 놓여 있었다.

오딘이 스카디에게 말했다. "저 구체는 네 아버지의 눈이다."

최고신이 눈알 두 개를 밤하늘로 던져 올리자, 그것들은 밤하늘에 나란히 자리를 잡고 타오르면서 반짝반짝 빛났다.

한겨울 밤에 하늘을 올려다보면 나란히 빛을 발하는 쌍둥이별을 볼 수 있다. 그 두 개의 별이 바로 티아치의 눈동자인데, 지금도 여전히 빛나고 있다.

게르드와 프레이 이야기

THE STORY OF
GERD AND FREY

I

프레이야의 오빠인 프레이는 바니르 신족들 가운데 가장 힘이 셌다. 그는 잘생기고 고귀한 전사이지만 그의 인생에는 언제나 한 가지 빠진 것이 있는 듯 느껴졌는데, 그게 뭔지는 본인도 몰랐다.

미드가르드의 인간들은 프레이를 숭배했다. 계절을 만든 게 바로 프레이라고 사람들은 말한다. 또 프레이는 밭을 비옥하게 하고 죽은 땅에서 생명을 낳는다. 사람들은 프레이를 숭배하고 그를 사랑했지만, 그래도 그의 내면의 빈자리를 채우지는 못했다.

프레이는 자기가 가진 것들을 하나씩 살펴봤다.

그는 혼자서 싸우는 아주 강력하고 놀라운 칼을 가지고 있다. 하지만 이건 프레이를 만족시키지 못했다.

그에게는 난쟁이 브로크와 그의 형제 에이트리가 만든 금색 털이 달린 돼지 굴린부르스티Gullinbursti도 있다. 굴린부르스티는 프레이의 전차를 끈다. 이 돼지는 하늘을 날고 물 위를 달릴 수 있으며, 그 어떤 말보다도 빠르고, 금색 털이 밝은 빛을 뿜기 때문에 아무것도 보이지 않는 캄캄한 밤에도 달릴 수 있다. 하지만 굴린부르스티도 프레이를 만족시키지 못했다.

그에게는 이발디의 아들들이라고 알려진 세 명의 난쟁이가 그를 위해 만든 스키드블라드니르라는 배도 있었다. 세상에서 가장 큰 배는 아니지만(가장 큰 배는 죽은 자의 다듬지 않은 손톱으로 만든 나글파르Naglfar, 즉 '죽음의 배'다) 에시르 신족 모두를 태울 만한 공간은 있었다. 스키드블라드니르의 돛을 펼치면 항상 순풍이 불어서 원하는 곳 어디로든 데려다줬다. 세상에서 두 번째로 큰 이 배는 헝겊처럼 접어서 주머니에 넣을 수도 있었다. 따라서 모든 배 가운데 최고인 것이다. 하지만 스키드블라드니르도 그를 만족시키지 못했다.

프레이는 누구보다 멋진 집을 갖고 있었는데, 그 집은 아스가르드가 아니라 빛의 정령들의 땅인 알프헤임에 있었다. 프레이는 언제나 알프헤임에서 환영받았고 지배자로 인정도 받았다. 세상에 알프헤임만큼 좋은 곳은 아무 데도 없지만, 이 땅도 그를 만족시키지는 못했다.

프레이의 하인인 스키르니르는 빛의 정령으로, 현명한 조언을 잘하고 얼굴도 잘생긴 최고의 하인이었다.

프레이는 굴린부르스티에게 마구를 채우라고 스키르니르에게 명령했고, 둘은 함께 아스가르드로 떠났다.

아스가르드에 도착한 그들은 죽은 자들이 모이는 거대한 궁전 발할라 쪽으로 향했다. 오딘의 발할라에는 '혼자 싸운 전사'인 에인헤랴르Einherjar들이 산다. 태고부터 전쟁터에서 당당하게 싸우다가 죽은 자들은 모두 여기로 온다. 전쟁터에서 헤매는 그들의 영혼을 데려오는 건 발키리의 일이다. 이 여전사들은 전쟁에서 싸우다가 고귀한 죽음을 맞은 영혼들을 최고의 보상으로 이끄는 임무를 오딘에게 부여받았다.

"그런 자들이 아주 많겠네요." 지금까지 발할라에 가본 적이 없는 스키드니르가 말했다.

"많지. 하지만 앞으로 더 많이 올 거야. 그리고 우리가 늑대와 싸울 때는 더 많은 전사가 필요하게 될걸."

그들이 발할라 주변의 들판으로 다가가자 금속끼리 쩔겅거리며 부딪치는 소리와 금속이 살을 베는 소리 등 전쟁터에서 나는 소리가 들렸다.

두 사람은 무장을 하고 혼신의 힘을 다해 싸웠다. 그리고 곧 그중 절반이 죽어서 풀 위에 쓰러지는 모습을 지켜봤다.

"그만 됐다." 어떤 목소리가 외쳤다. "오늘의 전투는 끝났다!"

이 말을 신호로, 아직 쓰러지지 않고 서 있던 자들이 궁정 마당에 쓰러진 죽은 자들을 일으켜 세워줬다. 프레이와 스키르니르가 지켜보는 가운데 그들의 상처가 치유되었고 각자 자기 말에 올라탔다. 그날 싸운 모든 병사들은 이겼든 졌든 상관없이 말을 타고, 고귀하게 죽은 자들의 홀인 발할라로 향했다.

발할라는 거대한 궁전이다. 540개의 문이 있는데, 각 문마다 8백 명의 전사들이 어깨를 나란히 하고 걸어 들어올 수 있다. 그리고 이 홀에는 우리가 상상할 수 있는 것보다 더 많은 사람들이 들어가 앉을 수 있다.

홀에서 연회가 시작되자 전사들이 환호성을 질렀다. 그들은 거대한 가마솥에서 듬뿍 퍼주는 돼지고기를 먹었다. 이건 제림니르Saerimnir라

게르드와 프레이 이야기

는 돼지의 고기다. 그들은 매일 밤 이 돼지의 고기로 잔치를 벌이지만, 아침이 되면 이 짐승은 되살아나서 그날 저녁에 다시 도살되어 고귀한 망자들을 위해 자기 목숨과 살을 내어줄 준비를 한다. 전사들의 수가 아무리 많아도 항상 그들을 전부 먹이고도 남을 만큼 충분한 양의 고기가 있다.

전사들이 마실 꿀술도 가져왔다.

"정말 많은 전사들을 위한 꿀술이군요." 스키드니르가 말했다. "이건 어디에서 가져오는 건가요?"

"헤이드룬Heidrun이라는 염소에서 나오는 거야." 프레이가 대답했다. "그 염소는 발할라 위에 서서 우리가 세계수인 이그드라실의 가지라고 하는 레라드Lerad라는 나무의 잎을 먹지. 이 염소의 젖에서 최고의 꿀술이 나오거든. 언제든 모든 전사들이 다 마실 수 있을 만큼 충분한 양이 나오지."

그들은 오딘이 앉아 있는 주빈석으로 걸어갔다. 오딘의 앞에는 고기가 담긴 그릇이 놓여 있었지만 그는 먹지 않았다. 가끔 자기 칼로 고기 조각을 쿡 찔러서 바닥에 떨어뜨리면 그가 키우는 늑대들인 게리Geri와 프레키Freki 중 한 마리가 먹곤 했다.

오딘의 어깨에는 까마귀 두 마리가 앉아 있었는데, 이 까마귀들이 멀리 떨어진 곳에서 일어난 일들을 오딘의 귀에 속삭이는 동안 오딘은 새들에게도 고기 조각을 줬다.

"오딘은 아무것도 안 먹네요." 스키르니르가 속삭였다.

"그럴 필요가 없으니까. 하지만 술은 마셔. 포도주만 마시고 딴건 입에도 안 대지만. 이리 와. 여기 볼 일은 다 끝났어."

"여기에 왜 온 건데요?" 발할라의 540개 문 중에서 하나를 통해 걸어 나오면서 스키르니르가 물었다.

"오딘이 흘리드스캴프가 있는 자기 궁정이 아니라 여기 발할라에서 전사들과 함께 있는지 확인하고 싶었거든."

그들은 오딘의 홀로 들어갔다. "여기서 기다리거라." 프레이가 말했다.

프레이는 혼자 오딘의 홀로 들어가서, 아홉 개의 세상에서 일어나는 일들을 모두 볼 수 있는 오딘의 옥좌인 흘리드스캴프로 올라갔다. 그리고 세상을 두루 훑어봤다. 남쪽을 보고, 동쪽을, 그리고 서쪽을 봤지만 자기가 찾는 걸 발견하지 못했다.

마침내 그가 북쪽으로 눈을 돌렸을 때, 그는 자기 인생에 빠져 있는 걸 보았다.

스키르니르는 자기 주인이 홀에서 나올 때까지 문 옆에서 기다리고 있었다. 프레이의 얼굴에는 스키르니르가 지금껏 보지 못한 표정이 드러나 있었는데, 그걸 본 스키르니르는 두려워졌다.

그들은 아무 말 없이 그곳을 떠났다.

II

프레이는 굴린부르스티가 끄는 전차를 몰고 아버지의 궁정으로 돌아갔다. 그는 궁정에 도착한 뒤에도 아무와도 말을 섞지 않았다. 바다를 항해하는 이들을 모두 관장하는 아버지 뇨르드와도, 산의 여인인 계모 스카디와도 마찬가지였다. 그는 한밤중처럼 어두운 얼굴로 자기 방에 들어가 그곳에 머물렀다.

사흘째 되는 날, 뇨르드가 스키르니르를 불러오게 했다.

"프레이가 이곳에 온 지 사흘 낮, 사흘 밤이 지났다." 뇨르드가 말했다. "그런데 먹지도 않고 아무것도 마시지도 않는구나."

"그렇습니다." 스키르니르가 말했다.

"우리가 뭘 어쨌기에 저 아이가 저토록 화가 난 것이냐? 항상 다정하고 친절하고 현명한 말만 하던 내 아들이 이제 아무 말도 하지 않고, 성난 얼굴로 우리를 쳐다보기만 하다니 말이다. 저 아이가 저렇게 화가 난 게 무엇 때문이냐?"

"저도 모릅니다."

"그렇다면 프레이에게 가서 무슨 일인지 물어보고 오거라. 왜 그렇게 화가 나서 우리 중 아무하고도 말을 안 하는 것인지 이유를 알아 와."

"그러고 싶지 않습니다만, 당신의 명을 거역할 수는 없지요, 주인님. 프레이 님은 지금 이상할 정도로 기분이 우울하셔서, 제가 이유를 물었을 때 어떻게 나오실지 두렵습니다."

"그래도 물어보거라. 그리고 그 아이를 위해 네가 할 수 있는 일을 해. 그는 네 주인이지 않느냐."

빛의 정령 스키르니르는 프레이가 바다를 바라보며 서 있는 곳으로 갔다. 프레이의 얼굴에는 잔뜩 먹구름이 끼어 있고 수심에 잠겨 괴로워 보였기 때문에 스키르니르는 가까이 다가가기가 망설여졌다.

"프레이 님?"

프레이는 아무 대답도 하지 않았다.

"프레이 님? 무슨 일이십니까? 화가 나신 겁니까, 아니면 풀이 죽으신 겁니까? 뭔가 일이 생긴 건 분명한데 말이죠. 대체 무슨 일이 있는 건지 저한테 말씀을 해주셔야 합니다."

"난 벌을 받고 있는 중이다." 프레이가 입을 열었다. 그의 목소리는 공허하고 멀리서 들리는 듯했다. "최고신의 신성한 옥좌에 앉아 세상을 구경했지. 내가 그렇게 세상을 관찰하는 자리에 앉을 권리가 있다고 믿었던 오만함 때문에 결국 영원히 행복을 잃고 말았단다. 내가 지은 죄에 대한 대가를 치렀고, 지금도 치르고 있는 거야."

"주인님, 대체 뭘 보신 겁니까?"

프레이는 말이 없었기 때문에, 스키르니르는 그가 또다시 불안한 침묵 속으로 가라앉았나 보다고 생각했다.

잠시 뒤, 프레이는 이렇게 말했다. "북쪽을 바라봤지. 그곳에 있는 집을, 아주 근사한 집을 봤어. 그리고 집으로 걸어가는 한 여인을 봤지. 그녀 같은 여자는 지금까지 본 적이 없어. 그녀처럼 생긴 사람은 아무도 없어. 그녀처럼 움직이는 사람도 없고. 그녀가 자기 집 문을 열려고 팔을 들어 올리니까 빛이 그 팔을 스치는데, 마치 하늘을 비추고 바다를 밝히는 것 같았네. 그리고 그녀가 있기 때문에 세상 전체가 더 밝고 더 아름다운 곳이 되었지. 내가 시선을 돌려서 더 이상 그녀를 보지 않으니까, 내 세상이 어두워지고 절망적이고 텅 빈 곳이 되었어."

"그녀가 누굽니까?" 스키르니르가 물었다.

"거인. 그녀의 아버지는 땅의 거인 기미르Gymir고, 어머니는 산의 거인 아우르보다Aurboda야."

"그 아름다운 생명체의 이름은 뭡니까?"

"그녀의 이름은 게르드Gerd야." 프레이는 다시금 침묵에 빠졌다.

"당신 아버님이 걱정하고 계십니다. 우리들 모두 걱정하고 있어요. 제가 할 수 있는 일이 없을까요?"

"네가 그녀에게 가서 나 대신 청혼을 해준다면 뭐든지 다 주겠다. 그녀 없이는 도저히 살 수가 없어. 그녀의 아버지가 뭐라고 하든 간에 그녀를 내게 데려와서 아내로 삼고 싶어. 대가는 후하게 지불해주마."

"제게 굉장히 많은 걸 요구하시는군요."

"뭐든지 다 줄게." 프레이가 열렬한 어조로 말하면서 몸을 떨었다.

스키르니르는 고개를 끄덕였다. "제가 이 일을 해내겠습니다, 주인님." 그리고 잠시 주저하다가 이렇게 말했다. "프레이 님, 당신 칼을 한번 봐도 되겠습니까?"

프레이는 칼을 꺼내서 스키르니르가 잘 볼 수 있도록 들고 있었다. "세상에 이런 칼은 또 없어. 이 칼은 내가 손에 쥐지 않아도 혼자 싸울 수 있어. 항상 주인을 보호해주고. 다른 칼은 아무리 강력해도 이 칼의 방어를 뚫을 수 없다. 다른 이들의 말에 따르면 심지어 불의 악마인 수르트의 불타는 칼과 맞서도 이길 수 있다고 하더군."

스키르니르는 어깨를 으쓱였다. "아주 멋진 칼입니다. 만약 제가 게르드를 데려오길 원하신다면, 그 대가로 이 칼을 받겠습니다."

프레이는 수락의 뜻으로 고개를 끄덕였다. 그는 스키르니르에게 자기 칼과 타고 갈 말을 내줬다.

스키르니르는 기미르의 집에 도착할 때까지 계속 북쪽으로 갔다. 그는 손님 자격으로 그 집에 들어가 자기가 누구이고 누가 자기를 여기에 보냈는지 설명했다. 그리고 아름다운 게르드에게 자기 주인 프레이에 대해서 얘기했다. "그는 모든 신들 중에서도 가장 멋진 분입니다. 비와 날씨와 햇빛을 지배하시고, 미드가르드에 사는 사람들에게 풍부한 수확물과 평화로운 낮과 밤을 선사하시죠. 인간들의 번영과 풍요를 지켜주시기도 하고요. 그래서 모든 인간이 그분을 사랑하고 숭배하지요."

그는 아름다운 게르드에게 프레이와 그가 지닌 힘에 대해 얘기했다. 프레이의 지혜에 대해서도 설명했다. 마지막으로 프레이가 그녀에게 얼마나 깊은 사랑을 품고 있는지, 그녀의 모습을 본 뒤부터 얼마나 깊은 상심에 빠져 있는지, 그리고 그녀가 프레이의 신부가 되겠다고 허락할 때까지 더 이상 먹지도 자지도 마시지도 말하지도 못할 거라 얘기했다.

게르드는 기쁨으로 눈동자를 반짝이며 미소를 지었다. "그에게 허락한다고 전해줘요. 지금부터 9일 뒤에 바리Barri 섬에서 그분을 만나 결혼식을 올리겠어요. 가서 그렇게 전하세요."

스키르니르는 뇨르드의 궁전으로 돌아갔다. 프레이는 그가 말에서 내리기도 전에 뛰어나왔다. 길을 떠나기 전보다 더 창백하고 힘없는 모습이었다.

"어떻게 됐나? 내가 기뻐할 소식인가, 아니면 절망에 빠질 소식인가?"

게르드와 프레이 이야기

"지금부터 9일 뒤에 바리 섬에서 주인님을 남편으로 맞으시겠다고 합니다."

그러나 프레이는 전혀 기쁜 기색 없이 자기 하인을 쳐다봤다. "내 삶에서 그녀 없이 보내는 하루하루는 시간이 영원히 계속되는 기분이야, 단 하룻밤도 엄청나게 길다고. 이틀 밤은 더 길지. 사흘 밤은 참을 수 있겠어? 나흘은 꼭 한 달 같을 거야. 그런데 자그마치 9일이나 기다려야 한다고?"

스키르니르는 자기 주인을 동정 어린 시선으로 바라보았다.

그로부터 9일 뒤, 바리 섬에서 처음으로 만난 프레이와 게르드는 보리가 푸르른 물결을 이룬 밭에서 결혼식을 올렸다. 게르드는 프레이가 꿈꾸던 것만큼 아름다웠고, 다정한 손길과 키스의 달콤함은 그가 바라던 그대로였다. 그들의 결혼은 축복받았고, 어떤 이들은 이 부부의 아들인 푈니르Fjolnir가 스웨덴의 제1대 왕이 되었다고 말하기도 한다(그는 어느 늦은 밤에 깜깜한 어둠 속에서 소변 볼 곳을 찾다가 꿀술 통에 빠져 죽게 된다).

스키르니르는 보상으로 저 혼자 싸우는 프레이의 칼을 받았고, 그걸 가지고 알프헤임으로 돌아갔다.

아름다운 게르드는 프레이의 삶과 가슴의 빈 곳을 채워줬다. 프레이는 스키르니르에게 준 칼을 아쉬워하지 않았고, 그걸 대체할 다른 칼을 구하지도 않았다. 그는 거인 벨리Beli와 싸울 때 수사슴의 뿔로 벨리를 죽였다. 프레이는 아주 강하기 때문에 맨손으로도 거인을 죽일 수 있다.

하지만 아무리 그렇다고 하더라도 그 칼을 남에게 줘서는 안 되는 것이었다.

라그나로크가 다가오고 있었다. 하늘이 산산이 조각나고 무스펠의 암흑의 세력이 공격해오면, 프레이는 그 칼을 계속 간직하지 않은 것을 후회하게 될 것이다.

히미르와 토르의 낚시 여행

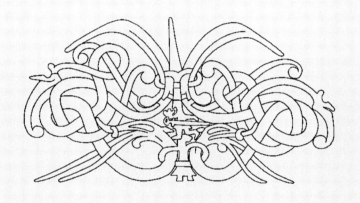

HYMIR AND THOR'S
FISHING EXPEDITION

신들은 바다 가장자리에 있는 에기르Aegir의 거대한 궁전에 도착했다. "우리가 왔소." 일행의 선두에 선 토르가 말했다. "우리를 위해 연회를 열어주시오!"

에기르는 바다 거인들 중에서 가장 지위가 높은 자였다. 그의 아내 란Ran은 바다에 빠져 죽은 이들을 자기 그물로 거둬들였다. 그의 아홉 딸들은 바다의 파도들이다.

에기르는 신들에게 음식을 제공하고 싶은 마음이 전혀 없었지만, 그렇다고 그들과 싸우고 싶지도 않았다.

그는 토르의 눈을 들여다보면서 이렇게 말했다. "내가 당신들이 참석해본 연회 중에서 가장 근사한 연회를 열어주겠소. 내 하인 피마펭Fimafeng이 당신들 모두를 부지런히 시중들면서 당신들 배를 다 채우고도 남을 만큼 풍족한 음식과 다 마시지 못할 만큼 많은 술을 가져다줄 거요. 그런데 한 가지 조건이 있소. 연회를 열려면 먼저 당신들 모두를 위한 술을 양조할 수 있을 만큼 커다란 가마솥을 가져다줘야 하오. 당신들은 수가 무척이나 많고, 식욕들도 대단하지 않소."

에기르는 신들에게 그런 가마솥이 없다는 걸 잘 알고 있었다. 그리고 가마솥이 없는 이상, 그는 연회를 열어줄 필요가 없었다.

토르는 다른 신들에게 조언을 구했지만, 그가 물어본 신들 모두 세상에 그런 가마솥은 존재하지 않는다고 말했다. 그는 마지막으로 전투의 신, 전쟁의 신 티르에게 물어봤다.

티르는 유일하게 남은 왼손으로 턱을 긁적이면서 말했다. "이 세상 바다의 끄트머리에 히미르Hymir라는 거인 왕이 살고 있네. 그는 깊이가 5킬로미터나 되는 가마솥을 가지고 있지. 세상에서 가장 큰 가마솥일 거야."

"확실한 거야?"

티르는 고개를 끄덕였다. "히미르는 내 양아버지야. 우리 어머니와 결혼했거든. 어머니도 거인이지. 내 눈으로 그 거대한 가마솥을 본 적이 있어. 그리고 난 우리 어머니의 아들이니까 히미르의 집에서 환영받을 거야."

티르와 토르는 염소 스나를러와 그라인더가 끄는 토르의 전차에 올라타고 히미르의 거대한 요새까지 빠른 속도로 달려갔다. 토르가 염소들을 나무에 매어둔 뒤, 둘은 함께 집 안으로 들어갔다.

주방에서는 여자 거인이 바위만 한 양파와 배만 한 크기의 양배추를 썰고 있었다. 토르는 도저히 그녀에게서 눈을 뗄 수가 없었다. 그 늙은 여인에게는 머리가 9백 개나 달려 있었는데, 각각의 머리가 그 옆의 머리보다 더 못생기고 무서웠기 때문이다. 그는 한 걸음 뒤로 물러났다.

하지만 티르는 놀라거나 불안한 모습을 보이지 않으면서 큰 소리로 외쳤다. "안녕하세요, 할머니. 저희가 술을 만드는데 히미르의 가마솥을 좀 빌릴 수 있을까 해서 왔어요."

"이런 꼬맹이들 같으니라고! 난 너희가 쥐새끼인 줄 알았구나." 히미르의 할머니는 한 무리의 사람들이 한꺼번에 소리를 지르는 것처럼 우렁찬 목소리로 말했다. "그 얘기는 나한테 물어볼 게 아니야, 얘야. 네 어미한테 물어보렴."

늙은 여인이 "손님이 왔어! 네 아들이 친구를 데리고 왔구나"라고 외치자 잠시 뒤에 다른 여자 거인이 주방으로 들어왔다. 히미르의 아내이자 티르의 어머니였다. 그녀는 금색 천으로 만든 옷을 입고 있었는데, 시어머니의 무시무시한 외모와 달리 무척이나 아름다웠다. 그녀는 거인들이 쓰는 골무 중에서 가장 작은 크기의 골무를 두 개 가져왔다. 그 안에는 맥주가 담겨 있었다. 토르와 티르는 양동이만 한 골무를 꽉 움켜쥐고 열광적으로 맥주를 들이켰다.

아주 맛있는 맥주였다.

여자 거인은 토르에게 이름이 뭐냐고 물었다. 토르가 말을 하려고 하는데, 그가 입을 열기 전에 티르가 먼저 나서서 이렇게 말했다. "이 친구 이름은 베오르Veor예요, 어머니. 나와 친한 사이죠. 그리고 히미르와 거인들의 적을 물리치는 자이기도 하고요."

그때 산 정상에서 천둥이 치거나 산이 무너지거나 거대한 파도가 해안으로 몰려오는 듯한 우르릉 소리가 멀리서 들려왔는데, 소리가 한 번 울릴 때마다 땅이 뒤흔들렸다.

"남편이 집으로 오고 있어." 여자 거인이 말했다. "난 그의 부드러운 발소리를 멀리서도 들을 수 있단다."

우르룽거리는 소리가 점점 분명해지면서 빠르게 가까워지는 듯했다.

"남편은 집에 돌아올 때 화가 나 있는 경우가 많아. 몹시 노해서 잔인하게 굴지. 손님들도 험악하게 대하고." 여자 거인이 경고했다. "저 주전자 아래에 숨어서 남편 기분이 쾌활해질 때까지 기다렸다가 나중에 나오는 게 어때?

그녀는 주방 바닥에 놓인 주전자 아래에 그들을 숨겼다. 그곳은 캄캄했다.

토르와 티르는 땅이 흔들리는 느낌과 문이 쾅 닫히는 소리를 듣고 히미르가 집에 돌아온 걸 알았다. 여자 거인이 남편에게 자기 아들과 그 친구가 손님으로 왔으니, 그가 품위 있는 집주인처럼 진중하게 행동해야 하고 절대 그들을 죽여서는 안 된다고 말했다.

"어째서?" 거인의 목소리는 크고 심통 사나웠다.

"저쪽 작은 애는 우리 아들 티르예요. 기억나죠? 그보다 큰 쪽은 베오르고요. 친절하게 대하세요."

"토르라고? 우리 적 토르? 다른 누구보다, 심지어 다른 거인들보다 많은 거인을 죽인 그 토르? 내가 만나기만 하면 당장 죽여버리겠다고 맹세한 그 토르 말이지? 토르는……"

"베오르요." 그의 아내는 남편을 진정시키려고 이렇게 말했다. "토르가 아니라 베오르라고요. 그는 우리 아들의 친구고, 우리 적들의 적이니까 그에게 친절하게 대해야 해요."

"난 성질이 잔인하고 영혼은 분노로 가득하기 때문에 다른 놈들한테 친절하게 대하고 싶은 생각이 전혀 없어." 거인은 커다랗게 우르릉대는 목소리로 말했다. "그놈들은 어디 숨어 있는 거야?"

"저기 기둥 뒤에 있어요." 그의 아내가 말했다.

토르와 티르는 그녀가 가리킨 기둥이 박살나 부러지는 요란한 소리를 들었다. 잇따라 다른 기둥들도 차례로 박살나면서 주방 천장에 걸려 있던 주전자들이 모두 바닥에 떨어져서 망가졌다.

"이제 다 때려 부순 거예요?" 티르의 어머니가 물었다.

"그런 것 같아." 히미르가 마지못해 말했다.

"그럼 저 주전자 아래를 봐요. 당신이 망가뜨리지 않은, 바닥에 놓인 저 주전자 말이에요."

히미르가 티르와 토르가 숨어 있는 주전자를 들어 올리는 동시에, 그들은 잔뜩 찌푸린 표정으로 부루퉁하게 노려보는 거대한 얼굴을 올려다보게 되었다. 이자가 거인의 왕인 히미르라는 걸 토르는 알고 있었다. 히미르의 턱수염은 한겨울에 얼음으로 뒤덮인 나무가 빽빽하게 들어선 숲 같았고, 눈썹은 엉겅퀴 밭 같았으며, 내뱉는 숨결에서는 늪지에 쌓아둔 두엄 더미처럼 코를 찌르는 악취가 났다.

"안녕, 티르." 히미르가 별 감흥 없는 어투로 말했다.

"안녕하세요, 아버지." 티르 또한, 그게 가능한지는 몰라도 히미르보다 더 열의 없는 태도로 대꾸했다.

"내 집에 손님으로 왔으니 함께 저녁이나 먹자." 히미르는 이렇게 말하면서 손뼉을 쳤다.

홀의 문이 열리면서 하인이 거대한 황소를 끌고 들어왔는데, 가죽에서는 빛이 나고 눈은 훤하고 뿔은 날카로웠다. 그 뒤에는 한층 더 근사한 황소가 따라왔고, 마지막 세 번째 황소는 앞의 두 마리보다 더욱 멋졌다.

"이건 지금 존재하는 모든 황소들 가운데 가장 근사한 놈들이야. 미드가르드나 아스가르드에서 키우는 동물들보다 훨씬 덩치가 크고 살도 잘 올랐지." 히미르가 자랑스레 얘기했다. "나는 이 소들이 정말 자랑스러워. 내 보물이자 내 눈의 즐거움이지. 꼭 내 자식처럼 대한다고." 그러더니 잠시 동안 그의 찡그린 얼굴이 부드럽게 펴지는 듯했다.

머리가 9백 개인 할머니가 황소들을 모두 죽여서 가죽을 벗긴 뒤 거대한 요리용 솥에 던져 넣었다. 쉬익 소리를 내며 타오르는 불 위에 걸린 솥은 거품을 내면서 끓었고, 할머니는 떡갈나무만큼 커다란 숟가락으로 솥을 저었다. 그녀는 요리를 하는 동안 혼자 노래를 불렀는데, 마치 노파 천 명이 동시에 목청껏 노래하는 듯한 소리가 났다.

곧 음식이 완성되었다.

"너희들은 여기 손님으로 왔으니까 격식 차릴 필요 없다. 솥에서 먹을 수 있는 만큼 실컷 떠먹어." 히미르는 호탕하게 말했다. 이 방문객들은 몸집도 저렇게 작으니 먹으면 얼마나 먹겠는가. 게다가 황소는 저렇게 거대하지 않은가.

토르는 그럼 사양하지 않겠다고 말하고는 혼자서 황소 두 마리를 차례차례 먹어 치웠다. 그가 먹은 자리에는 살을 깨끗하게 발라낸 뼈 외에는 아무것도 남지 않았다. 그러고는 만족스럽게 트림을 했다.

"자네 정말 많이 먹는군, 베오르." 히미르가 말했다. "여기 있는 자들 모두가 며칠 동안 먹을 수 있는 양의 음식이었는데 말이야. 아무리 거인이라도 지금까지 내 황소를 두 마리나 한꺼번에 먹어 치운 자는 없었어.”

“배가 고팠거든요. 그리고 딴생각을 좀 하느라고 제가 그렇게 많이 먹는 줄도 몰랐습니다. 저기, 내일 같이 낚시하러 가지 않으시겠습니까? 낚시를 아주 잘하신다는 얘기를 들었는데요.”

히미르는 자신의 낚시 실력에 자부심을 갖고 있었다. “난 아주 뛰어난 낚시꾼이지. 같이 가서 내일 저녁 먹을거리를 잡아올 수도 있겠군.”

“저도 낚시 실력이 꽤 괜찮은 편입니다.” 토르가 말했다. 그는 지금까지 낚시를 해본 적이 없지만, 뭐 낚시가 어려워봤자 얼마나 어렵겠는가.

“그럼 내일 새벽에 선창에서 만나지.”

그날 밤 거대한 침실에 든 티르가 토르에게 말했다. “자네가 지금 무슨 짓을 하는 건지 알았으면 좋겠군.”

“물론 잘 알지.” 토르가 대꾸했다. 하지만 사실은 그렇지 않았다. 그는 자기가 하고 싶은 일을 하는 것뿐이었다. 그리고 그게 바로 토르가 가장 잘하는 일이었다.

동트기 직전의 어스름한 시각에 토르는 선창에서 히미르를 만났다.

“꼬마 베오르, 내 미리 경고해두겠네.” 거인이 말했다. “우리는 얼음처럼 차가운 바다로 멀리까지 나갈 거야. 저 멀리 아주 추운 데까지 배를 저어가서, 자네처럼 작은 인간들이 살아남을 수 있는 시간보다 더 오래 머무를 생각이라고. 자네 수염과 머리카락에는 고드름이 주렁주렁 달리고 추워서 파랗게 질리게 될걸. 어쩌면 얼어 죽을지도 모르지."

"제 걱정은 하지 마십쇼. 전 추운 걸 좋아합니다. 기분이 상쾌해지니까요. 미끼로는 뭘 씁니까?"

"내가 쓸 미끼는 미리 준비해왔네. 자네가 쓸 미끼는 자네가 직접 찾아야 해. 소들이 있는 들판에서 찾을 수도 있겠지. 소똥에는 아주 커다란 구더기가 사니까. 거기에서 자네가 원하는 걸 뭐든지 갖고 오게."

토르는 히미르를 쳐다봤다. 망치로 히미르를 한 대 쳐버릴까 하는 생각도 잠시 했지만, 제대로 싸우지 않고는 가마솥을 얻지 못할 것이었다. 그는 해변을 되짚어서 걸어갔다.

초원에는 히미르의 아름다운 소 떼가 있었다. 땅에는 거대한 똥 덩어리가 여기저기 흩어져 있고 커다란 구더기들이 그 안으로 꿈틀거리며 파고들고 있었지만, 토르는 그것들을 전부 무시했다. 대신 가장 크고, 가장 위풍당당하고, 가장 살진 소를 향해 걸어가 주먹을 들어 올리더니 소의 두 눈 사이를 주먹으로 쳐서 단번에 죽여버렸다.

토르는 소의 머리를 떼어내서 그걸 자기 주머니에 넣어 바닷가로 가져갔다.

히미르는 배에 올라 있었다. 그는 벌써 밧줄을 풀고 만 바깥으로 배를 저어 나가는 중이었다.

토르는 차가운 물속으로 뛰어들어 주머니를 끌면서 헤엄을 쳤다. 그는 추위에 곱은 손가락으로 배 후미를 잡고는 자기 몸을 배 위로 끌어올렸다. 그의 온몸에서 바닷물이 뚝뚝 떨어졌고, 붉은 턱수염에는 얼음이 맺혀 있었다.

"아, 아주 재미있었습니다. 추운 아침에 잠을 깨는 데는 수영만큼 좋은 것도 없죠."

히미르는 아무 말도 하지 않았다. 토르는 다른 노를 잡았고, 그들은 함께 노를 젓기 시작했다. 곧 육지가 시야에서 사라지고 그들은 북쪽 바다 위에 홀로 떠 있게 되었다. 바닷물은 회색이고, 파도는 높이 일렁였으며, 바람과 갈매기들은 찢어지는 비명 소리를 냈다.

히미르가 노 젓는 걸 멈췄다. "여기에서 낚시를 할 거야."

"여기에서요? 아직 먼 바다까지 제대로 나가지도 않았잖습니까." 그러면서 토르는 노를 잡고 혼자 더 깊은 바다로 배를 저어가기 시작했다.

배는 파도를 가르며 쏜살같이 달렸다.

"멈춰!" 히미르가 큰 소리로 말했다. "이곳 바다는 위험하다고. 미드가르드의 뱀인 요르문간드가 발견되는 곳이야."

토르는 노 젓는 걸 중단했다.

히미르는 배 바닥에서 커다란 물고기 두 마리를 꺼냈다. 그리고 날카로운 미끼용 칼을 이용해 내장을 제거한 뒤 내장은 바다에 던지고 물고기를 자기 낚시 바늘에 꿰었다.

히미르는 미끼를 꿴 낚싯줄을 물에 드리웠다. 그리고 손 안에서 줄이 홱 당겨지며 요동칠 때까지 기다렸다가 줄을 끌어당겼다. 거대한 고래 두 마리가 낚시에 걸려 있었는데, 토르가 지금까지 본 것 중에서 가장 큰 고래였다. 히미르는 자랑스럽게 씩 웃었다.

"나쁘지 않군요." 토르가 말했다.

그는 자기 주머니에서 소머리를 꺼냈다. 자기가 아끼는 소의 죽은 눈을 본 히미르의 얼굴이 얼어붙었다.

"나도 미끼를 준비해왔습니다." 토르가 상대방의 이해를 도우려는 듯이 말했다. "말씀하신 것처럼 소들이 있는 들판에서요."

히미르의 거대한 얼굴에는 충격과 공포, 분노의 표정이 번갈아가며 떠올랐지만 그는 입을 꾹 다문 채 아무 말도 하지 않았다.

토르는 히미르의 낚싯줄을 가져다가 바늘에 소머리를 걸고 줄을 던져서 거대한 미끼를 바다에 집어넣었다. 그는 소머리가 바닥으로 가라앉는 걸 느꼈다. 그러고는 가만히 기다렸다.

"낚시는," 토르가 무료한 표정으로 말했다. "인내심을 배우기 위해서 하는 일 같군요. 좀 지루하지 않습니까? 제가 우리 저녁거리로 뭘 잡게 될지 궁금하네요."

바로 그때 바다가 용솟음쳤다. 미드가르드의 뱀인 요르문간드가 거대한 황소 머리를 무는 바람에 낚싯바늘이 요르문간드의 입천장에 깊숙이 박혀 있었다. 뱀은 물속에서 마구 몸부림쳤다.

토르는 낚싯줄에 꽉 매달렸다.

"저놈이 우리를 물속으로 끌고 들어갈 거야!" 히미르가 공포에 질려 외쳤다. "줄을 놔!"

토르는 고개를 저었다. 그는 낚싯줄을 잡은 손에 한층 더 힘을 줬다.

천둥의 신은 발을 세게 굴러 배 바닥을 뚫고는, 바다 밑바닥에 발을 대고 버티면서 요르문간드를 배 위로 끌어당기기 시작했다. 뱀이 그들을 향해 검은 독액을 뱉었지만 재빨리 피한 덕분에 맞지 않았다. 토르는 계속해서 줄을 잡아당겼다.

"이건 미드가르드의 뱀이야, 바보야!" 히미르가 소리쳤다. "낚싯줄을 놔! 우리 둘 다 죽게 생겼다고!"

토르는 아무 말 없이 두 손을 번갈아가며 낚싯줄을 잡아당겼다. 그의 눈은 적에게 고정되어 있었다. "난 네놈을 죽일 거다." 그는 포효하는 파도와 울부짖는 바람, 뱀이 온몸으로 물을 치면서 비명을 지르는 소리 아래로 뱀에게 작게 속삭였다. "아니면 네놈이 날 죽이겠지. 이건 맹세다."

그는 목소리를 낮춰서 속삭였지만 미드가르드의 뱀이 자기 말을 똑똑히 들었다고 단언할 수 있었다. 뱀은 그에게 시선을 고정했고, 다음에 뱉은 독 방울은 토르에게 매우 가까이 튀었다. 바닷바람 속에서도 그 맛을 느낄 수 있을 정도였다. 독은 토르의 어깨에 뿌려졌는데 독액이 닿은 곳이 화상을 입었다. 토르는 그냥 웃어넘기고는 다시 줄을 끌어당겼다.

토르에게는 멀리 떨어진 어딘가에서 히미르가 괴물 같은 뱀과 구멍 난 배로 밀려 들어오는 바닷물과 자기들 둘이 육지에서 멀리 떨어진 이 춥디추운 바다에서 다 죽게 될 상황인 것에 대해 횡설수설하고 툴툴거리고 소리를 지르는 것처럼 느껴졌다. 토르는 이런 것들에 전혀 마음을 쓰지 않았다. 그는 뱀과 싸우기도 하고 같이 놀기도 하면서 뱀이 몸부림치고 줄을 당기느라 기진맥진해지도록 했다.

그리고 다시 낚싯줄을 배 쪽으로 끌어당기기 시작했다.

미드가르드 뱀의 머리가 타격 가능한 범위 안으로 거의 들어왔다. 토르는 시선을 돌리지 않은 채 손을 아래로 뻗었고, 그의 손가락이 망치 자루를 쥐었다. 그는 이 뱀을 죽이려면 망치 머리로 정확히 어디를 때려야 하는지 알고 있었다.

그때 히미르의 미끼 손질용 칼이 번득이더니 낚싯줄을 잘랐다. 요르문간드는 꼬리로 일어서서 배 위로 높이 치솟았다가 바닷속으로 떨어졌다.

토르는 뱀을 향해 망치를 던졌지만 괴물은 이미 그 자리를 벗어나 차가운 회색 물속으로 자취를 감춘 뒤였다. 되돌아온 망치를 잡은 토르는 가라앉고 있는 낚싯배 쪽으로 관심을 돌렸다. 히미르는 필사적으로 바닥에서 물을 퍼내고 있었다.

히미르는 물을 퍼내고 토르는 노를 저어 둘은 해변으로 다시 돌아왔다. 히미르가 앞서 잡은 고래 두 마리를 뱃머리에 놔뒀기 때문에 노를 젓기가 평소보다 더 힘들었다.

"저기 해안이 보이는군." 히미르가 헐떡이며 말했다. "하지만 여기서 우리 집까지는 한참 더 가야 돼."

"여기에 상륙하면 되잖아요."

"배와 나와 내가 잡은 고래 두 마리를 우리 집까지 끌고 갈 생각이라면 마음대로 해."

"음, 좋습니다."

토르는 낚싯배 옆쪽으로 뛰어내렸다. 잠시 뒤, 히미르는 배가 공중으로 떠오르는 걸 느꼈다. 토르는 배와 노, 히미르, 고래를 자기 등에 짊어지고 바다 옆의 자갈 깔린 해변을 따라 운반하고 있었다.

그들이 히미르의 집에 도착하자, 토르는 배를 땅에 내려놓았다.

"당신이 요구한 대로 집까지 데려다놨습니다. 이제 그 보답으로 부탁 하나만 들어주십시오."

"무슨 부탁인데?"

"당신의 가마솥. 맥주를 양조할 때 쓰는 거대한 가마솥을 빌려가고 싶습니다."

"넌 힘 센 낚시꾼이고 노도 아주 잘 젓더군. 하지만 네가 요구하는 건 세상에서 가장 좋은 양조용 솥이다. 그 솥 안에서 마법으로 양조한 맥주는 최고의 맥주가 되지. 나는 내가 마신 컵을 깨뜨릴 수 있는 자에게만 이 솥을 빌려줄 것이다."

"아주 어려운 일 같지는 않군요."

그들은 그날 밤에 머리가 여러 개 달린 거인들로 가득한 홀에서 구운 고래 고기를 먹었는데, 거인들은 모두 기분 좋게 소리를 질러댔고 대부분이 술에 잔뜩 취해 있었다. 그들이 식사를 마치자, 히미르는 자기 컵에 담긴 맥주를 다 마시고 모두에게 조용히 하라고 했다. 그리고 토르에게 컵을 건네주면서 말했다.

"이걸 박살내야 해. 이 컵을 박살내면 내가 맥주를 양조하는 가마솥을 선물로 주지. 하지만 박살내지 못하면 넌 죽은 목숨이야."

토르는 고개를 끄덕였다.

거인들은 농담과 노래를 멈추고 조심스럽게 토르를 쳐다봤다.

히미르의 요새는 돌로 지어졌다. 토르는 컵을 양손으로 들고 무게를 가늠해본 뒤 연회 홀 지붕을 떠받치고 있는 대리석 기둥을 향해 있는 힘껏 내던졌다. 귀청이 찢어질 것 같은 굉음이 울렸고 공기 중에는 먼지가 심하게 날려 눈을 뜰 수 없을 정도였다.

먼지가 가라앉자 히미르는 자리에서 일어나 대리석 기둥의 잔해 쪽으로 걸어갔다. 컵은 첫 번째 기둥과 두 번째 기둥을 뚫고 지나가면서 기둥을 산산이 부숴 아주 작은 돌조각으로 만들어놓았다. 세 번째 기둥의 잔해 속에 컵이 있었는데, 먼지가 약간 묻긴 했지만 손상된 곳은 전혀 없었다.

히미르가 컵을 자기 머리 위로 치켜들자 거인들은 환호하고 웃으면서 모든 머리를 다 동원해 토르를 향해 얼굴을 찌푸리거나 저속한 몸짓들을 해댔다.

히미르는 다시 식탁 앞에 앉았다. "봤지?" 그가 토르에게 말했다. "자넨 내 컵을 깰 수 있을 만큼 강할 것 같지 않았어."

히미르가 컵을 들어 올리자 그의 아내가 맥주를 따라줬다.

히미르는 맥주를 꿀꺽 들이켜고 말했다. "이게 자네가 마시게 될 최고의 맥주야. 여보, 당신 아들과 친구 베오르에게 맥주를 더 따라줘. 최고의 맥주를 맛보면서 내 가마솥을 가져가지 못하게 된 것과 이렇게 맛있는 맥주를 다시는 마시지 못하게 된 걸 슬퍼하게 하자고. 또 내 컵을 깨지 못한 벌로 이제 곧 베오르를 죽여야 하니까 아마 더 슬프겠지."

식탁에서 티르 옆에 앉아 있던 토르는 새까맣게 탄 고래 고기 덩어리를 집어 들더니 분하다는 듯이 씹어 먹었다. 거인들은 한참 시끌벅적하게 떠들어대면서 이제 그를 무시했다.

티르의 어머니가 몸을 구부려 토르의 컵에 맥주를 따라줬다. "알겠지만," 그녀가 조용한 목소리로 속삭였다. "내 남편은 대단한 돌머리야. 고집불통에다가 머리도 나쁘지."

"사람들이 나에 대해서도 그렇게 말하더군요." 토르가 대꾸했다.

"아냐." 그녀는 어린아이를 타이르는 듯한 어조로 말했다. "내 남편은 정말 머리가 돌처럼 단단하다니까. 가장 튼튼한 컵도 깰 수 있을 정도로 단단하다고."

토르는 자기 맥주를 다 비웠다. 그건 정말 지금까지 마셔본 맥주 가운데 최고의 맥주였다. 그는 자리에서 일어나 히미르에게 걸어갔다. "한 번만 더 시도해봐도 될까요?" 토르가 물었다.

그 말에 홀에 있던 거인들은 모두 웃음을 터뜨렸지만, 히미르보다 더 큰 소리로 웃은 이는 없었다.

"물론이지."

토르는 컵을 집어 들었다. 그리고 돌 벽을 바라보면서 컵 무게를 한두 번 대중하더니 재빨리 홱 돌아서서 히미르의 이마에 컵을 내리쳐서 깨부쉈다.

깨진 컵 조각들이 하나씩 히미르의 무릎에 떨어졌다.

홀은 일순 침묵에 잠겼다가 이상하게 씩씩거리는 소리 때문에 침묵이 깨졌다. 토르는 그게 무슨 소린지 알아보려고 주위를 두리번거리다가 다시 고개를 돌렸는데, 앞에 있는 히미르의 어깨가 떨리고 있는 게 보였다. 거인은 어깨를 크게 들썩이면서 울고 있었다.

"내 가장 소중한 보물이 더 이상 내 게 아니라니……. 언제든 맥주를 만들어달라고 말만 하면 가마솥이 마법의 힘을 발휘해서 저절로 최고의 맥주를 만들곤 했는데. 이제 다시는 '내게 맥주를 만들어다오, 내 가마솥아' 하고 말할 수 없겠구나."

토르는 아무 말도 하지 않았다.

히미르는 티르를 보면서 씁쓸하게 말했다. "아들아, 네가 원한다면 가져가라. 그 가마솥은 아주 크고 무거워. 들어 올리려면 거인이 열 명도 더 필요하지. 네가 그 정도로 힘이 세다고 생각하느냐?"

티르는 가마솥 쪽으로 걸어갔다. 그리고 가마솥을 들어 올리려 한 번, 두 번 애를 써봤지만 티르처럼 힘센 자가 들기에도 너무 무거웠다. 티르는 토르를 바라봤다. 토르는 어깨를 으쓱하더니 가마솥 테두리를 움켜잡고 뒤집어 자기가 가마솥 안에 들어가고 손잡이가 자기 발 근처에서 철그렁거리게 했다.

이내 토르가 안에 들어가 있는 채로 가마솥이 움직이기 시작했다. 홀을 가득 메운 머리가 여러 개 달린 거인들이 입을 떡 벌리고 지켜보는 가운데 가마솥은 문을 향해 움직였다.

히미르는 더 이상 울지 않았다.

"가마솥을 주셔서 감사합니다." 티르는 그를 흘깃 보며 인사하고는 움직이는 가마솥을 자신과 히미르 사이에 둔 채로 간신히 그 방에서 빠져나갔다.

토르와 티르는 함께 성을 나서서 토르의 염소들을 매어뒀던 밧줄을 풀고 전차에 올라탔다. 토르는 가마솥을 계속 등에 짊어진 채였다. 염소들은 최선을 다해 달렸다. 스나를러는 거인의 가마솥 무게를 감당해야 하는데도 불구하고 빨리 잘 달린 반면 그라인더는 자꾸 절뚝거리거나 비틀거렸다. 예전에 골수를 탐하는 자로 인해 다리가 부러진 적이 있기 때문이었다. 토르가 고쳐주긴 했지만 다시 예전처럼 강해지지는 못했다.

그라인더는 달리면서 고통 때문에 매애 하고 울었다.

"더 빨리 갈 수는 없어?" 티르가 물었다.

"노력해볼 수는 있겠지." 토르는 그렇게 말하더니 염소들이 더 빨리 달리도록 채찍질을 했다.

티르는 뒤를 돌아봤다. "저자들이 쫓아오고 있어. 거인들이 오고 있다고."

정말 거인들이 쫓아오고 있었고, 히미르가 그들의 뒤를 따르면서 그 부근에 사는 모든 거인들, 머리가 여러 개 달린 괴물 같은 집단, 기형적이고 치명적인 폐기물 같은 거인들을 격려하고 있었다. 거인 부대는 모두 자기네 가마솥을 되찾으려고 혈안이 되어 있었다.

"더 빨리 달려!" 티르가 말했다.

이때 염소 그라인더가 비틀거리며 쓰러지는 바람에 토르와 티르는 전차 밖으로 내동댕이쳐졌다.

토르는 휘청거리면서 일어났다. 그리고 가마솥을 땅에 던지고 웃기 시작했다.

"왜 웃는 거야?" 티르가 물었다. "거인 수백 명이 따라오고 있는 이 판국에."

토르는 망치 묠니르를 들어 올리면서 말했다. "난 뱀을 잡고도 죽이지 못했어. 하지만 거인 백 명 정도라면 그걸 거의 보상할 수 있겠군."

토르는 체계적이고도 열성적인 태도로, 땅이 온통 그들의 피로 검붉게 물들 때까지 쓰레기 같은 거인들을 하나씩 죽였다. 티르는 한 손으로 싸워야 했지만 그래도 용감하게 활약해서 자기 몫의 거인들을 충분히 해치웠다.

싸움이 끝났을 때 거인들은 모두 죽어 있었다. 토르는 부상을 입은 염소 그라인더 옆에 쭈그리고 앉아서 다시 일어서게 도와줬다. 염소는 걸으면서 절룩거렸고, 토르는 자기 염소를 다치게 만든 로키를 저주했다. 히미르는 죽은 거인들 틈에 없었기 때문에 티르는 안도했다. 자기 어머니에게 또 다른 괴로움을 안겨주고 싶지 않았기 때문이다.

토르는 가마솥을 아스가르드의 신들이 모인 곳으로 가져갔다.

신들이 가마솥을 에기르에게 바쳤다. "자, 여기 있소." 토르가 말했다. "우리 모두가 마실 수 있을 만큼 커다란 양조용 가마솥이오."

바다 거인은 한숨을 쉬었다. "내가 요구했던 게 맞군. 좋소, 내 궁전에서 모든 신들을 위한 가을 연회를 열겠소."

그는 약속을 잘 지키는 거인이었기 때문에, 그 이후 해마다 추수철이 끝나는 가을이면 신들은 바다 거인의 궁전에 모여 세계 최고의 맥주를 마시게 되었다.

발드르의 죽음

THE DEATH OF
BALDER

I

태양을 사랑하지 않는 것은 세상에 없다. 태양은 우리에게 온기와 생명을 주고, 겨울의 차디찬 눈과 얼음을 녹이며, 식물이 자라고 꽃을 피우게 한다. 우리에게 어둠이 빨리 찾아오지 않도록 긴 여름밤을 선사한다. 시체의 창백한 눈처럼 태양이 차갑고 멀리 있어 아주 짧은 시간 동안만 어둠이 사라지는 한겨울의 우울한 날들로부터 우리를 구한다.

발드르의 얼굴은 태양처럼 빛났다. 그는 너무나도 아름다워서 자신의 주변 모든 장소를 미모로 환하게 밝혔다. 발드르는 오딘의 둘째 아들인데, 아버지뿐 아니라 주변 모든 것들에게 사랑을 받았다. 그는 모든 에시르 신족들 가운데 가장 현명하고 온화한 달변가였다. 그가 자신의 판단을 얘기하면, 모두가 그의 지혜와 공정함에 깊은 인상을 받곤 했다. 브레이다블리크Breidablik라는 그의 집은 기쁨과 음악과 지식이 넘치는 곳이었다.

발드르의 아내는 난나Nanna인데, 발드르는 오직 그녀만 사랑했다. 이들 부부의 아들인 포르세테Forsete는 자기 아버지처럼 현명한 판단력을 갖춘 인물로 성장했다. 발드르의 인생이나 그의 세계에는 아무 문제도 없었다. 단 한 가지만 빼고.

발드르는 악몽을 꾸었다. 세상이 끝나는 꿈, 늑대가 해와 달을 집어삼키는 꿈을 꾸었다. 끝없는 고통과 죽음의 꿈도 꾸었다. 암흑 속에 갇히는 꿈도 꾸었다. 그의 꿈에서는 형제들이 서로 상대방을 죽이고, 누구도 다른 사람을 신뢰할 수 없었다. 그의 꿈에서 세상에 새로운 시대가 도래하는데, 그건 폭풍과 살인의 시대였다. 발드르는 이런 악몽을 꾸다가 울면서 말할 수 없는 불안한 마음으로 잠을 깨곤 했다.

발드르는 신들에게 가서 자기가 꾼 악몽에 대해 이야기했다. 하지만 그 꿈을 어떻게 해석해야 할지 아무도 몰랐기에 다들 불안해했는데, 단 한 명만은 예외였다.

로키는 발드르가 자기가 꾼 악몽에 대해 얘기하는 걸 듣고 빙그레 웃었다.

오딘은 자기 아들이 그런 꿈을 꾼 이유를 알아내기 위해 길을 나섰다. 그는 회색 망토를 걸치고 챙이 넓은 모자를 썼으며, 사람들이 이름을 물어보면 전사의 아들인 방랑자라고 말했다. 오딘의 질문에 대한 답을 아는 사람은 아무도 없었지만, 그들은 미래를 내다보는 현명한 여인이 있었는데 그녀는 모든 꿈의 의미에 대해서도 알고 있었다고 말해줬다. 그녀라면 그를 도울 수 있을지도 모르는데, 안타깝게도 그녀는 이미 오래전에 죽었다고 한다.

세상의 끝에 그 현명한 여인의 무덤이 있었다. 그곳을 지나 동쪽으로 가면 전투에서 싸우다 죽은 게 아니라 다른 방식으로 죽은 이들의 왕국이 있는데, 그곳은 로키가 앙그르보다라는 여자 거인과의 사이에서 낳은 딸인 헬이 지배하는 곳이다.

오딘은 동쪽으로 여행을 계속하다가 무덤에 다다라서야 발길을 멈췄다.

최고신은 에시르 신족 중에서 가장 현명한데, 더 많은 지혜를 얻기 위해 자기 눈을 내주기도 했다.

오딘은 세상의 끝에 있는 무덤 곁에 서서, 가장 어두운 룬 문자를 읊으면서 오랫동안 잊혔던 옛날의 힘에 의지했다. 그는 물건을 태우고 뭔가를 말하고 부적을 그리면서 뭔가를 요구했다. 폭풍이 오딘의 얼굴에 휘몰아쳤고, 그 바람이 그치자 불길 반대편에 한 여자가 오딘 앞에 서 있었는데 그녀의 얼굴은 그림자에 가려 있었다.

"죽은 자들의 땅에서 돌아오는 건 아주 힘든 여행이었소." 그녀가 말했다. "난 아주 오랫동안 여기에 묻혀 있었소. 비와 눈이 내 위에 내렸지. 나를 일으킨 자여, 난 당신이 누군지 모르오. 남들이 당신을 뭐라고 부르오?"

"다들 나를 방랑자라고 부르지. 내 아버지는 전사였고. 헬의 소식을 말해주시오."

죽은 현명한 여인은 그를 뚫어지게 쳐다봤다. "발드르가 우리에게 올 거요. 우리는 그를 위한 꿀술을 만들어뒀지. 땅 위의 세상에는 절망이 내려앉겠지만, 죽은 자들의 세상에는 축하의 노래가 가득할 거요."

오딘은 누가 발드르를 죽이는지 물어봤고, 그녀의 대답에 충격을 받았다. 발드르의 죽음에 누가 복수를 하는지도 물었는데, 그 대답은 그를 어리둥절하게 만들었다. 그리고 누가 발드르의 죽음을 애도하는지 묻자, 그녀는 마치 그를 처음 보는 것처럼 자기 무덤 너머로 그를 똑바로 응시했다.

"당신은 방랑자가 아니야." 그녀가 말했다. 그녀의 죽은 눈이 깜박거렸고, 얼굴에 표정이 떠올랐다. "당신은 오딘이지. 아주 오래전에 자신을 위해 스스로를 희생시킨 오딘."

"그리고 넌 현명한 여인이 아니지. 넌 살아 있을 때 로키의 연인이자 헬, 미드가르드의 뱀 요르문간드, 그리고 늑대 펜리르의 어머니였던 앙그르보다가 아니냐." 오딘이 말했다.

죽은 여자 거인이 미소를 지었다. "집으로 돌아가라, 꼬마 오딘. 얼른 달아나서 네 집으로 돌아가. 이제 내 남편 로키가 족쇄에서 풀려나 내게 돌아오고, 신들을 파멸시키고 모두를 뿔뿔이 갈라놓을 라그나로크가 다가오기 전까지는 아무도 날 찾아오지 않을 거다."

다음 순간, 그곳에는 그림자 외에는 아무것도 남아 있지 않았다.

오딘은 무거운 마음으로 자리를 떴다. 그에게는 생각해야 할 것이 아주 많았다. 아무리 신들이라도 운명을 바꿀 수는 없으니, 그가 발드르를 구하려면 절묘한 꾀를 발휘해야 했고 누군가의 도움을 받아야 했다. 죽은 여자 거인이 한 말 중에서 오딘의 신경을 건드린 게 하나 더 있었다.

'그녀는 왜 로키가 족쇄에서 벗어나야 한다고 말한 걸까?' 오딘은 궁금했다. 로키는 족쇄에 묶여 있지 않은데 말이다. 그러고는 다시 생각했다. '아직까지는 그렇지.'

II

오딘은 자신의 생각을 남들에게 알리지 않았지만, 그의 아내이자 신들의 어머니인 프리그에게는 발드르의 꿈이 사실이고 자신들의 소중한 아들을 해치려는 자들이 있다고 털어놨다.

프리그는 곰곰이 생각에 잠겼다가 여느 때처럼 현실적인 의견을 내놨다. "난 그 말을 믿지 않아요. 믿어서도 안 되고요. 태양과 온기 그리고 태양이 지상에 가져다준 생명을 싫어하는 존재는 없어요. 그와 마찬가지로 아름다운 내 아들 발드르를 미워하는 존재도 없죠." 그러고는 그 말이 사실이라는 걸 확인하기 시작했다.

프리그는 지상을 돌아다니면서 마주치는 모든 것들에게 아름다운 발드르를 해치지 않겠다는 맹세를 받아냈다. 그녀가 불에게 얘기하자 불은 발드르를 태우지 않겠다고 약속했다. 물은 절대 그를 익사시키지 않겠다고 맹세했고, 쇠는 그를 베지 않겠다고 했으며, 다른 모든 금속들도 이에 동의했다. 돌은 그의 피부에 멍이 생기지 않게 하겠다고 맹세했다. 프리그는 나무, 짐승, 새, 기어 다니거나 날아다니거나 느릿느릿 걸어 다니는 모든 생물에게 부탁했고, 각 피조물마다 자기 동족은 절대로 발드르를 해치는 일이 없을 거라고 약속했다. 떡갈나무와 물푸레나무, 소나무와 너도밤나무, 자작나무와 전나무 등 모든 나무들도 동의했다. 프리그는 마법으로 질병의 정령을 불러내 그들과 얘기를 나눴고, 인간을 아프게 하거나 상처 입힐 수 있는 모든 질병과 질환은 절대로 발드르에게 손대지 않겠다고 약속했다.

프리그가 대수롭지 않다고 여기고 부탁하지 않은 대상은 하나도 없었다. 단 하나, 다른 나무에 기생해서 사는 식물인 겨우살이만 제외하고 말이다. 겨우살이는 너무 작고, 너무 어리고, 너무 사소해 보였기 때문에 그냥 지나치고 말았다.

그리고 모든 사물이 그녀의 아들을 해치지 않겠다는 맹세를 하자, 프리그는 아스가르드로 돌아갔다. "발드르는 안전해요." 그녀는 에시르 신족에게 말했다. "그 무엇도 발드르를 해치지 않을 거예요."

발드르를 비롯한 모두가 그녀의 말을 의심했다. 프리그는 돌을 집어 자기 아들을 향해 획 내던졌다. 돌은 그를 피해갔다.

발드르는 기뻐하며 웃었는데, 마치 태양이 구름 뒤에서 나온 듯한 느낌을 주는 웃음이었다. 신들도 미소를 지었다. 그리고 한 명씩 자기 무기를 발드르에게 던져보고는 다들 놀라고 신기해했다. 칼은 발드르의 몸에 닿지도 않았고, 창은 그의 살을 꿰뚫지 못했다.

모든 신들은 안도하며 행복해했다. 아스가르드에서 기쁨으로 빛나지 않는 얼굴은 단 둘뿐이었다. 로키는 미소를 짓지도 웃지도 않았다. 그는 신들이 도끼와 칼로 발드르를 마구 내리치거나, 거대한 돌덩어리를 발드르의 머리 위에 떨어뜨리거나, 울퉁불퉁 마디가 진 커다란 나무 몽둥이로 발드르를 때리려고 하다가 몽둥이와 칼과 바위와 도끼가 발드르를 피하거나 부드러운 깃털처럼 그를 스치는 걸 보고는 웃음을 터뜨리는 모습을 봤다. 로키는 곰곰이 생각에 잠겼다가 슬며시 그림자 속으로 사라졌다.

웃지 않는 또 한 명의 인물은 발드르의 동생인 호드였는데 그는 장님이었다.

"무슨 일이 벌어지고 있는 거죠?" 앞이 안 보이는 호드가 물었다. "대체 무슨 일인지 누가 제발 저한테 얘기 좀 해주세요." 하지만 아무도 호드에게 설명을 해주지 않았다. 그는 떠들썩하게 노는 즐거운 소리를 들으면서 자기도 저기 낄 수 있기를 바랐다.

"아드님이 정말 자랑스러우시겠어요." 한 친절한 여인이 프리그에게 말했다. 프리그는 그녀가 누구인지 알아보지 못했지만, 그 여인은 발드르를 보며 활짝 웃었고 프리그는 실제로 자기 아들이 자랑스러웠다. 어쨌든 세상 모두가 발드르를 사랑하지 않는가 말이다. "하지만 저들이 불쌍한 젊은이를 해치면 어떡하죠? 저렇게 물건을 마구 던지다가 말이에요. 제가 저 젊은이의 엄마라면 아들이 다칠까 봐 엄청 걱정될 거예요."

"저들은 내 아들을 다치게 하지 않을 겁니다. 세상 어떤 무기도 발드르에게 상처를 입힐 수는 없어요. 어떤 질병도, 어떤 바위도, 어떤 나무도요. 아들을 해칠 가능성이 있는 세상 모든 것들에게 절대로 아들을 해치지 않겠다는 맹세를 받았거든요."

"그거 잘됐군요." 친절한 여인이 말했다. "그 말을 들으니 기쁘네요. 하지만 하나도 빠뜨린 게 없다고 확신할 수 있으세요?"

"하나도 빠뜨리지 않았어요. 나무들까지 모두 맹세했는걸요. 내가 굳이 찾아가지 않았던 유일한 대상은 겨우살이예요. 발할라 서쪽에 있는 떡갈나무에서 자라는 덩굴식물 말이에요. 하지만 너무 어리고 작아서 남에게 아무런 해도 끼칠 수 없을 거예요. 겨우살이로는 몽둥이도 만들 수 없잖아요."

"저런, 저런, 겨우살이라고요? 사실 나 같아도 그런 걸 신경 쓰지는 않았을 거예요. 남을 해치기엔 너무 허약하잖아요."

프리그는 이 친절한 여인의 모습에서 누군가가 떠오르기 시작했지만, 여신이 그게 누구인지 기억해내기 전에 티르가 거대한 바위를 왼손으로 번쩍 들어 올렸다. 그리고 그걸 머리 위로 높이 치켜들었다가 발드르의 가슴을 바위로 세게 내리쳤다. 바위는 빛나는 신의 몸에 닿기도 전에 산산이 부서져 가루가 되었다.

프리그가 다시 친절한 여인과 얘기를 나누려고 고개를 돌렸을 때, 그녀는 이미 가버리고 없었다. 그리고 프리그는 그 일에 대해 더 이상 생각하지 않았다. 그때는 그랬다는 얘기다.

자기 모습으로 돌아온 로키는 발할라 서쪽으로 향했다. 그리고 거대한 떡갈나무 옆에서 멈췄다. 떡갈나무 몸통 여기저기에 겨우살이의 녹색 잎과 창백한 흰색 열매가 축 늘어져서 대롱거리고 있었는데, 떡갈나무의 위엄 있는 모습과 나란히 견주어보니 한층 더 하잘것없어 보였다. 겨우살이는 떡갈나무 껍질에서 곧바로 자라고 있었다. 로키는 열매와 줄기, 이파리를 자세히 살펴봤다. 겨우살이 열매로 발드르를 독살할까 생각해봤지만, 그건 너무 간단하고 쉬운 방법이었다.

만약 그가 발드르를 해치고자 한다면 최대한 많은 이들에게 해를 끼쳐야만 했다.

III

장님인 호드는 한쪽에 서서 녹지에서 들려오는 떠들썩한 소리와 즐거움과 놀라움의 환성에 귀를 기울이다가 한숨을 내쉬었다. 호드는 앞을 못 보지만 힘이 강했다. 신들 중에서 가장 강한 부류에 속했기 때문에, 평소에는 발드르가 그를 꼭 무리에 끼워주려고 신경을 썼다. 하지만 이번에는 발드르조차 호드를 잊어버린 것이다.

"표정이 안 좋네." 익숙한 목소리가 말했다. 로키였다.

"견디기 힘들군, 로키. 다들 저렇게 즐거운 시간을 보내고 있잖아. 그들이 웃는 소리가 들려. 그리고 내 사랑하는 형 발드르의 목소리도 매우 즐거운 듯하군. 난 그냥 저들 틈에 끼고 싶은 것뿐인데 말이야."

"그건 정말 쉽게 해결할 수 있는 문제인걸." 로키가 말했다. 호드는 로키의 얼굴에 떠오른 표정을 보지 못했지만, 로키의 목소리는 매우 협조적이고 친절했다. 그리고 신들은 모두 로키가 영리하다는 걸 알고 있었다. "손을 내밀어봐."

호드는 시키는 대로 했다. 로키는 호드의 손바닥에 뭔가를 올려놓은 뒤, 손가락을 접어서 그걸 감싸 쥐게 했다.

"이건 내가 만든 작은 나무 화살이야. 널 발드르 근처로 데려가서 그를 겨냥할 수 있게 해줄게. 그러면 너는 그를 향해서 이걸 최대한 세게 던지기만 하면 돼. 있는 힘껏 던져야 해. 그러면 신들이 모두 웃을 테고 발드르는 자신의 장님 동생까지 승리의 날에 동참했다는 걸 알게 되겠지."

로키는 군중들을 헤치고 호드를 왁자지껄한 무리들 쪽으로 데려 갔다. "여기야, 이 자리가 딱 좋겠네. 이제 내가 말할 때 그 화살을 던지면 돼."

"이건 그냥 작은 화살이잖아." 호드는 아쉬운 듯이 말했다. "가 능하면 창이나 바위를 던지고 싶은데."

"작은 화살도 쓸모가 있어. 끝부분이 아주 뾰족하거든. 자, 이제 내가 말한 대로 힘껏 던져."

엄청난 환호와 웃음이 터져 나왔다. 토르가 마디 진 가시나무에 날카로운 쇠못을 꽂아서 만든 몽둥이를 발드르의 얼굴을 향해 휘두 른 것이다. 몽둥이는 마지막 순간에 발드르의 머리 위로 튀어 올랐 고, 토르는 마치 춤을 추는 것처럼 보였다. 정말 우스꽝스러운 모습 이었다.

"지금이야!" 로키가 속삭였다. "자, 다들 웃고 있을 때 던져."

호드는 로키가 하라는 대로, 겨우살이로 만든 화살을 던졌다. 그 는 큰 환성과 웃음소리를 듣게 될 거라고 기대했지만, 아무도 웃지 않았고 아무도 환호하지 않았다. 주위에는 침묵만이 가득했다. 호드 는 헉하고 숨을 들이쉬는 소리와 낮게 중얼거리는 소리를 들었다.

"왜 아무도 날 격려해주지 않죠?" 앞이 안 보이는 호드가 물었다. "난 화살을 던졌어요. 크지도 무겁지도 않았지만 틀림없이 다들 봤 을 거예요. 발드르, 나의 형, 왜 형도 웃지 않는 거야?"

호드는 높고 날카롭고 끔찍한 울부짖음을 들었다. 그가 아는 목 소리였다. 울부짖는 사람은 틀림없이 그의 어머니였다.

"발드르, 내 아들…… 오 발드르, 오 내 아들!" 그녀는 계속 울부

찢었다.

그제야 호드는 자기가 던진 화살이 급소를 맞혔다는 걸 깨달았다.

"정말 끔찍하군. 너무 슬픈 일이야. 네가 형을 죽이다니." 로키가 말했다. 하지만 그의 목소리는 슬프게 들리지 않았다. 전혀 슬픈 목소리가 아니었다.

IV

겨우살이 화살에 찔린 발드르는 죽었다. 신들이 모여 울면서 옷을 찢었다. 오딘은 "호드에게 복수하지 않을 것이다. 아직은, 지금 당장은, 이번에는. 우리는 신성한 평화의 장소에 있다"라는 말 외에는 아무 말도 하지 않았다.

프리그가 말했다. "당신들 중 누가 헬에게 가서 내 감사를 받으시겠어요? 어쩌면 그녀가 발드르를 이 세상으로 돌려보내줄지도 몰라요. 아무리 헬이라도 그 아이를 그곳에 붙잡아둘 만큼 잔인하지는 않을 테니까요⋯⋯." 프리그는 잠시 생각에 잠겼다. 어쨌든 헬은 로키의 딸이다. "헬이 발드르를 돌려준다면 그 대가로 몸값을 지불할 거예요. 헬의 왕국까지 가줄 사람 누구 안 계신가요? 어쩌면 돌아오지 못할 수도 있지만요."

서로를 처다보는 신들 가운데 한 명이 손을 들었다. 님블Nimble이라고 불리는 헤르모드Hermod였는데, 그는 오딘의 수행원이자 젊은 신들 중에서 가장 발이 빠르고 가장 대담했다.

"제가 가겠습니다. 가서 아름다운 발드르를 데려오겠습니다."

그들은 다리가 여덟 개 달린 오딘의 종마인 슬레이프니르를 데려왔다. 헤르모드는 이 말에 올라타고 오직 죽은 자들만 갈 수 있는 헬의 궁전으로 가서 그녀를 만나기 위해 땅 밑으로 달려갈 채비를 했다.

헤르모드가 말을 타고 어둠 속을 달려가는 동안, 신들은 발드르의 장례식 준비를 했다. 발드르의 시신을 옮겨와서 그의 배 흐링호른Hringhorn에 실었다. 그들은 배를 물에 띄우고 불태우고자 했지만 해안에서 배를 옮길 수가 없었다. 토르까지 합세해서 다 함께 배를 밀기도 하고 끌어당기기도 해봤지만, 배는 해안에서 전혀 움직일 기미를 보이지 않았다. 이 배는 오직 발드르만 출발시킬 수 있는데 이제 그는 죽고 없는 것이다.

신들은 여자 거인 히로킨Hyrrokkin을 부르러 사람을 보냈다. 히로킨은 뱀을 고삐로 쓰는 거대한 늑대에 올라타 그들을 만나러 왔다. 그녀는 발드르의 배 이물 쪽으로 가서 최대한 세게 배를 밀었다. 그녀는 배를 물에 띄울 수 있었지만, 너무 과격하게 미는 바람에 배 굴림대가 화염에 휩싸였고 땅이 흔들리고 파도가 두려움에 떨었다.

"저 여자를 죽여야겠어." 자기 힘으로 배를 띄우는 데 실패한 걸 여전히 뼈아파하던 토르가 이렇게 말하면서 묠니르의 손잡이를 움켜쥐었다. "저렇게 무례하게 굴잖아."

"그런 짓은 하면 안 되오." 다른 신들이 말렸다.

"이 모든 게 정말 마음에 안 들어." 토르가 투덜댔다. "긴장을 풀기 위해 곧 누군가를 죽이고 말거야. 두고 보라고."

네 명의 신이 발드르의 시신을 들어서 자갈이 많은 해변으로 데려왔다. 여덟 개의 다리가 그곳에 모인 무리들 앞을 지나 그의 시신을 운구했다. 오딘은 문상객 무리의 맨 앞에 있었고, 그의 양어깨에는 까마귀가 한 마리씩 앉아 있었다. 그의 뒤에는 발키리와 에시르 신족이 서 있었다. 발드르의 장례식에는 서리 거인과 산의 거인, 그리고 심지어 땅속에 사는 교활한 장인들인 난쟁이들까지 참석했다. 세상에 존재하는 모두가 발드르의 죽음을 애도했기 때문이다.

발드르의 아내 난나는 남편의 시신이 운구되는 모습을 지켜봤다. 애통함에 울부짖던 그녀는 결국 심장이 멎어 그대로 바닷가에 쓰러져 죽었다. 신들은 난나의 시신도 장례용 장작더미로 운반해 발드르의 시신 옆에 올려놓았다. 오딘은 존경의 표시로 자신의 팔찌 드라우프니르를 장작더미 위에 올려놓았다. 이건 난쟁이 브로크와 에이트리가 오딘을 위해 만든 것으로, 9일마다 한 번씩 본체와 똑같이 순수하고 아름다운 팔찌 여덟 개를 만들어내는 기적을 일으킨다. 오딘은 죽은 발드르의 귀에 비밀을 속삭였는데, 그가 무슨 말을 했는지는 오직 그 자신과 발드르만 알고 있다.

그는 호화롭게 치장한 발드르의 말을 장작더미까지 타고 온 뒤 그곳에서 말을 희생 제물로 삼았다. 앞으로 가게 될 세상에서도 주인을 태울 수 있어야 하기 때문이었다.

장작에 불을 붙였다. 장작은 활활 타오르면서 발드르의 시신과 난나의 시신, 그의 말, 그의 소지품을 모두 태웠다.

발드르의 몸은 태양처럼 불타올랐다.

토르는 장례용 장작더미 앞에 서서 묠니르를 높이 치켜들고 "내가 이 장작더미를 신성하게 하겠다"라고 선언하더니, 여전히 적당한 예를 갖추지 않는 것처럼 보이는 여자 거인 히로킨에게 불쾌한 시선을 보냈다.

난쟁이들 중에 리트Lit라는 난쟁이가 타오르는 장작을 좀 더 잘 보려고 토르 앞으로 끼어들자, 토르는 짜증을 내면서 그를 화염 한가운데로 차 넣었다. 덕분에 토르는 기분이 조금 나아졌지만 난쟁이들은 모두 기분이 나빠졌다.

"마음에 안 들어." 토르가 매몰차게 말했다. "이 모든 게 하나도 마음에 안 든다고. 날렵한 헤르모드가 헬과 상황을 정리했으면 좋겠어. 발드르가 빨리 되살아날수록 우리 모두에게 더 좋잖아."

V

날렵한 헤르모드는 9일 낮, 9일 밤 동안 쉬지 않고 말을 달렸다. 그는 땅속 깊은 곳을 달리면서 어둠이 모여드는 곳을 지났다. 어둠침침한 낮에서 땅거미로, 밤으로, 그리고 별조차 뜨지 않는 칠흑같이 새까만 암흑으로 바뀌었다. 그 어둠 속에서 헤르모드가 볼 수 있는 건 멀리 앞에서 반짝거리는 금색 물체뿐이었다.

그가 말을 달려 가까이 접근할수록 빛은 점점 더 밝아졌다. 그건 금이었고, 죽은 자들이 모두 건너야 하는 걀레르 강Gjaller River을 가로질러 놓여 있는 다리에 깔아놓은 짚이었다.

헤르모드는 슬레이프니르의 속도를 늦춰서 발아래에서 마구 흔들리는 이 다리를 걸어서 건너게 했다.

"이름이 뭐냐?" 여자의 목소리가 물었다. "넌 어느 일족이냐? 죽은 자들의 땅에서 뭘 하고 있는 거지?"

헤르모드는 대답하지 않았다.

그가 다리의 반대편 끝에 다다르자 젊은 여자가 서 있었다. 그녀는 안색이 창백하고 매우 아름다웠는데, 지금까지 헤르모드 같은 존재는 본 적이 없는 것처럼 그를 뚫어지게 쳐다봤다. 그녀의 이름은 모드구드Modgud로, 이 다리를 지키는 임무를 맡고 있었다.

"어제는 왕국 다섯 개를 채울 만큼 많은 수의 죽은 자들이 이 다리를 건너갔는데, 당신은 혼자인데도 불구하고 그 많은 사람과 말보다 더 심하게 다리를 흔드는군요. 당신 피부 아래에 붉은 피가 흐르는 게 보여요. 당신 안색은 죽은 자의 안색이 아니고요. 그들은 회색, 녹색, 흰색, 푸른색을 띠고 있죠. 당신 피부 아래에는 생명이 숨 쉬고 있어요. 당신은 누군가요? 왜 헬까지 온 거죠?"

"난 헤르모드, 오딘의 아들입니다. 내가 오딘의 말을 타고 헬까지 온 건 발드르를 찾기 위해서입니다. 그를 본 적이 있습니까?"

"그를 한 번이라도 본 자는 절대 잊지 못하죠." 모드구드가 말했다. "아름다운 발드르는 9일 전에 이 다리를 건넜어요. 그리고 헬의 거대한 궁전으로 갔죠."

"고맙습니다. 나도 그리로 가야겠군요."

"아래로, 그리고 북쪽으로 가야 해요." 모드구드가 알려줬다. "계속 아래로 내려가면서 북쪽으로 향하는 거죠. 그러면 헬의 입구에 도착할 거예요."

헤르모드는 계속해서 말을 몰았다. 그는 방향을 북쪽으로 잡은 뒤, 거대하고 높은 벽과 헬로 들어가는 문이 보일 때까지 계속 길을 따라갔다. 그 벽과 문은 세상에서 가장 키 큰 나무보다 더 높게 뻗어 있었다. 헤르모드는 말에서 내려 말안장을 조이는 끈을 더 단단히 묶었다. 그리고 다시 말에 올라타 안장에 바싹 몸을 붙이고는 슬레이프니르가 더 빨리 달리도록 재촉했다. 그렇게 달리다가 마지막에 슬레이프니르가 펄쩍 뛰어올랐는데, 그 이전에든 이후에든 이렇게 높이 뛰어오른 말은 없었다. 결국 슬레이프니르는 헬의 성문을 깔끔하게 뛰어넘어 반대편에 안전하게 착지했다. 헬의 영역인 그곳은 지금껏 살아 있는 이가 들어가보지 못한 곳이다.

헤르모드는 죽은 자들이 모여 있는 거대한 궁전까지 말을 타고 간 뒤, 그 앞에서 말을 내려 안으로 걸어 들어갔다. 그의 형 발드르가 영예로운 자리인 상석에 앉아 있었다. 발드르의 안색은 창백했고 피부는 해가 뜨지 않아 온통 흐린 날의 세상 같은 빛을 하고 있었다. 발드르는 자리에 앉아 헬의 꿀술을 마시고 그녀가 주는 음식을 먹었다. 헤르모드를 발견한 발드르는 자기 옆에 앉아서 여기 모인 자들과 함께 밤을 보내라고 말했다. 발드르의 맞은편에는 그의 아내 난나가 있었고, 난나의 옆자리에는 기분이 별로 좋아 보이지 않는 난쟁이 리트가 앉아 있었다.

헬의 세상에서는 절대로 해가 뜨지 않기 때문에 새로운 하루가 시작될 수 없었다.

헤르모드는 연회장 건너편을 살펴보다가 기이하게 아름다운 여인을 발견했다. 몸의 오른쪽은 고운 살빛을 드러내고 있었지만, 왼쪽은 숲속 나무에 매달리거나 눈 속에서 얼어붙은 지 일주일쯤 지난 시체처럼 칙칙하게 썩어 있었다. 헤르모드는 그녀가 바로 로키의 딸, 최고신이 죽은 자들의 땅을 다스리게 한 헬이라는 걸 알아보았다.

"발드르 때문에 왔습니다." 헤르모드가 헬에게 말했다. "오딘이 직접 절 보냈습니다. 세상 모두가 발드르의 죽음을 슬퍼하고 있으니, 그를 우리에게 돌려보내주서야 합니다."

헬은 아무 감정도 드러내지 않았다. 오른쪽의 녹색 눈과 왼쪽의 움푹 들어간 죽은 눈이 헤르모드를 가만히 응시했다. "나는 헬이에요." 그녀가 간단하게 자기소개를 했다. "내게로 온 죽은 자들이 위쪽 세상으로 다시 돌아가는 법은 없어요. 그런데 내가 왜 발드르를 보내줘야 하는 거죠?"

"세상 만물이 다 그의 죽음을 애도하고 있습니다. 발드르의 죽음으로 인해 신과 서리 거인, 난쟁이, 요정 등 모두가 고통 속에서 하나가 되었지요. 심지어 금속들도 눈물을 흘립니다. 돌들도 용감한 발드르가 태양이 내리비치는 땅으로 돌아오는 날을 꿈꾸고 있고요. 그러니 제발 그를 보내주십시오."

헬은 아무 말도 하지 않았다. 그녀는 짝짝이 눈으로 발드르를 쳐다보다가 이내 한숨을 쉬었다. "그는 내 왕국에 온 이들 가운데 가장 아름다운 자이고, 최고의 존재입니다. 하지만 당신 말이 사실이라면, 세상 만물이 모두 발드르의 죽음을 슬퍼하고 있고 다들 그토록 그를 사랑한다면, 그를 당신들에게 돌려주겠어요."

헤르모드는 헬의 발아래에 몸을 던졌다. "정말 숭고한 결정이십

발드르의 죽음

니다. 감사합니다! 위대한 여왕님, 정말 감사합니다!"

헬은 헤르모드를 내려다봤다. "일어나세요. 난 그를 지금 당장 돌려주겠다고 말하지 않았어요. 당신이 과제를 완수해야만 해요, 헤르모드. 가서 모두에게 물어보세요. 모든 신과 거인, 모든 바위와 식물에게 물어보세요. 만약 세상 만물이 다 발드르를 위해서 울고 그가 돌아오기를 바란다면, 발드르를 에시르 신족과 낮의 세계로 돌려보내주겠습니다. 하지만 단 하나라도 그를 위해 울지 않거나 그의 귀환을 반대하는 존재가 있다면, 발드르는 영원히 나와 함께 있게 될 거예요."

헤르모드는 자리에서 일어났다. 발드르가 그를 홀 밖으로 데리고 나가 오딘의 팔찌 드라우프니르를 건네주면서, 헤르모드가 헬에 왔었던 증거로 이걸 오딘에게 돌려주라고 했다. 난나는 프리그에게 줄 리넨 옷과 프리그의 시녀 풀라에게 줄 금반지를 헤르모드에게 맡겼다. 리트는 그냥 얼굴을 찡그리면서 무례한 몸짓만 했다.

헤르모드는 다시 슬레이프니르에 올라탔다. 이번에는 그가 떠날 때 헬의 성문이 그를 위해 열렸고, 헤르모드는 자기 발자취를 되짚어가며 귀로에 올랐다. 다리를 건너자 마침내 다시 햇빛을 보게 되었다.

아스가르드에 도착한 헤르모드는 드라우프니르를 최고신 오딘에게 돌려주면서, 헬에서 있었던 일들과 자기가 본 것들을 낱낱이 얘기했다.

헤르모드가 지하 세계에 가 있는 동안 오딘은 발드르의 자리를 대신할 아들을 낳았다. 발리라는 이름을 얻은 이 아들은 오딘과 여신 린드Rind의 아들이었다. 이 아기는 태어난 지 하루도 되지 않아 호드를 찾아내서 죽였다. 발드르의 죽음에 대한 복수였다.

VI

에시르 신족은 전 세계에 전령들을 보냈다. 에시르 신족의 전령들은 바람처럼 말을 달리면서 마주치는 모든 것들에게 발드르가 헬의 세계에서 자유롭게 풀려날 수 있도록 발드르를 위해 울어줄 수 있겠느냐고 물었다. 여자도 울고, 남자도 울고, 어린아이도 울고, 동물도 울었다. 하늘을 나는 새들도, 땅도, 나무도, 돌도, 전령들이 만난 금속들도 발드르를 위해 울었다. 얼어붙을 듯이 추운 곳에 놓여 있던 차가운 쇠 검을 해가 비치는 따뜻한 곳으로 가져갔을 때 우는 것 같은 방식으로 운 것이다.

세상 모든 것이 발드르를 위해 울었다.

임무를 마친 전령들은 의기양양하게 기뻐하며 귀환 길에 올랐다. 발드르는 곧 에시르 신족들의 품으로 돌아올 것이다.

그들은 도중에 어떤 산의 동굴 옆쪽에 튀어나온 바위 위에 앉아 쉬면서 음식을 먹고 꿀술을 마시고 농담을 하며 웃어댔다.

"거기 누구요?" 동굴 안에서 목소리가 들리더니 늙은 여자 거인이 밖으로 나왔다. 그녀를 어디선가 본 듯한 느낌이 희미하게 들었지만, 전령들 중 누구도 그게 누구인지 확신하지 못했다. "난 토크Thokk라오." 여자 거인이 말했는데, 그건 '감사'라는 뜻이었다. "그런데 왜 여기까지 온 거유?”

"우리는 세상에 존재하는 모든 것들에게 죽은 발드르를 위해 울어줄 수 있는지 물어봤습니다. 아름다운 발드르가 그의 장님 동생 손에 죽었거든요. 그래서 다들 하늘의 태양이 빛나지 않게 되었을 때 태양을 그리워하는 것처럼 발드르를 그리워하고 있습니다. 그리고 모두들 발드르를 위해 울었고요.”

여자 거인은 코를 훌쩍이고 목을 가다듬더니 바위에 침을 뱉었다.

"늙은 토크는 발드르를 위해 울지 않을 거유.” 그녀는 퉁명스럽게 말했다. "살아 있든 죽었든 늙은 오딘의 아들은 나한테 불행과 분노만 안겨줘. 난 그놈이 죽어서 기뻐. 정말 속이 다 시원하네. 헬이랑 계속 지내게 내버려둬.”

그러더니 발을 질질 끌면서 컴컴한 동굴 속으로 들어가 시야에서 사라졌다.

전령들은 아스가르드로 돌아가 신들에게 자기들이 본 걸 얘기하고, 발드르를 위해 울어주지 않고 그가 지상으로 돌아오기를 바라지 않는 한 명, 산속 동굴에 사는 늙은 여자 거인 때문에 임무에 실패했다고 털어놨다.

그때쯤 되자 전령들도 늙은 토크를 보면서 떠오른 자가 누구인지 깨달았다. 그녀는 라우페이의 아들 로키와 매우 비슷한 모습으로 움직이거나 말했다.

"그건 틀림없이 변장한 로키였을 거야.” 토르가 말했다. "당연히 로키밖에 없지. 언제나 그랬으니까.”

토르는 망치 묠니르를 들고 신들을 모으더니 복수를 하기 위해 로키를 찾아 나섰다. 하지만 이 교활한 말썽꾼은 어디에도 보이지 않았다. 그때 로키는 아스가르드에서 멀리 떨어진 곳에 숨어 자신의 영리함을 자축하면서 소란이 잦아들기를 기다렸다.

로키의 최후

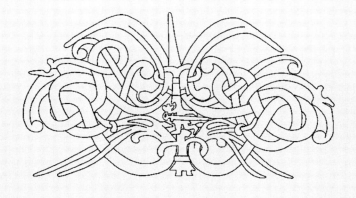

THE LAST DAYS OF
LOKI

I

발드르가 죽은 뒤에도 신들은 오랫동안 그의 죽음을 애도했다. 그들이 슬픔에 잠겨 있자 회색 비가 그칠 줄 모르고 내렸고 땅 위에는 아무런 즐거움도 없었다.

멀리 떨어진 곳으로 여행을 갔다가 돌아온 로키는 전혀 뉘우치는 기색을 보이지 않았다.

에기르의 궁전에서 가을 연회가 열리고 있어서, 신들과 요정들이 모여 토르가 오래전에 거인들의 땅에서 가져온 가마솥을 이용해 바다 거인이 새로 만든 맥주를 마셨다.

로키도 그 자리에 있었다. 그는 에기르의 맥주를 너무 많이 마신 탓에 즐겁게 웃으면서 속임수를 쓰는 선을 넘어 음울한 일들을 곱씹는 수준까지 갔다. 신들이 에기르의 하인 피마펭의 재빠름과 성실함을 칭찬하는 소리를 들은 로키는 탁자 앞에서 벌떡 일어나더니 자기 칼로 피마펭을 찔러 그 자리에서 죽였다.

충격을 받은 신들은 로키를 연회장에서 쫓아내 어둠 속으로 몰아넣었다.

로키의 최후

시간이 흘렀다. 연회는 계속되었지만 조금 전과는 달리 분위기가 가라앉았다.

그때 출입구 쪽에서 소란이 벌어졌다. 신과 여신 들이 무슨 일인지 알아보려고 몸을 돌리자 로키가 돌아온 것이 보였다. 로키는 홀 입구에 서서 가소롭다는 듯한 미소를 지으며 신들을 쳐다보고 있었다.

"넌 여기에서 환영받지 못한다." 신들이 말했다.

로키는 그들을 무시했다. 그리고 오딘이 앉아 있는 쪽으로 걸어 갔다. "최고신이여, 당신과 나는 아주 오래전에 피를 섞은 사이 아 닙니까. 그렇죠?"

오딘이 고개를 끄덕였다. "그랬지."

로키의 미소가 더욱 빛났다. "위대한 오딘이여, 그때 당신이 맹세 하기를, 연회석상에 서로 맹세를 나눈 의형제 로키가 함께 있어야 만 술을 마시겠다고 하지 않았습니까."

오딘의 회색 눈이 로키의 녹색 눈을 뚫어져라 응시했지만, 결국 먼저 시선을 돌린 건 오딘이었다.

"늑대의 아비가 우리와 함께 연회에 참석하게 해줘라." 오딘은 무뚝뚝하게 내뱉듯이 말하고는 아들 비다르Vidar에게 로키가 자기 옆에 앉을 수 있도록 자리를 내주라고 했다.

로키는 악의와 기쁨을 담아 씩 웃었다. 그는 에기르의 술을 더 가 져오라고 시키더니 꿀꺽꿀꺽 마셔댔다.

그날 밤 로키는 신과 여신을 한 명씩 돌아가며 모욕했다. 그는 신 들은 모두 겁쟁이라고 했고, 여신들은 잘 속아 넘어가는 바보에 정 숙하지 못하다고 했다. 그가 던지는 모욕에는 적당한 양의 진실이

섞여 있었기 때문에 듣는 이들에게 상처를 입혔다. 로키는 신들이 모두 바보라고 하면서, 그들이 모두 잊혔으리라고 생각했던 일들을 상기시켰다. 로키는 낡은 추문들을 들춰내 조롱하고 야유했고, 토르가 연회장에 도착할 때까지 그 자리에 있던 모든 이들을 비참하게 만드는 걸 멈추지 않았다.

토르는 대화를 매우 간단하게 마무리 지었다. 묠니르를 이용해 로키의 사악한 입을 영원히 닫아주고, 죽은 자들의 궁전이 있는 헬로 보내겠다고 위협한 것이다.

로키는 그때서야 연회장을 떠났지만, 으스대면서 밖으로 나가기 전에 에기르를 향해 돌아섰다. "아주 훌륭한 술을 빚었군." 로키가 바다 거인에게 말했다. "하지만 앞으로 다시는 여기에서 가을 연회를 열지 못할 거야. 타오르는 불꽃이 이 궁전을 집어삼킬 테니까. 당신 몸뚱이에도 불이 붙어 온몸을 다 태우겠지. 그리고 당신이 사랑하는 걸 전부 다 앗아갈 거야. 내 맹세하지."

그러고는 아스가르드의 신들을 떠나 어둠 속으로 걸어갔다.

II

다음 날 아침에 술이 깬 로키는 자기가 전날 밤에 한 짓을 생각해봤다. 부끄러움은 전혀 느끼지 않았다. 본인이 한 일을 부끄러워하는 건 그답지 않은 행동이었다. 하지만 자기가 다른 신들을 지나치게 몰아붙였다는 건 알고 있었다.

로키는 바다 근처에 있는 산에 집을 한 채 갖고 있었는데, 신들이 자기를 잊어버릴 때까지 그곳에서 기다려야겠다고 결정했다. 그의 집은 산꼭대기에 있고 문이 사방으로 네 개나 달려 있기 때문에 어느 방향에서 위험이 닥쳐오든 금방 알 수 있었다.

그는 낮 동안에는 연어로 변신해서, 산비탈을 타고 흐르는 거대한 폭포인 프라낭Franang 폭포 아래의 연못에 숨어 있었다. 이 연못과 이어진 물줄기가 작은 강으로 흘러 들어갔고 그 강은 바다와 직접 연결되어 있었다.

로키는 계획을 세우고 대안을 마련하는 걸 좋아했다. 연어로 변신해 있으면 꽤 안전하다는 걸 안다. 신들은 헤엄치는 연어를 잡지 못한다.

하지만 이내 문득 의구심이 들기 시작했다. '폭포 아래의 깊은 연못에 있는 물고기를 잡을 수 있는 방법이 있지 않을까? 누구보다 술수가 뛰어난, 세상에서 가장 교활한 책략가라면 어떻게 연어를 잡을까?'

로키는 쐐기풀로 짠 실 뭉치를 구해서 그걸로 매듭을 묶어 고기 잡는 그물을 만들기 시작했다. 지금까지 한 번도 만들어진 적 없는 그물이었다. '좋았어, 이 그물을 사용하면 연어를 잡을 수 있을 거야. 이제 대안이 잘 풀리도록 신들이 이런 그물을 짜게 하려면 어떻게 해야 할까?' 그는 자기가 만든 그물을 꼼꼼히 살펴봤다. '연어는 뛰어오를 수 있어. 상류로 헤엄칠 수 있고, 심지어 폭포도 거슬러 올라가지. 나도 그물 너머로 뛰어오를 수 있을 거야.'

그때 뭔가가 그의 주의를 끌었다. 그는 첫 번째 문 너머로 밖을 내다보고 다른 문으로도 내다보다가 깜짝 놀라고 말았다. 신들이 산비탈을 따라 올라오고 있었는데, 벌써 그의 집에 거의 도착한 상태였다.

로키는 그물을 불 속에 집어 던지고는 그물이 타는 모습을 만족스럽게 지켜봤다. 그리고 프라낭 폭포에 들어갔다. 은색 연어로 변신한 로키는 폭포를 지나 산기슭에 있는 깊은 연못 속으로 몸을 감췄다.

에시르 신족은 산꼭대기에 있는 로키의 집에 도착했다. 그들은 로키가 아직 안에 있을 경우, 그가 도망가는 걸 차단하기 위해 모든 문을 지키고 섰다.

신들 중에서 가장 현명한 크바시르가 첫 번째 문을 통해 안으로 들어갔다. 그는 예전에 죽어서 그의 피로 꿀술을 만들기도 했지만, 이제 다시 되살아났다. 그는 집 안에서 타고 있는 불과 그 옆에 놓인 반쯤 마신 포도주 잔을 보고 자기가 도착하기 직전까지 로키가 그곳에 있었다는 걸 알아냈다.

하지만 로키가 어디로 갔는지에 대한 단서는 전혀 없었다. 크바시르는 하늘을 훑어봤다. 그리고 바닥과 벽난로를 쳐다봤다.

"도망갔군. 이런 징징대는 하찮은 족제비 같으니라고." 토르가 네 개의 문 중 다른 문으로 들어서며 말했다. "그는 뭐로든 변신할 수 있어. 그러니 절대 못 찾을 거야."

"너무 조급하게 굴지 말게." 크바시르가 말했다. "저걸 봐."

"저건 그냥 재잖아."

"아니, 재가 남긴 무늬를 보라고." 크바시르는 몸을 구부려 불 옆의 바닥에 떨어진 재를 만지고 킁킁거리며 냄새를 맡더니 혀에 대고 맛까지 봤다. "이건 불 속에 던진 끈을 태우고 남은 재야. 아마 쐐기풀로 만든 실을 꼬아서 만든 것 같아."

토르는 눈동자를 데구루루 굴렸다. "다 타버린 끈의 재가 로키가 있는 장소를 알려줄 것 같진 않은데."

"아닐 것 같다고? 무늬를 잘 봐. 많은 선으로 이루어진 다이아몬드 꼴이잖아. 그리고 사각형 무늬가 완벽하게 규칙적으로 이어지고."

"크바시르, 자네는 재가 만들어낸 무늬를 찬양하느라 우리 모두의 시간을 허비하고 있어. 이건 바보 같은 짓이야. 우리가 재를 쳐다보면서 시간을 보내는 이 순간에도 로키는 점점 더 멀리 도망가고 있다고."

"자네 말이 맞을지도 모르지. 하지만 끈으로 저렇게 규칙적인 무늬를 만들려면, 그 사이에 공간을 만들어줄 뭔가가 필요해. 자네 발치의 바닥에 놓인 나뭇조각처럼 말이지. 끈을 엮으려면 한쪽 끝을 저쪽 바닥에서 튀어나온 막대기 같은 것에 묶어야 해. 그런 다음 매듭을 짓고 끈을 꿰어서 엮으면 그 끈 한 가닥이 결국에는…… 흠, 로키는 그걸 뭐라고 불렀는지 궁금하군. 나라면 그물이라고 부르겠네만."

"왜 아직도 중얼대고 있는 거야?" 토르가 말했다. "왜 우리가 서둘러 로키를 뒤쫓아야 할 시간에 재와 막대기와 나뭇조각을 쳐다보고 서 있느냐고! 크바시르! 자네가 말도 안 되는 생각에 잠겨 중얼대는 동안 로키는 저 멀리로 달아나고 있다고!"

"내 생각에 이런 모양의 그물은 물고기를 잡는 데 가장 알맞을 것 같아."

"자네와 자네의 그 멍청함에는 이제 질렸어." 토르가 한숨을 쉬었다. "그래서, 저게 물고기를 잡는 데 쓰는 거라고? 그게 뭐 어쨌다는 얘기야? 로키가 배가 고파서 자기가 먹을 물고기를 잡으려고 했나 보지. 로키는 여러 가지 물건을 만들어내잖아. 그게 그자가 하는 일이라고. 그는 항상 영리했어. 우리가 예전에 그를 내치지 않고 곁에 뒀던 것도 그런 이유 때문이었고."

"자네 말이 맞아. 하지만 이렇게 한번 생각해봐. 자네가 로키라면, 물고기를 잡기 위한 뭔가를 만들었다가 우리가 온다는 걸 알고 자기가 만든 그물을 불 속에 집어 던진 이유가 뭐겠는가?"

"그야……" 토르는 눈썹을 구기고는 산꼭대기에서 멀리 천둥이 우르릉거리는 소리가 들릴 정도로 곰곰이 생각에 잠겼다. "어, 그러니까……"

"바로 그거야. 우리가 도착했을 때 그걸 발견하는 걸 원치 않았기 때문이지. 그리고 우리가 그걸 발견하길 바라지 않은 유일한 이유는, 우리 아스가르드의 신들이 그걸 이용해서 자기를 잡는 걸 막기 위해서고."

토르는 천천히 고개를 끄덕였다. "알겠군. 그래, 나도 그렇게 생각해. ……그렇다면 로키는?"

"물고기 모습으로 변신해서 폭포 아래에 있는 연못 깊숙한 곳에 숨어 있겠지. 그래, 자네도 결국 이해할 줄 알았네, 토르."

토르는 열심히 고개를 끄덕였지만, 자기가 어떻게 바닥에 떨어져 있는 재를 보고 이런 결론에 도달하게 된 건지 완전히 확신할 수는 없었다. 어쨌든 로키가 숨어 있는 곳을 알게 되어 기뻤다.

"내가 망치를 들고 저기 연못으로 내려가지." 토르가 말했다. "그리고 내가…… 내가……"

"다 함께 그물을 가지고 저리로 내려가야 해." 현명한 신 크바시르가 말했다.

크바시르는 남아 있는 쐐기풀 뭉치와 간격을 띄우기 위한 나뭇조각을 집어 들어 끈의 끄트머리를 막대기에 묶고, 그물을 엮어서 짜기 위해 막대기 주위에 끈을 감기 시작했다. 그는 자기가 하고 있는 일을 다른 신들에게 보여줬고, 곧 그들 모두 그물을 엮고 매듭을 짓는 일에 동참했다. 그렇게 신들이 만든 그물을 서로 연결해 연못 길이만큼 긴 그물을 만들었다. 그리고 폭포 옆쪽으로 내려가 산기슭으로 갔다.

그곳에는 연못이 넘쳐흐르는 곳에서 흘러나온 개울이 있었다. 개울은 바다를 향해 흘러갔다.

프라낭 폭포 아래에 도착한 신들은 자기들이 만든 그물을 펼쳤다. 그물은 거대하고 무거웠으며, 연못 한쪽 끝에서 다른 쪽 끝까지 뒤덮을 만큼 길었다. 에시르의 전사들이 모두 동원되어 그물의 한쪽 끝을 들었고 반대쪽 끝은 토르가 들었다.

신들은 연못 한쪽 끝에서 시작해, 폭포 바로 아래를 지나 반대쪽 끝에 도달할 때까지 물을 헤치며 걸었다. 그물에는 아무것도 걸리지 않았다.

"저 아래에 뭔가 살고 있는 게 분명해." 토르가 말했다. "그게 그물을 밀치는 걸 느꼈어. 하지만 더 깊은 곳으로 헤엄쳐 들어가 진흙 속으로 숨었기 때문에 그물은 그 위로 지나쳐버린 거야."

크바시르는 생각에 잠겨서 턱을 긁적였다. "문제없네. 다시 한 번 해야 하는데, 이번에는 그물 아래쪽이 연못 바닥에 닿게 해야 돼. 그물 아래로 아무것도 빠져나가지 못하도록 말이야."

신들은 구멍이 뚫린 무거운 돌들을 모아 각각의 돌을 추처럼 그물 바닥에 묶었다. 그리고 다시 한 번 연못물을 헤치며 걸었다.

자신이 숨어 있는 연못에 신들이 처음 들어왔을 때 로키는 자기 꾀에 기뻐했다. 그냥 진흙투성이인 연못 바닥으로 헤엄쳐 가서 납작한 돌 두 개 사이에 숨어 그물이 자기 몸 위로 지나가는 동안 기다리기만 하면 됐기 때문이다.

하지만 이제 걱정이 됐다. 캄캄하고 추운 물속에서 그는 이 상황에 대해 생각해봤다. 물 밖으로 나가기 전까지는 다른 뭔가로 변신할 수가 없다. 또 만약 그렇게 한다고 하더라도 신들이 자신을 뒤쫓을 것이다. 아니, 계속 연어 모습을 하고 있는 편이 더 안전했다. 하지만 그는 연어 모습인 채로 들키고 말았다. 그는 신들이 예상하지 못하는 행동을 해야만 했다. 그들은 로키가 넓은 바다로 헤엄쳐 가리라고 예상할 것이다. 연못에서 만으로 이어지는 강에서는 쉽게 눈에 띄어 잡힐 수도 있지만, 일단 바다에 도착하면 안전해질 테니까 말이다.

반대로 왔던 길로 다시 헤엄쳐서 폭포를 거슬러 올라갈 것이라고는 전혀 예상하지 못할 것이다. 그들은 연못 바닥을 따라 그물을 끌어당겼다. 깊은 물속에서 벌어지는 일에 열중하고 있던 그들은 지금까지 봤던 어떤 연어보다도 큰 거대한 은색 물고기가 꼬리를 비틀면서 그물 위로 튀어 올라 상류로 헤엄치기 시작했을 때 깜짝 놀라고 말았다. 거대한 연어는 폭포 위쪽으로 헤엄치면서 공중으로 힘껏 내던져지기라도 한 것처럼 중력을 거슬러서 솟구쳐 올랐다.

크바시르는 에시르 신들에게 두 무리로 나뉘어서 한 무리는 그물의 한쪽 끝을 잡고 다른 무리는 반대쪽 끝을 잡으라고 소리쳐 명령했다.

"그는 폭포에 오래 머물지 못할 거야. 장소가 너무 노출되어 있거든. 그가 도망칠 수 있는 유일한 방법은 바다로 가는 거지. 그러니까 두 무리로 나뉘어서 그물을 연못 바닥에 끌면서 걷도록 해. 그러는 동안 토르, 자네는 중간에서 물을 헤치며 걷다가 로키가 그물 위로 뛰어오르는 묘기를 또 부리려고 하면 곰이 연어를 잡는 것처럼 공중에서 그를 낚아채야 해. 절대 빠져나가지 못하게 해, 마음을 놓을 수 없는 놈이니까." 현명한 크바시르가 말했다.

"곰들이 허공으로 튀어 오른 연어를 낚아채는 모습을 본 적이 있어. 난 힘이 세고, 곰들만큼 빠르니까 꼭 잡고 말겠어."

신들은 상류를 향해 그물을 끌어당기면서 거대한 은빛 연어가 기회를 노리고 있는 곳으로 다가가기 시작했다. 로키는 그동안 계획을 세우고 음모를 꾸몄다.

그물이 가까이 다가오자, 로키는 지금이 정말 중요한 순간이라는 걸 알았다. 아까 했던 것처럼 그물 위로 뛰어올라서 이번에는 바다를 향해 질주해야 했다. 그는 잠시 잔뜩 긴장하고 있다가 용수철처럼 공중으로 솟구쳐 올랐다.

토르가 빨랐다. 그는 은색 연어가 태양빛을 받아 반짝반짝 빛나는 것을 보고는 배고픈 곰이 공중에서 연어를 낚아채듯 거대한 양손으로 연어를 움켜잡았다. 연어는 원래 미끌미끌한 물고기인데, 로키는 모든 연어 중에서도 가장 미끄러웠다. 그는 마구 꿈틀거리면서 토르의 손가락 사이로 빠져나가려고 했지만, 토르는 물고기를 더 세게 쥐고 꼬리 부근을 꽉 눌렀다.

그때부터 연어의 꼬리 부근이 더 가늘어졌다는 얘기가 있다.

신들은 그물을 가져와서 물고기를 단단히 감싼 다음 다 함께 운반했다. 연어는 공기 중에서 숨을 쉬지 못해 죽어가기 시작하면서 물속으로 돌아가기를 갈망했다. 얼마간 마구 몸부림을 치고 경련을 일으키다가 결국 숨을 헐떡거리는 로키의 본모습으로 돌아왔다.

"뭐 하는 거야?" 로키가 물었다. "나를 어디로 데려가는 거지?"

토르는 고개를 내저으며 툴툴거리기만 할 뿐, 대꾸하지 않았다. 로키는 다른 신들에게도 물었지만, 아무도 그에게 무슨 일이 벌어지고 있는지 말해주지 않았고 그와 눈을 마주치려고 하지도 않았다.

III

신들은 동굴 입구로 들어갔고, 로키는 그들 틈에 매달려 있었다. 신들은 땅속 깊숙한 곳으로 내려갔다. 동굴 천장에는 종유석들이 매달려 있고, 박쥐들이 날개를 퍼덕이며 날아다녔다. 그들은 더 아래로 내려갔다. 곧 길이 너무 좁아져서 로키를 운반하기가 힘들어지자, 이제 로키가 그들 사이에서 걸어가게 했다. 토르는 로키 바로 뒤에서 걸어가면서 한 손을 로키의 어깨에 올려놓았다.

그들은 아주 멀리까지, 한참을 내려갔다.

동굴 가장 깊숙한 곳에 벌겋게 달아오른 낙인이 있었고, 세 사람이 그곳에 서서 신들을 기다리고 있었다. 로키는 그들의 얼굴을 보기도 전에 그들이 누구인지 알아차렸고, 심장이 덜컹 내려앉았다. "안 돼." 로키가 말했다. "그들을 해치지 마. 그들은 잘못한 게 없다고."

"저들은 네 아들과 아내다, 거짓말쟁이 로키."

그 동굴에는 거대하고 평평한 돌이 세 개 있었다. 에시르 신들은 각각의 돌을 옆으로 세웠고, 토르는 자기 망치를 들었다. 그는 돌들마다 가운데 부분에 구멍을 뚫었다.

"제발! 아버지를 풀어주세요." 로키의 아들 나르피가 말했다.

"그는 우리 아버지예요." 로키의 다른 아들 발리가 말했다. "그를 죽이지 않겠다고 맹세하셨잖아요. 아버지는 신들 중에 가장 높은 오딘과 맹세로 맺어진 의형제입니다."

"우리는 그를 죽이지 않을 거다." 크바시르가 말했다. "발리, 말해봐라. 형제가 다른 형제에게 할 수 있는 최악의 일이 뭐지?"

"자기 형제를 배신하는 겁니다." 발리가 주저하지 않고 대답했다. "또 호드가 발드르를 죽인 것처럼, 자기 형제를 죽이는 겁니다. 정말 끔찍한 일이죠."

크바시르가 말했다. "로키가 신들의 의형제인 건 사실이다. 그래서 그를 죽일 수는 없지. 하지만 그의 아들들인 너희와는 그런 맹세로 묶여 있지 않다."

크바시르는 발리에게 변화의 주문, 힘의 주문을 걸었다.

그러자 발리의 인두겁이 벗겨지고 발리가 서 있던 자리에 입에 거품이 묻어 있는 늑대가 서 있었다. 늑대의 노란 눈에서 발리의 지성이 희미하게 사라지고 굶주림, 분노, 광기가 그 자리를 대신 차지했다. 늑대는 신들을, 자기 어머니인 시긴을, 그리고 마지막으로 나르피를 쳐다봤다. 늑대는 목 안쪽에서 낮고 길게 으르렁거리는 소리를 냈고, 목 뒷부분의 털이 일어났다.

나르피는 한 걸음 뒤로 물러났다. 겨우 한 걸음 물러났는데 늑대는 벌써 그를 덮치고 있었다.

나르피는 용감했다. 그는 자기 형제였던 늑대가 자기 몸을 갈가리 찢고 목을 물어뜯고 돌바닥에 내장을 쏟아낼 때에도 비명을 지르지 않았다. 조금 전까지 발리였던 늑대는 피로 물든 주둥이를 열고 길고 크게 울부짖었다. 그러고는 신들의 머리 위로 높이 뛰어올라 컴컴한 동굴 속으로 달려가더니, 모든 것이 끝나는 그날까지 다시는 아스가르드에 모습을 보이지 않았다.

신들은 로키를 세 개의 거대한 돌 위에 억지로 눕혔다. 돌 하나는 그의 어깨 아래에 놓고, 하나는 그의 허리 아래에, 나머지 하나는 무릎 아래에 놓았다. 그리고 바닥에 쏟아진 나르피의 창자를 돌에 뚫어놓은 구멍으로 집어넣어 로키의 목과 어깨를 단단히 묶었다. 그의 아들의 창자를 로키의 허리와 엉덩이에 감고, 무릎과 다리를 단단히 묶어 그가 꼼짝달싹 못하게 만들었다. 그리고 살해당한 로키 아들의 창자를 아주 쇠처럼 단단하고 튼튼한 족쇄로 변형시켰다.

로키의 아내인 시긴은 남편이 아들의 창자로 꽁꽁 묶이는 모습을 지켜보면서도 아무 말도 하지 않았다. 그녀는 남편이 겪는 고통과 아들들의 죽음과 이 모든 불명예에 대해 혼자 조용히 눈물만 흘리며 감내할 뿐이었다. 그녀는 그릇을 하나 들고 있었는데, 아직 자기가 왜 그걸 들고 있는지 알지 못했다. 신들이 그녀를 이곳으로 데려오기 전에, 부엌에 가서 가지고 있는 그릇 중에 가장 큰 걸 가져오라고 했던 것이다.

그때 죽은 거인 티아치의 딸이자 아름다운 발을 가진 뇨르드의 아내 스카디가 동굴 안으로 들어왔다. 그녀는 손에 뭔가 커다란 걸 들고 있었는데, 그건 온몸을 비틀면서 꿈틀대고 있었다. 그녀는 로키에게 몸을 굽히고 자기가 들고 온 걸 그의 위에 매단 뒤, 동굴 천장에 달려 있는 종유석에 칭칭 감아서 그것의 머리가 바로 로키의 머리 위에 오게끔 했다.

그건 차가운 눈에 혀를 날름거리고 송곳니에서 독이 뚝뚝 떨어지는 뱀이었다. 뱀이 쉭쉭거리자 그 입에서 독액 한 방울이 로키의 얼굴에 떨어져서 그의 눈을 태웠다.

로키는 비명을 지르면서 몸을 뒤틀었고 고통에 몸부림쳤다. 어떻게든 몸을 피해서 독이 떨어지는 지점 바로 밑에 있는 자기 머리를 다른 쪽으로 움직이려고 했다. 하지만 자기 아들의 창자로 만든 족쇄가 그를 단단히 옥죄고 있었다.

신들은 얼굴에 잔인한 만족의 빛을 띠우고 한 명씩 그 자리를 떠났고, 곧 크바시르만 남게 되었다. 시긴은 족쇄에 묶인 남편과, 늑대에게 살해당한 아들의 창자를 들어낸 시신을 바라보았다.

"나는 어떻게 할 건가요?" 시긴이 물었다.

"아무것도 안 합니다." 크바시르가 말했다. "당신은 벌을 받지 않을 거요. 그러니 당신이 원하는 일은 뭐든지 할 수 있소." 그러고 는 크바시르도 그 자리를 떠났다.

뱀의 독이 또 한 방울 로키의 얼굴이 떨어지자 그는 비명을 지르 면서 몸을 이리저리 뒤틀어 족쇄에서 풀려나려 몸부림쳤다. 로키가 요동칠 때마다 땅도 흔들렸다.

시긴은 그릇을 들고 남편에게 다가갔다. 그녀는 아무 말도 하지 않고 눈물 맺힌 눈으로 로키의 머리맡에 서서, 뱀의 송곳니에서 독 이 방울방울 떨어질 때마다 그 독액을 자기 그릇에 받았다.

이건 전부 아주 오래전, 사람들의 뇌리에서 잊힌 그 옛날, 신들이 아직 지상을 걸어 다니던 때 일어난 일이다. 너무 오래전이라서 그 시절에 있던 산들은 이미 닳아서 없어지고 가장 깊은 호수들도 다 말라서 육지가 되었다.

하지만 시긴은 지금도 그때와 마찬가지로 로키의 머리맡에 서서 그의 아름답고 일그러진 얼굴을 응시하고 있다.

그녀가 들고 있는 그릇은 한 번에 한 방울씩 천천히 채워지지만, 결국 독액이 그릇에 넘칠 듯 차오르는 때가 온다. 그러면 비로소 시 긴은 로키에게서 몸을 돌린다. 그릇을 멀리 가져가서 가득 차 있는 독을 쏟아버리고 오는데, 그녀가 곁을 떠나 있는 동안에는 뱀의 독 이 로키의 얼굴과 눈에 떨어진다. 그러면 로키는 경련을 일으키면 서 심하게 몸을 움직이고, 그가 몸을 구부리고 뒤트는 탓에 지구 전체가 흔들린다.

이런 일이 생기면 여기 미드가르드에 사는 사람들은 지진이 일어났다고들 말하곤 했다. 라그나로크가 찾아와 모든 것이 끝날 때까지, 로키는 땅속 깊은 곳의 어둠 속에 묶여 있고 시긴은 그의 얼굴 위로 떨어지는 독을 받을 그릇을 들고 곁을 지키면서 그를 사랑한다 속삭일 것이라고.

라그나로크, 신들에게 닥친 최후의 운명

RAGNAROK, THE FINAL
DESTINY OF THE GODS

I

지금까지는 과거에 벌어진 일들, 아주 오래전에 있었던 일들에 대해 얘기했다. 이제 앞으로 다가올 날들에 대해 얘기해야 한다. 세상이 어떻게 끝나게 되고, 어떻게 다시 시작될 것인지 얘기할 것이다. 내가 지금부터 말할 내용은 세상의 종말과 신들의 죽음에 관한 어두운 시절과 숨겨진 사실들에 대한 것이다.

당신도 이 이야기를 들으면 최후의 시간이 어떻게 우리에게 닥쳐올지 알게 될 것이다. 이건 신들의 시대가 아닌 인간의 시대에 벌어지는 일이다. 이 일은 만물을 꿰뚫어보는 헤임달을 제외한 모든 신들이 잠들어 있을 때 일어난다. 헤임달은 시작부터 모든 걸 보게 되지만, 그가 목격하는 일이 벌어지지 않도록 막을 힘이 없을 것이다.

그 일은 겨울에 시작될 것이다.

그건 일반적인 겨울이 아니다. 겨울이 시작되면 끝나지 않고 계속되어 겨울 다음에 다시 겨울이 찾아온다. 봄도 없고, 온기도 없다. 사람들은 굶주림과 추위에 시달리며 점점 분노한다. 세계 곳곳에서 큰 전쟁이 일어난다.

형제들이 싸우고, 아버지가 아들을 죽인다. 어머니와 딸들이 서로 등을 돌린다. 자매들은 전투에서 전사하고, 부모들은 자기 자식들이 서로를 죽이는 모습을 보게 된다.

그건 잔인한 바람의 시대, 사람들이 늑대가 되어 야수나 다름없는 모습으로 서로를 잡아먹는 시대다. 세상에 황혼이 찾아오고, 사람들이 살던 곳은 간단히 불탄 뒤에 무너지고 바스라져 재가 되고 대대적으로 파괴되어 폐허가 된다.

그런 뒤에는 살아남은 소수의 사람들이 동물처럼 살아간다. 늑대가 먹어 치우기라도 한 것처럼 하늘의 태양이 사라지고 달도 없어지며, 별 또한 더 이상 보지 못하게 된다. 암흑이 재처럼, 안개처럼 대기를 가득 채운다.

이것은 끝없이 계속되는 끔찍한 겨울인 핌불베트르Fimbulwinter의 시대다.

사방에서 눈이 내리고 사나운 바람이 불어닥친다. 상상할 수 있는 것보다 훨씬 심한 추위, 숨을 쉴 때마다 폐가 아프고 눈물까지 얼어버릴 정도의 혹독한 추위다. 겨울의 고통을 덜어줄 봄은 찾아오지 않으며 여름도, 가을도 없다.

그런 뒤에는 엄청난 지진이 발생한다. 산들이 흔들리고 무너진다. 나무들이 쓰러지고 아직 사람들이 살고 있는 곳들은 모조리 파괴된다. 지진이 워낙 강력해서 모든 족쇄와 쇠고랑과 구속구가 망가져버린다.

거대한 늑대 펜리르는 쇠고랑에서 벗어나 자유를 되찾는다. 그는 위턱은 하늘에 닿고 아래턱은 땅에 닿을 정도로 크게 입을 벌린다. 세상에 그가 먹어 치우지 못하는 건 없고, 그가 파괴하지 못하는 것도 없다. 그의 눈과 콧구멍에서는 불길이 뿜어져 나온다.

늑대 펜리르가 걸어가는 곳에는 불타는 파괴가 뒤따른다. 해수면이 높아져 바닷물이 육지로 밀려드는 바람에 홍수가 일어난다. 거대하고 위험한 미드가르드의 뱀 요르문간드가 분노로 몸을 뒤틀면서 점점 더 육지 가까이 접근한다. 요르문간드의 송곳니에서 뿜어 나온 독액이 물속으로 쏟아져 들어가 모든 바다 생물을 독살한다. 검은 독액을 미세한 비말 형태로 공기 중에 뿜어내, 그 공기를 호흡하는 바닷새들도 모두 죽인다.

미드가르드의 뱀이 요동치는 바다에는 이제 생명이 살지 못한다. 물고기와 고래, 바다표범과 바다 괴물 들의 썩은 시체가 파도에 밀려온다.

로키의 자식이자 서로 형제지간인 늑대 펜리르, 미드가르드의 뱀을 보는 모든 이들은 죽음이 뭔지 알게 될 것이다.

그것이 종말의 시작이다.

안개가 자욱한 하늘이 아이들의 비명으로 갈라지고, 너무나도 밝게 타올라 인간은 감히 쳐다볼 수도 없는 칼을 높이 쳐든 불의 거인 수르트의 지휘 아래 무스펠의 아들들이 하늘에서 말을 타고 내려온다. 그들이 말을 타고 무지개다리 비프로스트를 건너면 무지개가 부서져서 한때 밝은색을 띠었던 다리가 숯과 재의 색을 띠게 된다.

그리고 다시는 다른 무지개가 뜨지 않을 것이다.

라그나로크, 신들에게 닥친 최후의 운명

절벽들은 바닷속으로 무너져 내린다.

땅속에서 족쇄를 풀고 탈출한 로키는 나글파르라는 배의 키잡이가 된다. 죽은 자들의 손톱으로 만든 이 배는 지금까지 존재한 것 가운데 가장 큰 배다. 나글파르는 범람한 바다 위를 떠다닌다. 선원들이 배 밖을 내다보면 바다 표면을 떠다니며 썩고 있는 죽은 것들만 눈에 띈다.

로키는 배를 조종하지만, 배의 실제 선장은 서리 거인들의 지도자인 흐림Hrym이다. 살아남은 서리 거인들은 모두 체구가 크고 인간들에게 해악을 끼치는 흐림을 따른다. 그들은 최후의 전투에서 흐림의 병사로 싸울 것이다.

로키의 군대는 헬의 병사들이다. 그들은 꺼림칙한 죽음을 맞은 자들, 수치스럽게 죽은 자들로서, 땅 위에서 여전히 사랑하며 살아가는 모든 것을 파괴해버리겠다고 단단히 결심하고 걸어 다니는 시체의 모습으로 지상에 돌아가 다시 한 번 싸우게 될 것이다.

거인들과 죽은 자들과 무스펠의 불타는 아들들은 모두 비그리드Vigrid라는 전장을 향해 행군한다. 비그리드는 길이가 5백 킬로미터 가까이 되는 거대한 장소다. 늑대 펜리르도 조용히 그곳으로 향하고, 미드가르드의 뱀도 범람한 바다에서 길을 찾아 비그리드 가까이까지 접근한 뒤 모래사장 위로 꿈틀거리며 올라가서 그 머리와 몸통의 앞부분 1.5킬로미터 정도만 해안에 상륙할 것이다. 따라서 몸통은 대부분 여전히 바닷속에 남아 있게 된다.

그들은 전투 대형을 이룬다. 수르트와 무스펠의 아들들은 화염 속에 서 있고, 헬과 로키의 전사들은 땅속에서 나타난다. 흐림의 부대인 서리 거인들도 그곳에 와서 자기들이 발 디디고 서 있는 진흙 땅을 얼려버린다. 펜리르도 그들과 함께하고 미드가르드의 뱀도 마찬가지다. 우리가 상상할 수 있는 최악의 적들이 모두 그날 그 자리에 모이는 것이다.

헤임달은 이런 일이 벌어지는 모습을 빠짐없이 목격하게 된다. 그는 모든 걸 꿰뚫어보는 신들의 문지기이기 때문이다. 그리고 이때가 되면 비로소 헤임달이 행동을 취한다.

헤임달은 한때 미미르의 소유였던 걀라르호른을 있는 힘을 다해 불 것이다. 그 소리에 아스가르드가 흔들리면, 잠자던 신들이 깨어나 자기 무기를 들고 이그드라실 밑에 있는 우르드의 샘에 모여서 노른들의 축복을 받고 조언을 듣는다.

오딘은 명마 슬레이프니르를 타고 미미르의 샘으로 가서 미미르의 머리에게 자신과 신들을 위한 조언을 청한다. 미미르의 머리는 미래에 대해 알고 있는 내용을 오딘에게 속삭여줄 것이다.

모든 것이 음울해 보이는 상황임에도 불구하고, 미미르가 오딘에게 속삭인 내용은 최고신에게 희망을 안겨준다.

거대한 물푸레나무인 세계수 이그드라실은 바람에 흔들리는 나뭇잎처럼 몸을 떨고, 에시르 신족과 전쟁터에서 용감하게 죽은 전사들인 에인헤랴르가 함께 말을 타고 최후의 전장인 비그리드로 향한다.

오딘은 이 무리의 선두에서 말을 달린다. 그는 번쩍이는 갑옷을 입고 금으로 된 투구도 쓴다. 토르는 묠니르를 들고 오딘의 옆에서 나란히 말을 달린다.

그들이 전장에 도착하면 최후의 전투가 시작된다.

오딘은 이제 상상 이상으로 거대하게 자란 늑대 펜리르를 향해 곧장 나아간다. 최고신은 궁니르라는 창을 쥐고 있다.

토르는 오딘이 거대한 늑대에게 다가가는 모습을 바라보며 미소를 짓고는, 자기 염소들이 더 속력을 내도록 채찍질하면서 쇠장갑을 낀 손으로 망치를 쥐고 미드가르드의 뱀을 향해 곧장 돌격한다.

프레이는 불을 내뿜는 괴물 같은 수르트 쪽으로 향한다. 수르트의 불의 검은 크기가 클 뿐만 아니라, 칼을 겨눴던 상대를 놓치더라도 무조건 불태워버리는 힘이 있다. 프레이는 열심히 잘 싸우지만 에시르 신족 가운데 가장 먼저 패하고 만다. 그의 검과 갑옷으로는 수르트의 불의 검을 당할 수 없다. 프레이는 오래전 게르드에 대한 사랑 때문에 스키르니르에게 줘버린 칼을 아쉬워하고 그때의 결정을 후회하며 죽어갈 것이다. 그 칼이 있었다면 목숨을 구할 수도 있었을 것이다.

전쟁터에서는 격렬한 소음이 발생한다. 오딘의 고귀한 전사들인 에인헤랴르는 로키가 이끄는 사악한 죽은 자들과 총력전을 벌이게 된다.

지옥에서 온 사냥개 가름Garm이 으르렁거린다. 이 개는 펜리르보다 크기가 작지만 모든 개들 중에서 가장 위험하다. 또 땅속에서 쇠고랑을 끊고 탈출하여 지상에서 전사들의 목덜미를 물어뜯으려고 돌아왔다.

손이 하나밖에 없는 티르가 가름을 가로막고, 신과 악몽 속의 개가 맞붙어 싸울 것이다. 티르는 용감하게 싸우지만 결국 전투 중에

둘 다 죽고 만다. 가름은 티르의 목에 이를 박아 넣은 채로 숨을 거둔다.

토르는 오랫동안 바랐던 대로, 결국 미드가르드의 뱀을 죽이게 된다. 망치로 거대한 뱀의 머리를 박살내고, 바다뱀의 머리가 전장으로 굴러떨어지면 펄쩍 뛰어 뒤로 물러날 것이다. 뱀 머리가 땅에 떨어질 때 3미터 정도 떨어져 있겠지만, 뱀은 죽어가는 와중에도 천둥의 신을 향해 진하고 검은 독을 뿜어낸다. 토르는 자기가 해치운 짐승의 독에 중독되어 고통으로 끙끙 앓다가 죽어서 땅에 쓰러질 것이다.

오딘은 펜리르와 용감하게 싸우겠지만, 이 늑대는 세상 무엇보다 덩치가 크고 위험한 존재다. 태양보다 크고, 달보다도 거대하다. 오딘은 창을 늑대의 입에 찔러 넣지만, 펜리르가 턱을 닫자 창은 그대로 사라져버린다. 그리고 다시 한입 베어 물고 으드득 씹어 삼키면, 모든 신들 가운데 가장 위대하고 지혜로운 최고신 오딘도 그대로 사라져서 다시는 볼 수 없게 된다.

침묵과 신뢰의 신인 오딘의 아들 비다르는 아버지가 죽는 모습을 목격한다. 그는 펜리르가 오딘의 죽음에 흡족해하는 동안 앞으로 성큼성큼 걸어가 자기 발을 늑대의 아래턱에 밀어 넣는다.

비다르의 두 발에는 서로 다른 신발이 신겨져 있다. 한쪽 발에는 평범한 신발을 신고 있지만, 다른 쪽 발에는 태고 때부터 만든 신발을 신고 있다. 이 신발은 사람들이 자기가 신을 신발을 만들 때 발가락과 뒤꿈치 부분에서 잘라내 내버린 모든 가죽 조각을 모아서 만든 것이다.

이 신발은 거대한 늑대의 아래턱을 꽉 눌러 늑대가 움직이지 못하게 만든다. 그런 다음 비다르는 한 손으로 늑대의 위턱을 움켜잡고 입을 찢어버린다. 그렇게 펜리르는 죽음에 이르고, 비다르는 자기 아버지의 복수를 하게 된다.

신들은 비그리드라는 전쟁터에서 서리 거인들과 싸우다가 패하고, 서리 거인들도 신들과의 전쟁에서 패하고 만다. 헬에서 온 완전히 죽지 않은 부대는 최종적인 죽음을 맞으면서 땅을 어지럽히고, 고귀한 에인헤랴르도 얼어붙은 땅 위에서 그들 옆에 눕게 되는데, 다들 생명의 흔적을 찾아볼 수 없는 안개 낀 하늘 아래에서 최후의 죽음을 맞아 다시는 일어서지도, 깨어나지도, 싸우지도 못하게 된다.

로키의 군대 가운데 아직 버티고 서 있는 건 로키뿐이다. 온몸이 피투성이인 그의 눈은 분노로 이글거리지만 흉터 있는 입술에는 만족스러운 미소가 떠올라 있다.

다리의 파수꾼이자 신들의 문지기인 헤임달은 피에 젖은 칼 호푸드Hofud를 들고 아직 전쟁터에 서 있다.

그들은 시체들을 밟고 피와 화염을 헤치면서 비그리드를 가로질러 서로를 향해 다가가 결국 마주하게 된다.

로키는 말할 것이다. "아, 신들의 진흙투성이 파수꾼이로군. 신들을 너무 늦게 깨웠어, 헤임달. 저들이 하나씩 죽는 모습을 보니 정말 기분 좋지 않은가."

로키는 헤임달의 얼굴을 쳐다보면서 약한 모습이나 감정이 드러나길 기다리겠지만, 헤임달은 무표정한 얼굴을 유지할 것이다.

"어머니가 아홉 명인 헤임달은 할 말이 없나 보지? 내가 땅속에 묶여 있을 때, 뱀의 독이 내 얼굴에 떨어질 때, 불쌍한 시긴이 내 옆에 서서 뱀의 독액을 그릇에 받으려고 애쓸 때, 어둠 속에서 내 아들의 창자에 묶여 있을 때 내가 미치지 않을 수 있었던 건 바로 이 순간을 계속 생각했기 때문이야. 이 순간을 머릿속으로 예행연습하면서 내 아름다운 아이들과 내가 신들의 시대를 끝내고 세상을 끝장내는 날을 상상했지."

헤임달은 여전히 아무 말도 하지 않으면서 자기 칼로 로키의 갑옷을 세게 내리친다. 로키도 이에 응수하여 사납고 교활하게, 그리고 신나게 공격한다.

그들이 싸우는 동안, 세상이 지금보다 단순했던 오래전에 둘이 맞붙어 싸우던 때가 떠오른다. 그들은 동물 모습으로 싸웠다. 바다표범으로 변신해서 브리싱즈 목걸이를 차지하려고 다퉜다. 당시 로키가 오딘의 요청에 따라 그 목걸이를 프레이야에게서 훔쳤고, 헤임달은 그걸 되찾았다.

로키는 모욕을 받으면 절대 잊지 않는 성격이다. 그들은 칼을 휘둘러 상대방을 베고 찌르고 난도질한다. 그러다가 결국 헤임달과 로키는 치명적인 상처를 입고 서로의 옆에 나란히 쓰러진다.

"끝났군." 로키는 전장에서 죽어가며 속삭인다. "내가 이겼어."

죽어가는 헤임달은 침과 피로 얼룩진 금니를 드러내며 씩 웃는다. "난 너보다 더 멀리까지 볼 수 있지. 오딘의 아들 비다르가 네 아들 늑대 펜리르를 죽이고 자기는 살아남았어. 비다르의 동생인 오딘의 아들 발리도 마찬가지고. 토르는 죽었지만 그의 자식인 마그니와 모디도 아직 살아 있지. 그들은 차갑게 식은 아버지의 손에서 묠니르를 받아 들었다. 토르의 강하고 고귀한 피를 이어받았으니 그 망치도 충분히 휘두를 수 있지."

"그런 건 중요하지 않아. 세상이 불타고 있다고. 인간들은 다 죽었어. 미드가르드는 파괴되었고. 결국 내가 이긴 거야."

"나는 너보다 더 멀리까지 볼 수 있다니까, 로키. 세계수가 있는 곳까지 다 보인다고." 헤임달은 마지막 숨을 다해 로키에게 말한다. "수르트의 불은 세계수를 건드리지 못하는데, 이그드라실의 몸통에 인간 두 명이 안전하게 몸을 숨기고 있어. 여자의 이름은 '생명'이고 남자의 이름은 '생명에 대한 갈망'이지. 그들의 후손이 지상에서 살게 될 거야. 이건 끝이 아냐. 끝은 없어. 그저 옛 시대의 종말일 뿐이지. 그리고 새로운 시대의 시작이기도 하고. 죽음 뒤에는 항상 부활이 따라와. 넌 패한 거야."

평소의 로키라면 남의 가슴을 찌르고 교활하게 상처 입히는 말을 할 테지만, 그의 생명은 이미 꺼졌고 그의 현명함과 잔인함도 모두 사라진 뒤다. 그러니 앞으로 다시는 아무 말도 하지 못할 것이다. 얼어붙은 전쟁터에서 차갑게 식은 몸으로 헤임달 옆에 가만히 누워 있을 뿐이다.

이제 만물이 시작되기 전부터 그곳에 존재했던 불의 거인 수르트는 넓디넓은 죽음의 평원을 바라보다가 자신의 빛나는 검을 하늘을 향해 치켜든다. 천 개의 숲이 화염에 휩싸이는 듯한 소리가 나면서 공기가 연소하기 시작한다.

세상은 수르트의 화염 속에서 화장된다. 육지로 범람한 바다는 수증기가 된다. 마지막 불꽃이 격렬히 타오르다가 서서히 깜박거리더니 이윽고 꺼져버린다. 하늘에서는 검은 재가 눈처럼 내린다.

황혼이 지면 한때 로키와 헤임달의 시신이 나란히 누워 있던 자리에는 검게 탄 땅에 남아 있는 회색 잿더미 두 개 외에 아무것도 보이지 않고, 연기는 아침 안개와 뒤섞인다. 살아 있는 군대와 죽은 군대, 신들의 꿈과 그들이 거느린 전사들의 용맹함이 남긴 건 회색 재 말고는 아무것도 없다.

곧 거대하게 부풀어 오른 바다가 육지를 휩쓸면서 잿더미를 집어삼키고, 살아 있는 것들은 모두 태양이 없는 하늘 아래에서 잊혀간다.

그렇게 세상은 재와 홍수, 암흑과 얼음 속에서 종말을 맞게 된다. 그것이 신들의 마지막 운명이다.

II

그게 마지막이다. 하지만 마지막 뒤에 찾아오는 것들도 있다.

잿빛 바닷물에서 다시 녹색 땅이 생겨난다.

태양은 늑대에게 먹히지만, 태양의 딸이 자기 어머니의 자리에서 빛을 발하고 새로운 태양은 젊고 새로운 빛을 내뿜으면서 낡은 태양보다 더 밝게 빛난다.

여자와 남자, '생명'과 '생명에 대한 갈망'은 세상을 하나로 감싸고 있는 물푸레나무 안에서 밖으로 나온다. 그들은 녹색 대지에 맺힌 이슬을 먹고 사랑을 나누고, 그 사랑을 통해 인류를 번성시킨다.

라그나로크, 신들에게 닥친 최후의 운명

아스가르드는 사라지겠지만, 한때 아스가르드가 있던 곳에는 이다볼Idavoll이 들어서서 눈부신 모습으로 계속 명맥을 이어갈 것이다.

오딘의 아들인 비다르와 발리도 이다볼에 도착한다. 이어서 토르의 아들인 모디와 마그니가 온다. 그들은 함께 힘을 합쳐 몰니르를 들고 있다. 이제 토르가 죽어서 망치를 운반하려면 두 사람이 필요하기 때문이다. 발드르와 호드도 지하 세계에서 돌아와, 이들 여섯 명은 새로운 태양 아래에 앉아 얘기를 나누면서 예전의 신비로운 일들을 떠올리고 과거에 달라질 수도 있었을 일들에 대해 토론하면서 이 모든 일의 결과가 과연 불가피한 것이었는지 이야기를 나눈다.

그들은 세계를 먹어 치운 늑대 펜리르와 미드가르드의 뱀에 대해 얘기하고, 신이지만 결코 신이 아니었던 로키, 신들을 구하기도 했지만 결국 그들을 말살한 그를 기억한다.

발드르가 말한다. "이봐, 이봐, 그건 뭐야?"

"뭐?" 마그니가 묻는다.

"저기, 긴 풀숲에서 반짝이는 거. 저거 보여? 그리고 저기. 저것 봐, 저기도 있네."

그들은 무릎을 꿇고 들여다본다. 긴 풀숲에서 그러고 있으니 신들이 마치 어린아이처럼 보인다.

풀숲에서 그 물건을 가장 먼저 발견한 건 토르의 아들 마그니인데, 그는 발견하자마자 그게 뭔지 알아챈다. 바로 신들이 살아 있을 때 갖고 놀던 금으로 만든 체스의 말이다. 금으로 옥좌에 앉아 있는 최고신 오딘의 모습을 작게 조각한 건 킹이다.

그들은 체스 말을 더 찾는다. 여기에는 망치를 쥔 토르가 있고, 저기에는 입에 피리를 갖다 댄 헤임달이 있다. 오딘의 아내 프리그는 퀸이다.

발드르는 금으로 된 작은 조각상을 집어 든다. "그건 자네 같은데." 모디가 말한다.

"이건 나야." 발드르가 말한다. "아주 오래전, 내가 죽기 전에 에시르 신족이던 시절의 모습이지."

그들은 풀숲에서 다른 체스 말을 더 찾아낸다. 어떤 것은 아름답고 어떤 것은 별로 아름답지 않다. 어느 검은 흙 속에 반쯤 파묻혀 있는 건 로키와 그의 괴물 자식들이다. 저기에는 서리 거인이 있다. 얼굴이 온통 불타고 있는 수르트도 찾아낸다.

그들은 곧 자기들이 조각들을 전부 찾아내 완전한 체스 세트를 만들 수 있다는 걸 깨닫는다. 그들은 체스판 위에 말들을 배열한다. 탁자 위에 놓인 체스판에서 아스가르드의 신들은 자신들의 영원한 적들을 마주한다. 완벽한 오후, 새로 만들어진 햇빛이 황금으로 만든 체스 말 위에서 반짝인다.

발드르는 떠오르는 태양 같은 미소를 지으면서, 손을 뻗어 첫 번째 말을 움직인다.

그리고, 게임은 다시 시작된다.

ㄱ

가름
Garm
지옥에서 온 괴물 같은 사냥개. 라그나로크에서 티르를 죽이고 티르의 손에 죽는다.

갈라르
Galar
다크 엘프 중 한 명. 피얄라르의 형제이자 크바시르를 죽인 자.

갈라르호른
Gjallerhorn
헤임달의 나팔. 미미르의 샘에 보관되어 있다.

게르드
Gerd
눈부시게 아름다운 여자 거인. 프레이의 사랑을 받는다.

군로드
Gunnlod
주퉁의 딸인 여자 거인. 시의 꿀술을 지키라는 아버지의 명을 받는다.

굴린부르스티
Gullenbursti
난쟁이들이 프레이를 위해 만든 황금 멧돼지.

궁니르
Gungnir
오딘의 창. 표적을 절대 놓치지 않으며, 궁니르를 두고 한 맹세는 절대 깰 수 없다.

그라인더
Grinder
탕그뇨스트Tanngnjóstr('이를 가는 자'). 토르의 전차를 끄는 염소 두 마리 중 하나.

그림니르
Grimnir
'후드를 쓴 사람'이라는 뜻으로, 오딘의 다른 이름.

글레이프니르
Gleipnir
신들이 펜리르를 묶을 때 사용한 마법의 사슬. 난쟁이들이 만들었다.

기미르
Gymir

땅의 거인. 게르드의 아버지.

긴눙가가프
Ginnungagap

창조가 시작될 때 무스펠(불의 땅)과 닐플헤임(안개의 땅) 사이에 있던 입을 쩍 벌린 심연.

길링
Gilling

피얄라르와 갈라르의 손에 죽은 거인. 주퉁과 바우기의 아버지.

ㄴ

나글파르
Naglfar

죽은 자들의 손톱과 발톱으로 만든 배. 라그나로크 때 신들과 싸우게 될 거인들과 헬에서 온 죽은 자들 그리고 에인헤랴르들이 이 배를 타고 이동한다.

나르피
Narfi

로키와 시긴의 아들, 발리의 형제.

날
Nal

로키의 어머니인 라우페이의 다른 이름으로 '바늘'을 뜻한다.

노른
Norns

우르드의 샘을 돌보는 우르드, 베르단디, 스쿨드라는 세 자매 또는 운명의 여신. 세계수 이그드라실의 뿌리에 물을 주기도 한다. 이들은 다른 노른들과 함께 우리 인생에서 벌어지는 일들을 결정한다.

뇨르드
Njord

바니르 신. 프레이와 프레이야의 아버지.

니다벨리르(스바르탈페임)
Nidavellir(Svartalfheim)

난쟁이들 혹은 다크 엘프라고 알려진 존재들이 산 아래에서 사는 곳.

니드호그
Nidhogg

시체를 집어삼키고 이그드라실의 뿌리를 씹어 뜯는 용.

니플헤임
Niflheim

춥고 안개가 자욱한 장소로 모든 것이 시작된 곳.

ㄷ

드라우프니르
Draupnir

금으로 만든 오딘의 팔찌. 9일마다 한 번씩 자신과 똑같은 아름다움과 가치를 지닌 팔찌 여덟 개를 만들어낸다.

ㄹ

라우페이
Laufey
로키의 어머니.

라타토스크
Ratatosk
이그드라실의 가지에서 살면서 뿌리에서 시체를 집어삼키는 니드호그의 메시지를 위쪽 가지에 사는 독수리에게 전달해주는 다람쥐.

라티
Rati
신들이 쓰는 나사송곳 또는 천공기.

란
Ran
바다 거인 에기르의 아내. 바다에서 빠져 죽은 이들의 여신, 아홉 파도의 어머니.

레라드
Lerad
이그드라실의 일부로 추정되는 나무. 발할라의 전사들에게 꿀술을 공급하는 염소인 헤이드룬은 레라드의 잎을 먹고 산다.

로스크바
Roskva
티알피의 누이동생. 토르의 인간 하인.

로키
Loki
오딘의 의형제이자 파르바우티와 라우페이의 아들. 아스가르드에 사는 이들 가운데 가장 기민하고 교활하다. 자기 모습을 자유자재로 바꿀 수 있고, 입술에는 흉터가 있으며, 하늘을 걸을 수 있는 신발을 가지고 있다.

리트
Lit
불운한 난쟁이.

ㅁ

마그니
Magni
토르의 아들. '강한 자'를 뜻한다.

메긴교르드
Megingjord
토르의 허리띠. 이 허리띠를 매면 힘이 두 배로 강해진다.

모드구드
Modgud
'성난 전사'. 죽은 자들의 땅으로 연결되는 다리를 지킨다.

모디
Modi
토르의 아들. '용감한 자'를 뜻한다.

묠니르
Mjollnir

토르의 놀라운 망치로서 그의 가장 중요한 소유물이다. 에이트리가 그를 위해 만들었다(브로크는 풀무질을 했다).

무닌
Muninn

오딘의 까마귀 두 마리 중 하나. '기억'을 뜻한다.

무스펠
Muspell

아홉 개의 세상 중 하나로 창조가 시작될 때 존재한 불의 세계.

미드가라드
Midgard

'중간계', 즉 우리 인간들이 사는 세계.

미미르
Mimir

오딘의 삼촌이자 요툰헤임에 있는 지혜의 샘을 지키는 파수꾼. 거인이며 에시르 신족의 일원일 가능성도 있다. 그는 바니르 신족에게 목이 잘렸지만, 그의 머리는 여전히 지혜를 알려주며 샘을 보살피고 있다.

미미르의 샘
Mimir's well

세계수 뿌리에 있는 샘 또는 연못. 오딘은 헤임달의 갈라르호른으로 이 물을 한 모금 떠 마시는 대가로 자기 눈을 내놓았다.

ㅂ

바나헤임
Vanaheim

바니르 신족의 영역.

바니르
Vanir

에시르 신족과는 별계의 신족. 풍요와 평화의 신들이다.

바우기
Baugi

거인. 주퉁의 형제.

바르
Var

결혼의 여신.

바리 섬
Isle of Barri

프레이와 게르드가 결혼식을 올린 섬.

발드르
Balder

'미의 신'으로 알려진 오딘의 둘째 아들. 로키를 제외한 모두에게 사랑받았다.

발리
Vali

'발리'라는 이름을 가진 신이 두 명 있다. 한 명은 로키와 시긴의 아들로, 늑대가 되어 자기 형제 나르피를 죽인다. 다른 한 명은 발드르의 죽음을 복수하기 위해 잉태된 오딘과 린드의 아들이다.

발키리
Valkyries
'죽은 자를 선택하는 자들'. 오딘의 시녀로 전쟁터에서 용감하게 죽은 자들의 영혼을 모아 발할라로 데려간다.

발할라
Valhalla
오딘의 궁전. 전쟁터에서 용감하게 싸우다가 죽은 고귀한 망자들이 연회를 여는 곳.

베
Ve
오딘의 형제. 보르와 베스틀라의 아들.

베르겔미르
Bergelmir
이미르의 손자로, 아내와 함께 홍수에서 살아남은 유일한 거인이다.

베르단디
Verdandi
노른들 가운데 한 명으로, '현재'를 상징한다.

베스틀라
Bestla
오딘, 빌리, 베의 어머니이자 보르의 아내. 볼토른Bolthorn이라는 거인의 딸이자 미미르의 누이다.

벨리
Beli
거인. 프레이가 수사슴의 뿔로 그를 죽였다.

보든
Bodn
시의 꿀술을 담기 위해 만든 두 개의 꿀술 통 가운데 하나. 다른 통의 이름은 손Son이다.

보르
Bor
부리의 아들로 베스틀라와 결혼한 신. 오딘, 빌리, 베의 아버지.

볼베르크
Bolverkr
오딘이 변장하고 다닐 때 사용하는 이름 중 하나.

부리
Buri
신들의 조상. 보르의 아버지이자 오딘의 할아버지.

브라기
Bragi
시의 신.

브레이다블리크
Breidablik
발드르의 집. 기쁨과 음악과 지식이 넘치는 곳이다.

브로크
Brokk

훌륭한 보물을 만들 수 있는 난쟁이. 에이트리의 형제.

브리싱즈 목걸이
Necklace of the Brisings

프레이야의 빛나는 목걸이.

비그리드
Vigrid

라그나로크 때 대전투가 벌어지는 평원.

비다르
Vidar

오딘의 아들. 침착하고 믿을 수 있는 신. 그가 신은 신발 가운데 한 짝은 지금까지 만들어진 모든 신발을 만들고 남은 가죽 조각을 모아서 만든 것이다.

비프로스트
Bifrost

아스가르드와 미드가르드를 잇는 무지개다리.

빌리
Beli

오딘의 형제. 보르와 베스틀라의 아들.

ㅅ

손
Son

꿀술을 담는 통.

수르트
Surtr

불의 검을 휘두르는 거대한 불의 거인. 수트르는 신들이 존재하기 전부터 존재했다. 불의 영역인 무스펠의 수호자다.

스나를러
Snarler

탕그리스니르Tanngrisnir('이를 드러낸 자'). 토르의 전차를 끄는 염소 두 마리 중 하나.

스림
Thrym

오거들의 왕. 프레이야를 아내로 맞고 싶어 했다.

스바딜파리
Svadilfari

아스가르드의 벽을 쌓은 석공 소유의 말. 슬레이프니르의 아비.

스카디
Skadi

티아치의 딸인 여자 거인. 뇨르드와 결혼한다.

스쿨드
Skuld
노른 중 한 명. '의도한 것'을 뜻하는 이름으로, 미래를 관장한다.

스크리미르
Skrymir
'덩치 큰 녀석'. 로키와 토르, 티알피가 우트가르드로 가던 도중에 만난 덩치 큰 거인.

스키드블라드니르
Skidbladnir
이발디의 아들들이 프레이를 위해서 만든 마법의 배. 스카프처럼 접을 수 있다.

스키르니르
Skirnir
빛의 정령이자 프레이의 하인.

슬레이프니르
Sleipnir
오딘의 말. 다리가 여덟 개 달린 가장 빠른 말로서 로키와 스바딜파리의 자식이다.

시긴
Sigyn
로키의 아내, 발리와 나르피의 어머니. 로키를 위해 끝까지 헌신한다.

시프
Sif
토르의 아내. 아름다운 금발을 자랑한다.

ㅇ

아스가르드
Asgard
에시르 신족의 고향. 신들의 영역.

아스크
Ask
물푸레나무로 만든 최초의 남자.

아우둠라
Audhumla
최초의 소. 아우둠라의 혀가 소금 기둥을 핥아 신들의 조상의 형상을 만들어냈고 그 젖꼭지에서 흘러나온 젖이 강을 이루었다.

아우르보다
Angrboda
산의 거인족 출신인 여자 거인, 게르드의 어머니.

알프헤임
Alfheim
아홉 개의 세상 중 하나로 빛의 요정들이 사는 곳.

앙그르보다
Angrboda
여자 거인, 로키의 괴물 자녀 세 명의 어머니.

에기르
Aegir
가장 위대한 바다 거인. 란의 남편이며 바다의 파도인 아홉 명의 딸을 뒀다.

에길
Egil
농부, 티알피와 로스크바의 아버지.

에시르
Aesir
신들의 종족, 부족 혹은 분파. 아스가르드에 살며 전투와 정복의 신들이다.

에이트리
Eitri
토르의 망치를 비롯한 훌륭한 보물을 만드는 난쟁이. 브로크의 형제.

에인헤랴르
Einherjar
전쟁에서 용감하게 싸우다가 죽은 고귀한 망자들. 지금은 발할라에서 연회와 전투를 벌인다.

엘리
Elli
노령의 화신.

엠블라
Embla
느릅나무로 만든 최초의 여자.

오드레리르
Odrerir
시의 꿀술을 빚기 위한 '황홀경을 안겨주는 주전자'.

오딘
Odin
에시르 신족의 최고신. 망토를 입고 모자를 쓰고 다니며 지혜를 얻기 위해 한쪽 눈을 내놨기 때문에 눈이 하나밖에 없다. '최고신', '그림니르', '교수대의 신' 등 불리는 이름이 많다.

요르드
Jord
토르의 어머니인 여자 거인. 땅의 여신이기도 하다.

요르문간드
Jormungundr
미드가르드의 뱀. 로키의 자녀이자 토르의 천적들 중 하나.

요툰헤임
Jotunheim
거인들의 영역.

우르드
Urd
'운명'. 세 명의 노른 중 한 명. 우리의 과거를 결정한다.

우르드의 샘
Urd's well
노른들이 돌보는 아스가르드의 샘.

우트가르달로키
Utgardaloki
우트가르드에 사는 거인들의 왕.

우트가르드
Utgard
'바깥'. 거인들이 사는 거친 지역으로 중심부에 성이 있다.

울르
Ullr
토르의 의붓아들. 활과 화살을 가지고 사냥을 하며 스키를 타는 신.

이그드라실
Yggdrasil
세계수.

이다볼
Idavoll
아스가르드가 세워진 '근사한 평원'으로, 라그나로크가 끝난 뒤 살아남은 신들이 이곳으로 돌아온다.

이둔
Idunn
에시르의 여신. 신들에게 영원한 젊음을 선사하는 불멸의 사과를 관리한다.

이미르
Ymir
최초의 존재. 세상보다 더 큰 거인. 모든 거인의 조상. 태초의 암소인 아우둠라의 젖을 먹고 살았다.

이발디
Ivaldi
다크 엘프 중 한 명. 이발디의 아들들이 프레이의 놀라운 배인 스키드블라드니르, 오딘의 창 궁니르, 토르의 아내 시프의 아름다운 금발을 만들었다.

ㅈ

주퉁
Suttung
거인. 길링의 아들. 자기 부모님을 살해한 자들에게 복수한다.

ㅋ

크바시르
Kvasir
에시르 신족과 바니르 신족의 침을 섞어 만든 신으로, 지혜의 신이 된다. 이후 난쟁이들에게 살해되는데, 그 난쟁이들은 크바시르의 피로 시의 꿀술을 만든다. 나중에 환생한다.

ㅌ

토르
Thor
붉은 턱수염을 기른 오딘의 아들로, 에시르 신족 중 천둥의 신. 신들 중에서 가장 힘이 강하다.

토크
Thokk
'감사'라는 뜻의 이름을 가진 노파. 살아 있는 생물들 가운데 발드르의 죽음을 애도하지 않은 유일한 존재.

트루드
Thrud
토르의 딸. '권력자'.

티르
Tyr
손이 하나뿐인 전쟁의 신. 오딘의 아들이자 거인 히미르의 의붓아들.

티아치
Thiazi
독수리로 변신해 이둔을 납치한 거인. 스카디의 아버지.

ㅍ

파르바우티
Farbauti
로키의 아버지인 거인.

펜리르(늑대 펜리르)
Fenrir(Fenris Wolf)
늑대. 로키와 앙그르보다 사이에서 나온 아들.

푈니르
Fjolnir
프레이와 게르드의 아들이자 스웨덴의 제1대 왕.

풀라
Fulla
여신. 프리그의 시녀.

프라낭 폭포
Franang's Falls
로키가 연어로 둔갑하고 숨어 있었던 높은 폭포.

프레이
Frey
에시르 신족과 함께 사는 바니르 신. 프레이야의 오빠.

프레이야
Freya
에시르 신족과 함께 사는 바니르 여신. 프레이의 여동생.

프리그
Frigg
신들의 여왕. 오딘의 아내이자 발드르의 어머니.

피얄라르

Fjalar

갈라르의 형제이자 크바시르를 살해
한 자.

핌불베트르

Fimbulwinter

라그나로크 전에 찾아오는 끝없는 겨울.

ㅎ

헤니르

Hoenir

나이 많은 신. 인간들에게 이성을 선물
했다.

헤르모드(님블)

Hermod(Nimble)

오딘의 아들. 슬레이프니르를 타고 헬에
게 발드르를 풀어달라고 간청하러 간다.

헤이드룬

Heidrun

젖 대신 꿀술이 나오는 염소. 발할라에
서 죽은 자들을 먹인다.

헤임달

Heimdall

멀리까지 볼 수 있는 신들의 파수꾼.

헬

Hel

로키가 앙그르보다와 낳은 딸. 전쟁터에
서 당당하게 죽지 않고 수치스러운 죽음
을 맞은 자들의 왕국인 헬을 지배한다.

호드

Hod

발드르의 형제, 장님 신.

후기

Hugi

세상 무엇보다 빨리 달리는 젊은 거인.
생각의 화신.

후긴

Huginn

오딘의 까마귀 두 마리 중 하나. '생각'을
뜻한다.

흐림

Hrym

'늙은이'를 뜻하는 이름으로, 라그나로크
때 서리 거인들의 지도자로 활약한다.

흐베르겔미르

Hvergelmir

니플헤임에 있는 샘. 이그드라실 아래에
있으며 수많은 강과 개울의 원천이다.

흘리드스캴프

Hlidskjalf

오딘의 옥좌. 여기에 앉으면 아홉 개의
세상을 다 볼 수 있다.

히로킨
Hyrrokkin

여자 거인. 토르보다 힘이 세다.

히미르
Hymir

거인들의 왕.

옮긴이 박선령

세종대 영문과 졸업 후 MBC 방송문화원 영상번역 과정을 수료했다. 현재 출판번역 에이전시 베네트랜스 전속 번역가로 활동 중이다. 옮긴 책으로 《타이탄의 도구들》,《하버드 집중력 혁명》,《변화의 9가지 단계》,《클린 거트》 등이 있다.

북유럽 신화

1판 1쇄 발행 2018년 1월 29일

지은이 닐 게이먼
옮긴이 박선령
발행인 오영진 김진갑
발행처 나무의철학

기획편집 임나리 심설아 김율리 하철민 함초롬
디자인총괄 안윤민
마케팅 박시현 신하은 박준서
경영지원 이혜선

출판등록 2006년 1월 11일 제313-2006-15호
주소 서울시 마포구 월드컵북로5가길 12 서교빌딩 2층
전화 02-332-3310 팩스 02-332-7741
블로그 blog.naver.com/midnightbookstore
페이스북 www.facebook.com/tornadobook

ISBN 979-11-5851-089-3 03210